U0580006

现代社会政治理论译丛 ｜ 丛书主编：吴晓明　邹诗鹏

Knowing Capitalism

认识资本主义

[英] 奈格尔·思瑞夫特（Nigel Thrift）　著
闫　婧　译

北京师范大学出版集团
BEIJING NORMAL UNIVERSITY PUBLISHING GROUP
北京师范大学出版社

前言与致谢

　　这本书的写作经历了一个很长的过程。我试图表达对当前资本主义的一些新看法，但这需要时间，与此同时，资本主义的许多方面都已经发生改变：我所谓资本主义的文化回路中的一些重要角色已经一败涂地，出版业也面临危机，新经济来了又去，金融业的鼎盛之后就是金融危机等。本书在时间上的跨度约达 10 年之久，因此一些事件、现象也许看起来已经过时，然而，这也是我的一个主要观点。我们对当前的资本主义进行分析，必须有一种近距离跟踪变化的能力：距离太远则显得过于学术；太近则可能对作为当前资本主义自身复制的结果的未来采取一种夸张的态度。我知道我并没有非常成功地完成这项近距离分析的任务，同时，我也相信这项任务是非常必要的。

　　因此，这本书一方面是对刚逝去的资本主义的历史地理学的呈现，然而同时，它也试图表明，资本主义正在通过富有成效地产生新的聚集方式和秩序来应对这种不确定性。毫无疑问，先前这些新的聚集方式和秩序完全没有被呈现出来。然而，它们却需要被揭示，因为建立于它们之上的、复制秩序的新方式，在很多人看来是拒斥生命的。

　　然而,我必须说明,我对资本主义的批评不同于许多批评意见。我认为资本主义不是某种新自由主义的帝国或者一种新的主权形式。尽管资本主义的力量无可置疑,然而它的奋斗太过于踌躇和不完整。我认为摆脱这个恶魔一样的世界的宏伟计划是不太可行的。正如汉斯·布鲁明堡(Hans Blumenberg)所言,这些计划是出于一种被误导的愿望——用现代理性的工具来回答基督教神学的伟大系统——才被提出的。这些工具不是为此项工作设计的,但如果被误用于此,它就会产生严重的变形。换言之,我接受有效的、有限度的批判:它认可作为资本主义基础的各种关联和实践;它不把"本土"看成是"全球化"的一个例子;它并不总是关注前沿;它理解自身的定位,且符合福柯的名言,"批判不是去说事情本有的状态,是不对的;而是要指出作为我们所接受的实践的基础的思想前提是什么,以及这些思想常见的、无可争辩的和被忽视的模式"①。这也是本书不断地提及创造力和直觉的力量的原因,因为,正如我想要表明的,这是当前资本主义的口号,同时也是为了克服资本主义的许多破坏力量而必备的品质。

　　有一点可以肯定的是,我认为没有必要对资本主义的任何不公正和残忍采取拐弯抹角的态度,我也不会像那些宣言式的评论者一样为了获得一种良心上的安慰而仓促地得出结论。

　　这本书是许多人慷慨付出的共同成果,我非常愿意指出这一点。许多人都为本书做出了贡献,无论是以合著的形式,抑或是广泛地咨询,或者对个别的章节做出评论。我希望对以下这些人表达特别的谢意:Ash Amin、Andrew Barry、Mick Billig、Steve Brown、Michel Callon、Howard Caygill、Stephen Collier、Bob Cooper、Shaun French、Steve Fuller、Michael Gardiner、Paul Glennie、James Griesemer、Paul Heelas、Kevin Hetherington、John Hughes、Patrick Keiller、Scott Lash、Bruno Latour、John Law、Andrew Ley-

---

① Foucault,1998,p. 155.

shon、Orvar Löfgren、Celia Lury、Gregor McLennan、Doreen Massey、Danny Miller、Rolland Munro、Kris Olds、Aihwa Ong、Tom Osborne、Alan Radley、Annelise Riles、Nikolas Rose、Saskia Sassen、Gregory Seigworth、Judith Squires、David Stark、Marilyn Strathern、Lucy Suchman、John Urry、Sarah Whatmore 和 Steve Woolgar。

目　录

第一部分　资本主义的文化回路

第一章

资本主义的冒险

商业是紧随艺术之后的一个阶段……商业中的成功是一种最迷人的
艺术。①

想法没有好坏之分。②

唉！这就是速度，这就是数字化；但是人们仍然觉得无聊。③

一、引言

这本书主要关注的是，当资本主义开始在一个持续的基础上来思考其自身的实践，开始把它对不确定性的恐惧当成一种资源加以利用，把世界上的新观念看成是自己的观点来加以广泛传播，并开始从干涉我们对日常生活的思考中获利时，世界发生了怎么样的变化。这本书主要关注的是处于这一场严肃的游戏中的资本主义。

如今，对资本主义的抱怨声不绝于耳。资本主义是不是一个不折不扣的充满压迫的体系，它的唯一目的就是压榨出大量的产品？它生机勃勃的一面是不是它的刚愎自用的一种新的表征而已？

本文正是要针对上述这些惯常的反应进行探讨。对于大多数人而言，

① Andy Warhol, cited in Taylor, 2001, p. 233.
② Rasiel, 1999, p. 97.
③ Ciborra, 2002, p. 172.

资本主义不仅仅意味着努力工作，还意味着休闲娱乐。人们从中获得各种各样的东西，而不仅仅是更多的产品。资本主义拥有一种近乎疯狂的活力，它不仅要通过剥削来敛财，还追求感觉享受。它几乎参与到所有种类的无节制的互利关系中。如同它给这个世界带来损失一样，它也给世界带来财富[1][①]。

因此，我不倾向于把资本主义看成是一种形而上学的实体、一种力量关系所构成的相互交织于社会现象下并发号施令的网络。我非常赞成一种观点，即资本主义已经"具体化"到了每项特殊的实践活动中，因此，我们最好把它看成是一个福柯式的图形，一种缺乏最终目的的冲动，一种通过"在空间中的分布，在时间中的展开和排序，在时空中的构型等"[②]将各种特殊的行为模式烙印在人类的多样性之上的过程。这个图形是不稳定的、流动的，处于恒久的进化中的，它"几乎是盲目的、无声的，尽管它使得别人能够去看去言说"[③]。

那么，具体来说，我对于资本主义的态度是怎样的呢？我认为资本主义就是一系列的关系，这些关系是处于时空中的各种各样的组织随着时间的推移而建构的。这些关系，如这个世界一样，以三种方式展开。第一种方式如那些行动者所认为的，这就是世界本来的样子。这种立场基本上是前反思的，它已经通过不断地重复被植入人的身体以及空间中的其他存在物之中。但是，没有任何东西可以被永久地保持不变，那些可以重复的事情，哪怕是事情的开端，也不例外。即使每一次表演都重复它自身，每一次的重复之间也构成了一次间隔，风险和过量都有可能会阻断事件与事件之间本来畅通无阻的桥梁，这桥梁正是我们对于世界是什么的预期。[④] 第

----

① 为统一体例，本章一律以(1)(2)(3)……的形式表达章后注释。——编者注
② Deleuze, 1986, p. 35.
③ Deleuze, 1986, p. 35.
④ Butler, 1991.

二种方式是通过对客体的改造，从交货时间表到条形码，再到办公室的各种设备、图表、电子表格，世界在各种特殊的方面都被积极地中介化了，身体和客体也沿着这一中介化的道路前进着。第三种方式是作为实践性的企业模式，无论是具体地处理人事关系还是开启和维持某个特定的领域（从主体位置到公司文化）。

　　这一立场以一系列的理论假设为基础。其中之第一便是，世界不是由联合体和各种各样的总体组合而成的。联合体只是一个梦想，每个体系都按照仅仅是相对稳定和可预知的方式被过度地编码和繁殖。事物永不停歇的状态带来的干扰永远不可能被完全除掉，于是这就产生了差异、停滞、过量和剩余，晦涩、分裂，以及疯狂也纷纷产生。第二，世界总是包含着伦理的层面。毋庸置疑，这个世界充斥着压迫和封锁，但是，欢乐和慷慨也不会灭绝，总有它们生长的土壤。永远不会有一种来自超感性领域的纯粹的伦理法则。① 这个世界是一个混合体，而且必须通过协商来解决其中各种问题。第三，这个世界尚未被完全祛魅。② 有一种观点坚持认为，资本主义已经成功地为这个世界祛魅，我不同意这一看法。在我看来，尽管我们不太愿意相信，资本主义更符合中世纪人们对迷信和宗教狂热的想象。③ 我不认为，如那些现代性的研究者声称的一样，历史已经向前进展了很多。我也不相信，资本主义工厂的管理者们——独资的也好，合资的也罢——绝大部分时候对他们行为的目的有着清晰的认识。我相信，商品对于我们的意义不仅在于它们是商业化的延伸物，而且，商品在让我们盲目地顺从它的同时，也带给我们情感和伦理方面的细微的乐趣和灵感。④

　　在分析当代的资本主义的时候，我一直坚持四个方法论的原则，我这

---

① 　Connolly，1999.
② 　Thrift，1997a.
③ 　Miyazaki，2003.
④ 　Bennett，2001.

样做是基于以下几点考虑。首先，对于我之前在别处提及的"回顾"的说法，我们应该给予充分的重视。采取这个角度就意味着，我们应该以未来的历史学家的身份审视当下，审视着我们正在经历的这个时代，审视着数不胜数的悬而未决的问题、层出不穷的阐释思路以及普遍存在的困惑，正如当今的历史学家回顾过去一样。这一立场与许多社会理论家所持的观点相抵触，他们对于历史的想象力经常处于退化的状态，这样一来他们就可以就"现代性"大做文章，用它来框住世间万象，来给历史盖棺定论。

3　　　其次，我认识到绝大部分的历史事件之间都有着内在的关联。资本主义可能会（或者已经）在很多不同的方面有所扩展，其中一些方面的进展是许多"微小"事件所积累的结果，当然，这些"微小的"事件在当时看起来是无足轻重的：

> 理解突发事件的复杂的展开过程就意味着，将正在逝去的事件的扩散状态保持下来；意味着要能够鉴别出细微的偏差——或者相反，它的对立面——错误、虚假的判断和失误的计算。那些持存的、对我们有价值的事件正是因它们而产生。[1]

这已经不是什么新闻了——毕竟，许多经济学家今日也强调重新返回到规模、路径依赖等，他们在这一现象中也看到了这一点。但是，这一点之所以重要，是因为为数众多的企业策略制订者好像已经看到：胜利属于那些在事物的展开过程中就能够充分利用其价值的人，那些有能力为突然事件做出充分准备的人，那些能够逐渐掌握"当下力量"的人。[2]

因此，更深一层的规则便是，资本主义总是施为性的：它总是在不停地试验，因为资本主义的工程是永远不会竣工的。资本主义是一个具有极

---

[1]　Foucault，1970，p. 146.

[2]　Ranadive，1999.

高的适应性、不断地变化的形成过程。它也是一系列平衡的系统。① 资本主义的要旨恰恰就在于，它不断地改变自身的实践能力，那些企业的经营者们必须能够在商海剧变中始终把握住正确的航向，因为这些剧变能够导致或者使企业有触礁出局乃至破产的风险。有一点始终应该谨记，能够长期存活下去的企业总是少之又少的。当然，熊彼特把资本主义比喻成一艘诞生于创造性的毁灭中的不完美的巨轮是非常贴切的。

此外，还有一条规则：性感尤物自然会引人注目，但无聊的常规事项也绝不能忽视。把资本主义描述成过山车，尽享它所带来的惊险刺激而忘乎所以，实在是太容易做到的事情。然而，资本主义之所以是施为性的，完全依赖于各种类型的稳定有效的重复，正是这些重复组成了它的日常基础②(2)。在生产出资本主义的日常生活的各种方式中，除了劳动者不懈的辛苦劳作之外，还有两套机构设施最为关键：第一个就是提供安装、保持运转以及修复功能的设施(3)，另一个是订货和递送的设施。出于某种特殊的原因，也许是它们过于平淡无奇，这些设施从来没有受到过文学作品的青睐，但是也许正是它们构成了现代资本主义的基石。重要的是，那些作为知识经济的重要组成部分的专业化的公司，刚刚经历过由各类最先进的物流知识的广泛应用所带来的革新。

总之，在我看来，资本主义是一系列的网络体系而不是一个单一的系统，不同的网络体系之间有着千丝万缕的关联，而且作为一项工程，它将永远处于"开工状态"。(4)资本主义的企业也许能够运用权力，扩展联盟，但是对于未来，它们和我们一样无能为力，因为未来尚存在于那个虚拟的世界中不为人所知，或至少没有明显的被知晓的可能性。而资本主义正是在这种情况下在不断涌现的新的问题中创造那暂时的现实化的。因此，资本主义的企业凭借其跨国经营的优势也许能够倾其全力使公司运行于正确

4

---

① Delanda，2002.
② Miyazaki and Riles，2004.

的轨道之上，然而，它们依然对即将降临的风险无所洞察，无论是正在突显的能源危机、金融衰退，抑或是使品牌蒙难的一系列的保护措施，或者只是常见的现金流问题。把资本主义这种本质的施为性看成是对新动力的一系列不断更新的反馈，意味着我把资本主义，如前所说，看成是一个不断变化的、对组成自身的那些领域和网络体系只拥有部分的控制力的实体。对于这个实体来说，无论它自身拥有多么巨额的资产，它必然始终面临着未知风险所带来的压力。

当然，这个由一系列的调整行为所组成的拉图尔（Latour）和德勒兹主义的政治经济学概念是不无讽刺意味的。因为它变得越来越接近资本主义对自身的描述。正如波尔坦斯基（Boltanski）和夏佩罗（Chiapello）所说，现今的盎格鲁-撒克逊式的资本主义理念与德里达、德勒兹和塞尔的著作中的描述有着明显的家族相似性。① 它们都部分地依据情感的偏好而制定出一套道德规划，都创造出一些无处不在的新的形象（例如，网络(5)），都尝试着去开展一些不可能行得通的实践。可以肯定的是，目前我们到了这样一个阶段，从语言学上没有一种有效的划分可以区分开资本家和非资本家，在有些情况下，甚至很难从实际生活上把他们区分开来。这部分是因为经济学的语言已经成为公认的流通语言，除了用于计算供需的术语外，我们越来越难找到别的用于描述这个世界的词语。事实上，资本家和非资本家一样共享着同样的比喻、速度、流通和网络等。它们都希望能跟上时代变化的节拍，并创建属于自己的共同体。在货币市场以及反公路抗议运动中也能寻到类似强调纯粹尼采主义的行动的踪迹。② 最终，资本主义的企业无论从话语上还是实践中都已经开始表现出一些它们之前所反对的倾向，无论是在它们做决定之时③，或它们创立形形色色创新型的"社区"时，抑

---

① Boltanski and Chiapello，1999.

② Barry，2001.

③ Weick，2001.

或当它们推广新产品时（在最近关于"摩客"的尝试中，以及"病毒性营销"或"蜂鸣营销"的兴起①），它们开始从对整体策略的重视转向对类似于塞托（de Certeau）式的战术干预。换句话说，资本主义的企业越来越多地利用"柔性"武器来使自己变得越来越强大。②

二、新政治经济学之诸要素

5

　　写作这本书的主要目的在于，在这个充满不确定性的时代中对政治经济学中的一些特定要素——并非所有的要素，需要梳理的只是其中的一部分——进行重新梳理。为当今社会提供无所不能的理论基础并不是本书的意图所在，至少我不认为，有什么充足的理论暗示了这种僵硬的思维方式正在试图完成这项几乎不可能完成的艰巨任务。然而，我却相信，依然可以对目前的情况做出一些阐释，尤其是通过仔细地聆听[6]。然而，我所要反对的是把如下三个特定的方面看成是现今政治经济至关重要的特点。我之所以反对它们并不是因为我认为它们不重要，而是因为我不认为这些方面能够代表当代的资本主义最前沿的核心特征。第一个方面是对金钱以及金融的过分强调。即使是在欧洲大陆，经济的"金融化"及其影响已经成为生活中的一个事实，如泛滥的投机行为、资产价格泡沫等。尽管，"新经济"作为一个整体，在很大程度上也不外是资产价格泡沫，它受到新产生的、极端的金融规则（譬如股东利益）的需求所驱动，新种类的金融工具的出现也为它推波助澜，养老金、公共基金的大范围施行，以及中产阶级的金融素养都成为它发展的动力源泉，那些我们再熟悉不过的形形色色的欲望和贪婪也成为它蓬勃发展的重要支持。然而，我相信，这个"新经济"并没有构成一个新的发展阶段，毋宁说它是过去的发展阶段的一个更极端的

---

①　Rheingold，2002；Barabasi，2002；Buchanan，2002.
②　Wenger，1999；Clippinger，1999.

版本。第二个方面是对信息技术的过分强调。尽管，人们几乎不会反对将信息技术的兴起（尤其是软件）看成是一项重大的发展，以及它在很大程度上对当今资本主义经济来说是个必要的支撑——正如下面我要描述的——我认为，它应该被看成是对人类实践的不同领域所产生的不同影响，而不是它自身就具有超乎寻常的决定性作用。也就是说，信息技术在它应该被重视的领域没有得到应有的重视，同时在其他领域又被不恰当地高估。第三个方面是在所有权的规则方面发生了重大的转变。不可否认，许多新的说明性的和规范性的框架已经从新的法律传统观念、全球性的执行者的大量出现、种类繁多的商品的配置中迅速地被制定出来。结果，也许这些框架预示着新的所有权的形式，甚至是新的商品形式（例如，在生物科学的领域中）。然而，我认为，至少到目前为止，这个进程仅是在过去实践基础上的加速进展，尽管这个进展毫无疑问是令人惊叹的。①

今天的资本主义最令人感兴趣的一点在于，这些金融业和信息技术产业的巨头们以及制定规则的部门是如何与新的发展动态交织在一起，去产生新的利润的。我想要关注的正是这些新的发展动态。

当代资本主义是如何生产商品的呢？本书中我想要提供一种详细方案，主要集中在三个特定的领域：我称之为资本主义的"文化回路"的那种发散性的力量，商品形式的转变，以及不再仅作为尺度而成为资源的关键性角色。

我将要对1960年以来的这种独特的发散状态进行细致的描述，这也许是资本主义自1960年以来最主要的创造，我称之为资本主义的"文化回路"——商业院校、管理咨询师、管理专家和媒体。这就产生了对资本主义的持续的批判过程，一个旨在确保资本主义能够沿着它自身的对立面的边缘航行的反馈环。这个文化回路的发展，我确信，至少在四个方面显示

---

① Dezalay and Garth，2002b.

出它的极端的重要性。首先，它已经把资本主义变成了一项理论化的事业，其中各种各样的本质上虚拟的概念（网络、知识经济、新境界、实践的共同体）得以逐渐地通过管理咨询的力量按照这些概念本身的内涵来呈现，这就是米勒以及其他哲学家所说的"虚拟主义"的崛起[①]。其次，文化回路对于身体的重视。现代资本主义通过对游戏和情感的强调以一种情感化的方式再现着泰勒主义，它非常关注新的类型的管理者和劳动者的身体的生产，这些身体总是充满激情的，总是可以适应突发事件的。再次，一个重要的事实是，资本的文化回路本身已经构成了一系列崭新的充满活力的资本主义的市场。它对信息技术、专家以及各种基础设施的渴望处于不断地自我强化之中。最后，文化回路可以被看成是一种将迄今为止资本主义所忽视的知识都聚集起来的方式。比如，通过谣言和闲聊传播的知识，这些知识通常被证明具有令人意想不到的重要性。它们可以通过类似新的办公空间和紧密的团队编制等人为设置而被捕捉到并成为获利的机会。

　　对于文化回路的兴起的另外一种解读，即它是知识经济从 18 世纪后半叶蓬勃发展起来的最新的变化形式[②]。莫克尔（Mokyr）把这一迅猛发展归结为早期工业化的成果，即一系列庞大的社会关系网络聚集的结果，它不仅包含了理论的或他称为命题的知识，而且也包含了各种类型的实践性的、科技性的"有用的知识"——他称为规则性的知识[③]。不同类型的网络和各个领域的科技进步（在交通运输、计量学、可视化等方面）大大降低了人们获得知识的成本，尤其是在获得规则性的知识方面，而这催生了"知识革命"。文化回路表现的正是这个过程的最后阶段。它指的是在管理学领域的小范围内被广为接受的、以各种形式来探讨"如何"在新的社会网络

---

①　Miller，1998.

②　Mokyr，2001.

③　Mokyr，2001.

的聚集中去展开实践的、雄心勃勃的管理理论①。这些管理理论中的绝大部分都直接或间接地与创造力和创新相关，资本的文化回路也可以被看成是创新的日常化，或者甚至是创新的科层化，而在此之前被看成是只有少数企业或咨询机构（如项目组织）才能够开展的杰出的实践，已经变成了为了从容应对变化、组织持续的创新以及从总体上而言提高生产力的日常策略。[7]当然，这些目标是否已经达到，还是个值得商榷的问题，但是，在某种程度上，这无关紧要，因为这些实践已经成为今天众多企业的日常工作的重要组成部分，以至于这些企业也纷纷陷入共同的背景中。当然，它们也通过限定什么是有用的知识而使得这个回路日趋完整。

针对新的政治经济学，我想要指出的第二个值得注意的发展成果是，商品以及商品关系采取的新的形式。我认为，西方消费社会已经发展到了如此的程度，以至于开始产生新的商品形式和与之相关的新的关系类型。这些新的商品形式与日常生活不断媒介化紧密相连，尤其是，各种媒体开始变得无处不在、永不停歇，从而将我们的生活包围于其中②[8]。结果，这个自明的世界就开始变得复杂和瞬息万变。③ 这个新世界从几个方面标榜着自己。首先，是这个新世界中无处不在的商标。尽管那些小的象形文字令人看起来似懂非懂，它们却有着丰富的含义④。其次，商品界限的重新界定。例如，某些具有时限的权力也正逐渐被看成是商品。最后，商品越来越充满生机活力，这并不是指消费对象的互动性越来越强，尽管在互联网和无线科技的支持下，消费者与生产者的紧密协作对生产发挥着越来越大的作用，产品的自主持续更新能力也越来越强（以各种各样的类型的软件为例）。然而，消费对象逐渐成为一个富有生机的商品的一部分，这

---

① Ackerman et al. , 2003.

② Bolter and Grusin, 1999；McCarthy, 2001.

③ Attfield, 2000；Molotch, 2003.

④ Lury, 1999；Thrift, 2000a.

个商品拥有表现"思想"的能力；思想日益地被包装进商品之中。作为撒手锏，商品通过越来越精心的设计将自己体现在现实的例子中，以产生强烈的暗示从而放大自身的功效。的确，通过将表演和可靠的重复进行不断的交叉而创造更丰富的消费者体验的"体验经济"，在给它们的创造者带来丰厚的利润的情况下，也有望成为未来资本主义经济的关键因素之一。① 商品形式的变化也对消费者的参与度有着越来越高的要求。无论是通过购买、订购、体验或者通过各种方式参与到集体性的行动中，消费者在消费活动本身中都被要求有越来越多的投入。

另一种看待新的商品形式的方式是，将之看成是产生于20世纪四五十年代的，以系统理论及类似的发展为基础的知识经济的运用②。这些知识使得商品首次被一些简单的概念进行最细微的表现，如等式、熵、开放与封闭的系统、染色体自动扫描系统、动态平衡和反馈等。③ 专业的知识逐渐地（尤其是动态平衡系统改变成自创生系统，作为系统理论产物的强调非线性的复杂性理论等的发展）与各种新的组织技术（从市场调查到数据库再到新计量方法）及各类新的表现方法（如新的广告手段，尤其是品牌营销）联合应用，使得专业知识在狭小时空的空隙中来组织这些表现成为可能。因此，我们通过对表现方式的有效利用催生出一个与形象的管理相关的新的领域④，这个领域也许就是所谓资本主义生活的基本形式[9]。尤其是，情感和感觉可以成为系统干预对象的观点，通过对"类肉体的"新的时空秩序的设计而成为可能。这样秩序直接来自那些能够被重塑为超经验实体的事件，这些事件反过来使得转型的图示得以生成——这一过程将催化运动。正如马苏米（Massumi）所言：

---

① Pine and Gilmore，1999.

② Hayles，1999；Mirowski，2002.

③ Beer，1972；Simon，1981；Wilden，1968.

④ Lury，1999；Manovich，2001；Rasch and Wolfe，2000.

演员的表演与其说是在模仿剧本中的角色，倒不如说是对事件的无形的模仿。完全的模仿是被补充了的观察（注入了真实的激情的表演，产生了真正的改变），其外观也是补充性的（通过身体在自身暂停状态的表演而达到真正的激情和改变）。服装、命令词、问答回应、归纳、控制、口技，所有这些技术都是为了使外观看起来真实，使表演充满生命感，使某些事物得到充溢，某些事物位于中心，使破碎的圆变得完满。[①]

同时，新的政治经济学正通过新的空间形式被建构起来。这些空间形式不仅是那些本该被掩盖的资本主义的动力机制的副产品，而且，它们就是资本主义本身。我这么说，并不意味着我能够理解许多最近的受人尊敬的研究者所青睐的量化地理学[(10)]。我指的是一些更为复杂的、更难以被完全归类的东西。我首先想列举的是，跨国公司正凭借改变它们的空间动力的方式来最大限度地利用那些循环形式[②]，从新的商业转包形式（这意味着资本主义可以经常放弃许多生产风险），到物流网络的新类型（这有利于减少库存并产生事件驱动型的企业），再到能够在企业内部对所有变动和通讯进行呈现与跟踪的新的物流软件。[③] 接着，生产性的新空间、生存机器的出现，如英国的城市史云顿和米尔顿·凯恩斯，我相信，在历史性的回顾中，它们将会被看成前沿小镇和生产新的去中心化的图景的试验场。"大棚屋"和混乱排列的房子都是这些空间的典型代表，重要的建筑创新也经常包含于这些空间之中，以及这些房屋所代表的对总体移动性的致敬都是新的感觉的领域，这些领域并不会如那些守旧的评论家所希望的那样轻易地被抛弃。一个人越接纳这种空间性，各种类型的消费空间在现在就越

---

① Massumi，2002，p. 64.

② Manovich，2001.

③ Amin and Cohendet，2003.

纵横于世界上，从建筑形式到音乐背景这些空间都是经过精心设计的[①]，其目的在于将强买强卖转变为新的更具诱惑力的方式。地理学家和人类学家投入了大量的时间来研究这些空间[②]，现在其他学科的研究者也开始加入他们的行列之中。

另外一种考虑这些变化的方式使我们在某种程度上回到了马苏米。那就是资本主义企业逐渐增长对于空间和时间进行细微的操纵的能力。这种能力从两个方面证明了自己。其一，最近大量涌现的对电影空间和时间等话题的历史进行研究的书籍和论文[③]，仅仅是我们的时代正在重新挖掘话题使之展现出特别光彩的众多的表现方式之一。我们从这些研究工作中看到的恰恰是一些新的概念、认知和情感被发明之前的历史，它们也许能够以新的方式来影响人类，而且现在已经成为我们的第二本性。有趣的是目前的这种连接方式，将一组正在被发明出来的新的概念、认知和情感在宣扬陈旧反应时添加了一层新的东西。尤其是，这些概念、认知和情感以非常细微的空间和时间的移动性为基础，以生产出一个自然化的世界，这个世界由各种关于空间和时间理论所编织而成的日渐紧密的网格组成。这些理论通过软件、玩具、机器人等工具被付诸实践。这些理论的范围包括认知理论、具体化知识的理论，以及生物学和生态学领域的更普遍的知识。其二，是通过安装、保持与维修、订货与递送等设施组成的微秩序方式。对于现代世界而言，最重要的知识是物流方面的知识，物流知识日渐与对空间和时间的分析结合在一起，这套知识使得越来越多的物件能尽可能高效地被发送和接收，其显著且关键的效果有，比如，减缓发明的速度，操控更快速的生产和消费，产生新的空间布局，构建持续的跟踪方式和所谓"有意识的机会主义"的路线。如果要我总结这些发展成果意味着什么，那

---

① de Nora，2000.

② Miller et al. 1998.

③ Crary，1999；Doane，2002；Bruno，2002.

就是，某种类似于斯宾诺莎的地理秩序的世界正在被创建中，其中基础现象的关联（包括情感）是以普遍的规则和自然法则为基础的；通过人工制品的中介作用，如软件，世界正在被自然化，一个自因的斯宾诺莎的世界正在形成中。也许，这将会为我们带来斯宾诺莎所探寻的心灵的平静——但是，我对之心存疑虑！

上述三种发展成果都需要以另一种方式来思考：作为一种大众伦理工程。它们出于利益的目的通过以下三种方式对身体和其他客体进行控制：形成新的管理者的实践，设计这些实践的目的在于使管理者和劳动者将其内在化；设计出新的拥有更大情感的潜能，也因之拥有更大推动力的商品体系；旨在形成一个富有生产力的网络微时空的设计。这些新的"生命力化"的过程可以被描述为治理术方面的改变，我在本书的很多章节中都对这种理论基础设施进行了探讨，尽管，我对这一最近的术语日渐产生疑惑，因为在我看来，处理事物的本性方面的变化是绝不可能这样容易的。在我看来，可以肯定的是，我们需要一种能够适用于这些发展成果的策略，目前，这方面还存在空缺。近些年在"非表象性理论"的旗号下，我一直致力于对此项工作的研究。① 尤其是，非表象性理论是关于磨炼现存的实践并发现新的实践的努力，在寻求新的方式来构建负责任的社区和能够应对这些新奇的环境的伦理立场时，我的努力与许多人保持一致，如康诺利（Connolly）的"神经政治"② 和马苏米③ 的潜能的各种可能性化。④ 每一项这样的工程必然在范围上是适度的，形式上是犹豫不决的，但是，在我看来，至少它们为某些想要将这个世界最后一毫秒、一毫米也进行资本化的努力提供了一个反抗的开端。基于本书的篇幅限制，我将在另一本书中对此政

---

① Thrift，1996a.
② Connolly，2002.
③ Massumi，2002.
④ Thrift，2003a；2003c；2004d.

治努力展开探讨。

三、结语

最近产生了一些新的有趣的抵制资本主义的形式，它们中有许多都以对公司权力的抵制为基础。[①] 各种群体纷纷制造出一些解构性的破坏使之能将新技术的优势发挥出来。[②] 这些新的实用主义通过达沃斯团体的建立而引起共鸣，同时产生出一些不稳定因素，这些不稳定因素反过来催生出新的发展（有些是积极的，有些是令人担忧的），从对企业伦理的再次强调到一种普遍的利益——通过对射频身份标签类的信息技术的广泛应用——体现在对人群的超级监督方面。这些实用主义与更习俗性的表现方式的结合（比如，工会）暗示了，哈维[③]等研究者曾论述的那种缺乏选择的想象中的资本主义的未来，也许并没有他们所设想的那样成问题。的确，这世界充满着对资本主义的各种形式的政治干涉，尽管它们可能无法合力促成"民主的凤凰"[④]，它们充满希望并构建了一个现代版的布洛赫（Bloch）[⑤]的希望的政治。只要我写到这一点，总有一些人试图将我描画成一个过分乐观的空谈者，一个不愿意在反对新自由主义的伟大战役中尽自己微薄之力的人，然而，只要我们能够抛开将政治看成是关于带有既定目标的特定政治程序的观点，它们的批评在我看来就没有那么有效力了。

那些试图从这个贪婪和不平等的世界中寻求出路的社会科学和人文科学所进行的大量研究工作，为这些实用主义的想象的付诸实践平添了一臂之力。为了理解当代资本主义，我们需要利用许多遗产，许多不同观点，

11

---

① Klein，1999.

② Barry，2001.

③ Harvey，2000.

④ Norris，2002.

⑤ Bloch，1986.

以便能够在资本主义的机器继续开动之前建立起一个也许非常暂时的有利
地势，持这些观点的人促成的学科间的（或许是跨学科的）互动，也许恰恰
正是目前令我兴奋之处。① 如克拉夫（Clough）②一样，我相信这意味着培养
一种不同的学术关系结构，我们也许可以采用西美尔的说法，"一瞥"——
撰写对现实有着深入观察并对行动起着直接批判作用的著作。那些介于学
术与杂志之间的针对反应如此迅速的资本主义的快速反应的著作，正苦于
没有出路。而在我看来，如果我们希望跟上资本主义永无休止的试验的步
伐，以及它持续创造新的不平等的轨迹③，那么我们亟须培养这门艺术，
否则，我们将与想要批判的那个实体脱离关系。尽管受到各种条件所
限(11)，本书的这些章节想要达到的正是这个目标。

　　本书分为两个部分。第一部分描述了我称为的"柔性"资本主义（"soft"
capitalism）的崛起，这个词既表现了这一新的适应性特征，又表现了其可
能具有的富有同情心的、分享的特性。资本主义的这种形式主要是通过资
本的文化回路的分散的设施被召唤出来的，主要的方式是命题的和描述的
知识的持续生产。资本的文化回路能够通过新建立的形式、机器和身体，
将关于世界的理论和描述付诸实践。我认为，资本主义的这种形式在相当
短的时间内已经获得了相当强大的力量，现在已经成为资本主义的一个恒
久特征。

　　然而，不出所料的是，在目前经济下行的趋势中，文化回路正在经历
着艰难的时刻。例如，商业出版行业已经与更广泛的经济一起经历了一个
低迷时期：随着 20 世纪 90 年代庆祝的气氛被千禧年后的第一个十年的最
初几年的温和气氛所取代，商业书籍在美国所有书籍的总销量中的比重从

---

①　Appadurai，2000.

②　Clough，2000.

③　Williams，2001.

1999 年的 5.8％下滑到 2001 年的 4.2％①(12)，这一衰退在商业理论的领域也表现了出来。许多研究者表达了自己的担忧，当 20 世纪 90 年代的企业想要疯狂地尝试实施下一个管理潮流的时候，它们遭受了"倡议超载"和"建议消化不良"②的结果，这种状况导致了一种在咨询执行的方案方面普遍的犬儒主义——或者至少是一种更密切的关切③，同时也造成了管理学思想的普遍缺乏局面，看起来任何一个人都有可能成为下一个流行的商业思想的创造者。当然，此时的商业畅销书通常是实用型的而非理想主义的。这一经验可以揭示出一个普遍且相当明显的模式：商业理论在商业繁盛期有更好的销量，越鼎盛转折越快。在经济危机时期，商业理念更难以被销售出去，解决问题的方案也更加实际。这个模式还揭示出全球经济回暖之际，也将是资本的文化回路重新发挥效力之时。

　　本书的第二部分考察了这种文化设施的一种特殊结果，即所谓 20 世纪 90 年代的"新经济"。我对这一种类型的经济兴起和衰落进行了描述。我的论证是为了反对现今的左派和右派，它们或因为新经济没有带来生产力方面的巨大增长(13)，或因为主要依靠的是媒体的大肆宣传④，或因为是一个巨大的金融骗局，一个"dot.con"⑤，或者是以上三者的混合体，而将新经济不过看成是一种妄想的怪物。我认为，新经济绝不仅仅是某种不正当的情绪性的乐谱(14)。特别是，新经济展现了资本的文化回路在全球范围的首次协商性的扩散，这种扩散包含着将自身作为"知识经济"向全世界描绘，去说服自身接受真实的世界，并将对世界的描述扩展到经济的其他领域，也同时扩展到全世界(15)。然而，事实证明正是新经济持续的遗赠推动了数字化环境的形成，这种环境开始日渐构成一种"第二自然"。通过计算机编

---

① 　The Economist，14 November 2002.

② 　Abrahamson，2004；London，2003b.

③ 　Argyris，2000.

④ 　Gadrey，2003.

⑤ 　Cassidy，2002.

码的隐喻性的实践，这种"第二自然"正在被用来理解和重新利用"第一自然"。[1] 我相信，其结果必定是一个全新的环境的开端，这个新的环境将会自动拒绝在"自然"与"文化"或"人类"与"环境"或"人类"与作为各种"非有机生命的""非人类"之间进行区分。[2] 为了使读者不在不自觉间采取一种天启的论调，本书的第二部分的目的就是强调这一对物性的再利用工作的极端的世俗性：对于我而言，未来更有可能在叹息声中到来，而不是在一声巨响中到来。我通过一系列的切入点来阐述我的想法，这些切入点即软件、新的载满软件的玩具、机器人的信息化生物学，以及所有带来新的时空类型的定位世界的方式。

13　　　　如何总结这本书，最后，我将之看成是米洛斯基（Mirowski）如此精妙地表述的"20世纪四五十年代的复仇"。[3]因为，我相信，本书中所记录的大部分的发展成果最初应用都是作为工作模板，作为经济、科学和军事的共同发展的结果。[4] 曾几何时，控制论和系统理论的发明，以及生产出世界的简化版——简化版的世界可以被计算、被持续地模型化——以超越分离的本体论领域（"有机的"对应"机械的"，"自然的"对应"文化的"等）的那些最初努力，这带来令人陶醉的日子；曾几何时，那些管理学实验旨在将工作场所人性化并鼓励自身的创造力，而这些实验现在已经转变成为一种身体活动方面的成熟的技巧；曾几何时，被称为"软件"的新的计算机程序的潜力开始被理解；[5] 曾几何时，许多重要的物流技术开始被发明出来；诸如此类。现在的问题是50年之后是否会出现另一个更加兼容并包的潮流复兴。

---

　　①　Doyle，1997.

　　②　DeLanda，2002.

　　③　Mirowski，2002.

　　④　Mitchell，2002.

　　⑤　Campbell-Kelly，2003；Ferry，2003.

四、章节分布

本书接下来的 10 个章节都将资本主义看成是一种持续的斗争，其目的在于释放出：可以描述出这个世界的新的表象形式，可以栖居于这个世界的新的主体形式，可以将世界握于掌心的新的商品形式，以及可以限定空间和时间如何在世间呈现的新的外观形式。本书的第一部分主要是关于我所谓"资本的文化回路"以及它是如何生产出新的快捷思想的。因此，第二章，在某些细节上勾勒出这一系列紧密相连的机构的起源和演化过程，这些机构负责将商业知识散播到全世界并将商业知识做成一种商业活动。本章重点研究的是，这些看起来几乎来自各种学科的角落和缝隙的观念，是如何以普通的商业活动的一部分形式在全世界传播的。第三章依然继续这个话题的探讨。我考察的是这些观念在商业内部和通过商业及其他领域进行传播（如新时代活动），并成功获得感染力的方式，其主要聚焦于被称为复杂性理论的知识上，这些知识在 20 世纪 90 年代为管理学在组织方面的思考提供了丰富的来源。[1] 从那时起，其他一些学术知识也开始各显神通起来：我所想到的这些知识有实践的共同体[2]，最近还有以瓦茨（Watts）[3]对米尔格拉姆（Milgram）的微型世界观点的复兴为中心的观点。[4] 复杂性理论也正在制造出一种卷土重来之势，但是，以突显等观念为基础的重构过程使之更添了一些谦逊的色彩[5](16)。这些观点被重新整合和工具化(17)，在一系列最令人瞩目的相关研究问题之中，一定有关于它们确切效力的追求：它们的内容究竟有多少是可以被注入实践中的？它们仅仅是合法化的

14

---

[1]　Maasen and Weingart，2000.

[2]　Wenger，1999；Wenger et al. ，2002.

[3]　Watts，1999；2003.

[4]　Barabasi，2002；Buchanan，2002.

[5]　Taylor，2001；Urry，2003.

那层稀薄的面纱吗？观念到底是什么？

接下来的两章考察的是犹豫不决的但看似无敌的文化回路的展开过程，以及观念从它的中心地带——美国——向外传播的过程，尤其是向亚太地区的传播。第四章是对这一过程从总体上进行把握。它关注的是商业观念为什么看似没有边界，因为文化回路的机构正在全世界范围内建立起来。同时，它还考察了本土的内容在多大程度上被吸纳入这个循环之中，例如，那些享有更大范围的曝光度的品牌观念的生产。在与克里斯·欧兹（Kris Olds）合著的第五章考察了这一传奇故事的最新的阶段，即在新加坡创建一个商业和其他知识的中心的尝试，这将使新加坡成为亚太地区文化回路的中心节点。新加坡已经成为利用管理理论在治理方面的实验地，比如，通过引入一些管理学大师如迈克尔·波特（Michael Porter）的观念[18]，及其个人的亲自到场。这一经济和地缘政治的故事持续向前发展着：在本章完成以后，世界上其他主要地区的高等教育机构已陆续进入这个岛国之中，与其在10年内有15万外国学生入新加坡学校的目标相一致。例如，2003年报道，杜克大学已经同意与新加坡国立大学联合创立一个新的医学院，并于2006年开始运营；据《海峡时报》报道，新加坡很快会拥有第四所国际性大学，该学校将有望成为一所知名的国际院校。①

本书的第二部分讲关于资本主义的发展史上一个特殊的阶段，所谓"新经济"时期。当20世纪90年代的这一现象被置于资本的分散性的文化回路时，这一"新经济"的现象则表现出了更多的含义，这就是第六章主要探讨的内容。接着，我们就能看到，资本的文化回路所提供的这一发散型的"燃料"，是如何推动金融框架的形成，并产生出一种互动的保兑账户的。然而，正如我在接下来的章节中所勾勒的，关于新经济同样有趣的是，它同时在试图塑造一种能够适应这个世界的自我发现的新的主体。我

---

① Thrift，2002，for a cogitation on the wider significance of these moves.

们将来也会生活在这样的尝试中，因为在 20 世纪 90 年代已经普遍化的以及本章中所记录的那些实践，将依旧保持对商业主体的影响力，无论是管理者还是劳动者，而且，这些实践也已经以自己的方式拓展到了更广阔的领域（最显著的是教育系统），因此，在它们生产出各种各样的新的共同体的时候，它们也在改变着我们。(19)

　　对新经济的一种解读是，它昙花一现，是一种修辞手法。然而，我并不这么看。我认为，新经济最应该被看成是巨额资本的涌现，它使得（在大吹大擂和偷窃的行为中）一些相当基础的新的产品能够成为现实，这样一个过程被布伦纳（Brenner）很精妙地称为"股票市场的凯恩斯主义"①。因此，在最后四章中，我将注意力集中于资本的涌入对商品的推动，以及随着这些新的有意义的实验开始获得影响力所带来的对世界外观的改变。

　　因此，与肖恩·弗伦奇（Shaun French）合著的第八章进行的探讨是，软件看起来如此令人困惑，以至于它开始成为经验重要的界限，成为编写程序的机器②，这种机器通过在不同的回路之间的反复穿梭的过程，用程序创造着这个世界。不同的回路同时保持活跃，并根据它们面对的新的事件改变它们的特性，它们还可以通过一种持续破碎的空间组合的方式与对方进行交流③(20)——也许它们是真正的"进行中"的回路。我认为，这种改变对无论现在还是将来它可能产生的影响而言都有重要的意义。网络上流传着一小段著名的文字，它设想着如果编程语言"可以说话，真正地说话，而不仅仅是处理字节和二进制数字"④，那么它们会说什么呢？名为"各种语言的寓言故事"的短文设想着在一定的时空内，200 种现存的不同寻常的编程语言聚集在一起，敞开心胸诉说着它们的问题。它们肯定都对所处的

15

---

①　Brenner，2003.

②　Hayles，2002.

③　Manovich，2001.

④　Burningbird，2002.

低微的地位有满腹牢骚。如 C＋＋所言：

> 如果没有我，整个行业都将凋零，银行关门，轮船沉没大海，火车相撞。几乎是我使世界正常运转。然而，只有当内存泄漏或者例外情况发生的时候，我才被注意到。于是我被诅咒、保证，并被无情地修正，完全不考虑我自身的感受。

在故事的结尾，各种编程语言转而攻击标记语言 XML，而没有形成一个统一战线。这个故事显然只是一个怪念头，但是它也有严肃的一面。因为它将计算机编码的性质的总问题提到了前台：它是什么，它做了什么，它是否具有任何一种人格。在本章中，我将多次深入编码那谜一样的外表中而对上述问题进行略为深入的探讨。这些编码既被看成是程序产生的过程①，也被看成是一个程序世界的产生过程。

接下来的两章考察的是商品如何逐渐成为一个新的世界的试验台，在这个新的世界中，思想（包括情感）被部分地重新定位了。由于商品上装载了软件，它们被设计得越来越能适应环境并与环境进行互动，能够在现实中采取更积极的角色，并成为人类新型的共栖者。本土的机器智能当然拥有潜力成为日常生活中持续不变的特征。② 针对此观点的最初犹豫不决的尝试现在正在被广泛采纳，正如我在第九章中努力想要表明的，一些最重要的测试台已经成为孩子的普通玩具。在孩子们的世界里，新的个体生态学正在形成，它将要对"生命本身"可能意味着什么提出质疑——这种生态学是极为重要的，从根本上也是世俗的。

第十章通过聚焦于机器人这个更为普遍的案例以及支持它的理论框架而对局部智能的话题进行了探究。由于软件给日常生活世界敷上了一层新

---

① Newman，1998.

② Shneiderman，2002.

的积极的外观，因此，日常生活世界的性质也在发生变化。这一改变是以关于世界的理论模型为基础的，这些模型已经被写入了软件中，且它们共同的根源之一就是特殊的生物学概念。一个人该怎么理解这种新的日常生活类型呢？当这些理论模型逐渐包含了所有类型的"活的"设备时，这些利用了生物学的理论模型又如何反过来萦绕着限定我们的生活外观？显然，我们可以总结出一系列的特性，然而，在本章中，我认为最佳的选择应该是伴侣动物。日常生活中充满了这些动物，然而，它们却几乎未曾在任何作品中被涉及过：它们奇特的亲密性是如此明显以至于它们注定不值得关注。但是，随着软件使得这个世界日益充满生机，我们也许应该开始关注它的代言人，尤其是当它开始具体化于数量迅速增长的独立移动设备，引起类似于控制与情感的关系问题，并引发了一种紧迫的伦理困境时。

最后一章，通过对所有新空间和时间类型的考察而结束本书。这些新的时空形式在"技术无意识"的主题下被产生出来。我用这个术语象征了定位和排序的各种基本形式，这些形式构成了当代欧美生活中的发送和接收的基本"原子结构"。考虑到这个话题潜在的广博性，本章集中探讨了定位和排序的其中一种形式，即"重复"的构造。这一章为极少数定位和排序的模板成为广泛且有效的背景提供了一个简要的历史[21]，本章还论证说，随着成熟的标准化空间已经在新的地址模式的基础上被确立起来，这些模板的实践也正在发生着变化。空间的标准化正逐渐地导致不同类型的技术无意识的具体化，这种技术无意识是基于跟踪和追踪模式的，这种模式很大程度上支持了"有计划的机会主义"，并产生了空间和时间的新的不一致。

因此，我写作本书的目的并不复杂。我希望将资本主义看成是一个在高度张力中持续收获新的观念、不断对人类进行更新、对商品进行修改，以及重构世界的外观的过程。当然，这都是出于利益的考虑，但是，资本主义现在正为了自身考虑而利用难以驾驭的富有创造力的各种资源，这也是原因之一。许久之前，马克思曾将资本主义描述成死劳动对活劳动的剥削，然而，我并不确定这个描述是否适当，因为，它相信当资本主义逐渐成为一股罪恶的生命力，一种双重义务（占有和创造、积累和外溢、有组织的和即兴发挥）的时候，资本主义已经成为一种不断减弱的力量[22]。这一过程需要一个很长的时间，随着具有新适应性的占有形式的发明，这个时段将会变得更长。因此，资本主义力量的发挥类似于塑型的作用，而不是完全的控制，它的焦点在于发挥作用的过程，类似于诺尔-塞蒂纳（Knorr-Cetina）所说的"流动架构"[1]。这并不意味着，公司正在被解构，绝大多数劳动者不再受微薄的薪资的奴役，市场也变得无关紧要或者供需的法则已经失去效力。这是说，通过聚焦于资本主义近期历史上一些具体的事件——这些事件至少在某种程度上是具有创新性的——我们有可能对一些需要深入思考的体制和机制进行揭示。

五、注释

（1）最近斯唐热（Stengers）——我对他的著作有着深切的认同感——以一种有些类似的情绪写道："资本主义是这样运转的——一旦抓住一个机遇，就尽可能快速地做出反应。这完全是一种抽象的想法，而且非常适合于那些觉得这很有趣的年轻人。"（2002，p. 252）然而，本书的所有论证表明，资本主义已经试图催生出一些关于新形式的快捷思想，这一点将会变得非常明确。该书还表明了，通过资本主义文化回路新增添的这些机制，资本主义已经在其全部的技能中添加了一种正式的认知能力。

（2）通常，这些产生稳定的重复方式都是以事物为基础的——从螺丝刀到纸张（Sellen and Harper，2002）再到条形码——这些东西都被认为是不重要的，因为它们体积小巧或者使用广泛，以至于它们一直隐匿在视线

---

① Knorr-Cetina，2003.

之下。然而，在许多方面，这些事物却处于当代经济的中心地位（Finn，2001），它们是全球化了的日常生活。

（3）对于这些活动所倾注的关注之少真是令人震惊。也许是因为它们象征着的事物是多么容易发生错误。而黄页是世间的事物保持秩序的很重要的原因，以及世间与之类似的目录，而这些都几乎没有被研究过。同样有趣的是，在这一设施中我们发现，对工作角色的模仿学习是传播知识的主要渠道之一：基于它的重要程度，这种模仿的受关注程度同样少得令人惊讶。以系统化的趋势来对事物进行分类是尤为突出的探讨，见厄里的相关书籍（Urry，2003）。

（4）因此，与分类领域中的发现相比，比如，习俗理论，我对话题不断自创的循环的形成更感兴趣。

（5）正如迪马乔（DiMaggio，2001）指出的，网络可以呈现出许多形式，只要对它施以操作。

（6）我在本书中所使用的方法由三种要素组成：大范围地阅读各种资源（从正式的学术解读到出版物，再到各种类型的非正式材料），细心地参与（比如，持续地与商业人士进行对话），尤其是寻找我所说的一系列线索，一则信息可能会引致另一条信息，它暗示着我们正踏上一条小径，然而，在恰当的时间恰当的地点进行探寻则完全是一个人为的行为。

（7）科层化吸收了小企业的友情模式以激发动力和创新，这至少可以部分地被看成是大型组织模仿小企业的一种尝试（通过团队、项目、开放的办公空间、高度接触的环境等）。从某方面来说，新经济可以被看成是对科层制的呼吁，尽管它的说辞暗示着相反的内容。无论情况究竟怎样，一套强调知识创新和融合的修辞与实践在大型企业中已经常规化了。（Pettigrew and Fenton，2000）

（8）如格雷（Gary）所言："在进化的前历史时期，意识是作为语言的附加作用而出现的。今天它是媒体的副产品。"（2002，p. 171）

（9）特别是，这些新形式已经不再依赖于那些揭示隐藏的内在状态的解释学框架了。相反，它们直接对相遇进行回应。

（10）因此，我对规模、规模转变等内容不感兴趣。它只是简单地复兴了老一套的思考空间。我认为网络对每一个层面都产生影响，没有哪一个层面是卓越的，因为它们之间相互依赖（Thrift，1995；Latour，2002；Latham，2002）。小还是大？我不这么看。我认为这样一种描述几乎没有任何用处，因为它培养了因果性的懒惰的观念，的确，它误解了这个世界是如何被组织起来的。如拉图尔所言，"宏观只不过是微观的轻微延展"（2002，p.122）这一点与塔德（Tarde）的观点一致。或者如塔德自己所言："我的观点，简单来说，与涂尔干教授的正相反。"我通过基本行动的积累来解释整体的相似性，用小来解释大，用细节来解释全局。（Latour，2002，p.125）

（11）并且，相当重要的是，出版的滞后以及许多期刊的字数限制。具有讽刺意味的是，本章的这些章节原本带有成排的脚注（坦白说，我迷恋着这些脚注），但是为了满足出版字长的限制，它们被砍掉了。

（12）但是，重要的是，迪尔伯特（Dilbert）玩世不恭的形象继续走俏。"我因此而出名"，司各特·亚当斯（Scott Adams）说。（The Economist，14 November 2002）

（13）事实上，由于严重的测量问题，没有人能真正确定。对此方面更多的研究见坦普尔的著作（Temple，2002）。

（14）尽管这个词表达了评论者在将情感与经济连接起来的时候所遭遇的极端困难，但是很显然，情感在许多经济事件中扮演着关键性角色，对情感的质疑的确在经济思想史中占了很大的比重。（Amin and Thrift，2002）

（15）一个主要影响就是经济更进一步文化化，尤其是对"创新"和"创造力"等无形资产的追求（Holmberg et al.，2002）。奥斯本（Osborne，

2003）对这一趋势有精彩的批评意见。

（16）流通当然并不都是单向的。比如，引爆点等观念就回转至学术圈内（Gladwell，2000）。

（17）在这个问题上，有一篇关于实践的共同体的优秀论文（Vann and，2001），最初是珍妮·拉弗（Jean Lave）出于完全不同的目的编著的。

（18）波特毫无疑问是世界"商业知识分子"的领袖，埃森哲咨询公司2002 年展开的一项调查显示，他位列第一，接下来是 Tom Peters、Robert Reich、Peter Drucker、Peter Senge、Gary Becker、Gary Hamel、Alvin Toffler、Hal Varian、Daniel Goleman、Rosabeth Moss Kanter、Ronald Coase、Lester Thurow、Charles Handy、Henry Mintzberg、Michael Hammer、Stephen Covey、Warren Bennis、Bill Gates、Jeffrey Pfeffer、Phillip Kotler、Robert C. Merton、C. K. Prahalad、Thomas H. Davenport、Don Tapscott、John Seely Brown、George Gilder、Kevin Kelly、Chris Argyris、Robert Kaplan、Esther Dyson、Edward de Bono、Jack Welch、John Kotter、Ken Blanchard、Edward Tufte、Kenichi Ohmae、Alfred Chandler、James MacGregor Burns、Sumantra Ghoshal、Edgar Schein、Myron S. Scholes、James March、Richard Branson、Anthony Robbins、Clayton Christensen、Michael Dell、John Naisbitt、David Teece and Don Peppers.

（19）我不太愿意将这些共同体都表述成模拟物（Ezzy，2001），好像它们不是真实的一样。

（20）编码的激增已经正在形成一个新的生态学。也许，最后我们会处于被旧程序的废旧垃圾场的包围中："尽管从某个角度来看，它们就像蔬菜一样，既不会生也不会死。它们只是一些已经废弃的航运系统发明的疯狂的过时的运算法则，它们已经不受控制，也已经耗尽了原料。其影响就如孔雀的羽毛般数不胜数又形态各异：有一种精妙的方法使之归入三个维度。数学试图使自己起死回生，被毛绒的、柔软的、一团正在消失的薄雾围绕，这个结构欺骗了所有眼睛，它行事诡异、脆弱又正被剥落，破碎地陷入自身病毒的尘埃中，成为一种过时的无用的计算法则，而这一计算法则却碰巧成为一种环境。"(Harrison，2002，pp. 226-227)

（21）我认为将这些框架看成是超文本（"paratexts"，Genette，1999；Jackson，1999）——对文本进行整理的框架——是有帮助的。我确信，这些框架构成了权力强有力的来源，因为它们在事件之前就存在了。它们先天性的干预被鲍曼（Bauman ，1998）称为权力的非世俗性（non－terrestriali-ty），这种世俗性看似只有特定的阶级才可以经历，然而，当然并非一切都一帆风顺的。例如，RFIDs 现在就成为抵制消费者，抵制超市，侵犯隐私和给客户编号的持续运动的目标。该运动的领导者凯瑟琳·阿波切特（Katherina Albreht），试图向我们表明我们依然生活在一个距离现代主义非常遥远的世界里："当我八岁大的时候，从一家杂货店回来，我的祖父让我坐下并告诉我说，将来有一天没有编码人们就不能出售事物，他指的是启示录十三中人的标记。我八岁的那一年对自己许下承诺，如果在买卖事物的时候真的需要一个编号，那么我会停下我手中的事情，与之进行斗争。"(Rowan，2003，p. 5)

（22）因此，我支持诺尔-塞蒂纳所持的怀疑态度：以协调性需求为基础网络组织形式有明显优势。

资本主义的文化回路

第二章

柔性资本主义的崛起

第一章谈论了在经历了席卷社会及人文科学各个领域的文化转向之 后，我们应该怎样理解"资本主义"的问题。这一任务看起来非常紧迫。毕竟，在我们周围，被称为"资本主义"的负面效应似乎正在发挥其效力，并对每一个个体表现出更大的不确定性和不安全性。

文化转向的支持者好像并非不认可所谓资本主义的重要性。他们通过以下三个方面中的任一种表达了他们对此的认可。第一，资本主义通常通过将自身移植入符号领域而生成为一种普遍的文化形式。第二，资本主义可以被提升为某种自明的东西，以至于可以对任何具有相关性的事物进行解释。第三，资本主义已经变成了一种文本。它变成了一种萦绕不散的先验性，无影无踪又无处不在。

也就是说，资本主义的力量虽然已被认可，但是它却成为文化转向必要但空洞的衬托，这一力量虽被包含于文化转向之中，却不具有自己的生命内容，而仅被用作各种解释。[①]

---

① Morris，1988.

文化转向包含了对资本主义的重要性的认可，与此同时，这一转向也导致了对它的全面遗忘和向更多更有趣的方向的转移。至少结果是显而易见的。"文化的"分析已经变得越来越复杂，但是其中还混杂着某种程度的"经济的"分析，后者几乎不超过任何能够进行报纸阅读的人的水平。[1]

为什么会发生这种情况？有什么应对措施吗？我认为这种健忘的行为是三种因素影响的结果，其中部分原因在于，也许具有讽刺意味的是，三者在资本主义自身内部的相互对抗，使得资本主义没有那么容易被"发现"。但是，这些影响也为我们重新理解资本主义提供了一些线索。

导致今天这种状况的三种因素分别是政治的、技术的和理论的影响。政治的影响在于对主体性和自身的逐渐增强强调，以及随之而来的承认的政治。自反性已经是我们生活于其中的世界的文化背景的一部分。[2] 技术的影响就在于所谓信息技术的兴起，其基础在于通信及通信所提供的学习和知识的新的可能性。第三种影响是部分的以前两种影响为基础的新的理论形式，它强调去中心化、多样化的时间和空间以及分散性领域。总之，通过掩盖或使我们所谓技术中的人类技能的关键性作用隐而不显的方式[3]，以及通过对表象的确定性进行质疑等方式，这些方面的影响将焦点集中于其他控制形式而湮没了资本主义的重要性。

然而，这三种影响也为我们提供了认识资本主义的新方式，我希望在本章中对其中一些新的方式进行探讨，以利用文化转向来获得对资本主义的新认识。讨论的核心问题在于资本主义已经成为知识型的。当然，信息以及信息转化为知识一直以来都是资本主义关注的中心，但是，文化转向使我们对这一问题有了更清楚的认识。然而，这并不是某个单一领域的活动，以至于无动于衷的学术界可以站在一个神一样的至高点上仅仅低头看着

21

---

① Eagleton，1995.
② Giddens，1991；Beck，1992.
③ Collins，1990；Schaffer，1996.

世间发生的一切，这是由两个原因决定的。首先，学术与这个更博学的资本主义的起源深深地纠缠在一起。其次，这一更博学的资本主义正逐渐介入传统上所说的学术禁区。

　　因此，本章将分为四节。第一节，我将对与知识的生产和分配相关联的劳动分工的变化进行概括。劳动分工的变化使得学术与资本主义之间的关联较之前更为复杂，更为深入，也使得单纯的学术与作为学术之他者的商业之间的关系更为紧张和困难。第二节，我通过对主导性话语在学术和商业领域同时发生的转变——我称之为从约书亚话语到创世记话语的转变——进行分析，对第一节中提出的观点进行了强化。也就是说，学术和商业对于思想的认识有着越来越多的共识。第三节，我将对国际商业共同体如何采用这套关于世界经济的新的话语系统，以及这套话语系统又如何成为"制定规则"的工具进行探讨。在我看来，这一制度和主体的形成过程催生了我称为柔性或博学的资本主义。在最后一节中我将指出，柔性资本主义在其温情和分享的面纱下依然保留着它难以改变的尖锐棱角，但是这些棱角却可以以新的方式来加以应对，这种新的方式可以使柔性资本主义在一个未知的范围内，以自身的原则来反对自身。

一、商业丛林或学术事务

22

　　对商业的学术性研究使信息和相关知识越来越受到重视。关于这一点的论述已经不胜枚举，但是，仅四点就可以说明这一现象。第一，基于交易成本、信息不对称、溢出效应、无形且非均态商品等概念的信息经济不断增长。[①] 第二，在实践中学习兴趣的增长，即在将包括创新在内的知识的全部潜能转化为劳动者技能的过程中进行学习。[②] 第三，对商业发展史

[①]　Stiglitz，1994.

[②]　Nonaka and Takeuchi，1995.

上那些代表着商业组织的信息化基础设施的兴趣不断增长。① 第四，基于对某个特殊城市和区域的经济的成功或未来趋势的习俗方面的原因进行调查和分析的工作不断增长。事实上，这些习俗，尤其是文化方面、信息基础设施方面，通常被看成是该地商业成功的关键因素。

为什么对信息和知识感兴趣？有五个方面的解释尤为恰当。第一，信息量大幅增加，主要在于每一个时间单位所处理和传输数据量不断膨胀。② 第二，创新越来越受到重视。创新必然意味着信息和知识的生成和使用，但是此类知识的创新却极有可能由于包含以下诸多方面而变得问题重重，如"非凸性"（固定的、沉没成本、规模报酬递增），完整的市场不可避免的缺失（因为对于那些尚且存在于构想中的商品而言，是不可能存在竞争性的市场的，更不要说那些等着被发明出来的商品了），缺乏均一性（每一个生产出来的信息必须不同于任何别的信息，不然也就称不上是新知识了），强烈的不对称性（在得到商品之前，买家无法获得关于商品的全部信息），知识在何种程度上可以被等同于公共的善（由于很难对具体的某个信息所带来的收益进行估量，因此，也就无法排除其他信息对总收益的贡献——的确，这种做法有点吃力不讨好）。③ 第三，对易错性的再一次强调。信息和知识的传播通常是嘈杂又不完整的，人们做决定的方式又各不相同，这样就扩大或者缩小这种嘈杂和不完整性。因此，这也就是非等级制的组织在商业中越来越受到青睐的原因之一，因为这种组织更有可能给糟糕的决策改正自身的机会。第四，在商业中对学习的不断强调，尤其是在"做"中学，成为一种最大化企业潜能的方式而备受青睐。第五，也是本节此后的重点内容，商业与学术之间互动性不断增强。④ 在某种意义上，商业已经

———————————

①　Bud-Frierman，1994.

②　Perez，1985.

③　Stiglitz，1994.

④　Strathern，1995a；1995b；Hill and Turpin，1995；Readings，1996.

变得越来越学术，学术也变得越来越以商业为导向。如果曾经是，那么现在也不太可能再将学术看成是认识论的专享之地。同样，商业也不再被看成是不曾被认识论光顾的领域，商业已经在很多方面较之前"智慧"了许多。首先，许多国家的大量的劳动者，尤其是管理人员，专业化程度越来越高。我们将看到一个独立的知识性团体的不断演化，这不仅要归功于商业媒体（包括诸如市场分析师们提供的商业信息）、研究分析员和媒体评论员，及各种类型的商业教育机构的不断扩大，无论是在哈佛商学院还是到柯维"大学"。其次，商界对商业之外的观念也更加敏感，这部分受到这种新的教育基础设施的影响。

　　学术和商业之间的对称性不断增长，其中有四个方面尤为惊人。第一，学术和商业的共同关注点越来越多：如何将过量的信息转化为新的知识，构建灵活的制度性的结构以便迅速地对变化做出反应。第二，无论是在学界还是在商界，知识的不断商品化针对的都是那些价值不可被商品化的知识，尤其是那些无法被记载和打包的实践知识。[1] 因此，诸如"实践"和"技巧"这类词汇成为这两个领域的词汇的重要组成部分。第三，学界和商界分享越来越多的词汇，其中"文化"是最流行的词汇之一。第四，知识空间对于商业的重要性已经与它在文化中的重要性相一致。总之，不断增长的信息量已经开始以越来越快的速度进行传播，信息技术依然高度集中在某些特定的区域、特定的办公室、某些组织的内部链接和某些公司的局域网络中。

　　当然，上述这些学界和商界的对称点已然干扰了学术的价值观和程序。例如，无论是右翼[2]还是左翼[3]的学者均认为，直到 20 世纪 60 年代依

---

① 　Thrift，1985.

② 　Hague，1994.

③ 　Plant，1996.

然明显保持静止的知识等级——大学居于等级的顶端并提供最有效的知识——正逐渐被一种更扁平的、更为多元化的、不同的知识共同体之间的互动取代，这种通常是远距离的、在实践中学习的方式给纯粹的学术所享有的优越性带来了真正的挑战。对于这个问题，普兰特（Plant）认为：

> 正如福柯所言，"大学代表的是体制性机构，社会以最小的代价通过大学进行着平静的再生产"。今天的学术依然保持着源于柏拉图主义的关于知识的概念、教学方式和师生关系，这些都是基于一种模式，在这种模式中主动学习基本上不扮演任何角色……
>
> 一旦信息通过网络进行传播成为可能，哪怕只是在想象中成为可能，人们将不再关心老式的学习状态和学习成绩，学术也将失去它对知识的控制……解除了与教学的关联之后，学习已经不再被直接视为研究，也不再局限于某些特殊的领域、专门的行为或被间隔化的历史时期，大学讲师也不再掌控着整个过程，以确保技术全面的个人能循序渐进地取得进步：所谓学生应当学习如何进行自主学习。[1]

这种状态使人感到不安，并有可能引起四种不同的反应。其一，人们会选择逃避。文化转向可能会以这种形式表现出来——当整栋房子已经被洪水淹没的时候，人们退回到阁楼去（尽管，令人觉得讽刺的是，退回到对资本主义生产的消费产品进行检查的趋势正日渐增强）。其二，一味对之进行谴责，这种做法说来容易，但是却毫无建树。其三，接受这一状态。普兰特的想法毫无疑问是非常周到的，同时也比她料想的要更贴近现代商业设计。其四，也是我在本章中要着重探讨的一种思路，它将有助于我们面对上述思路带来的困境，即理论的发展已经惯例性地超越了学界和

---

[1]　Plant，1996，pp. 207-208.

商界彼此的边界，反过来，新的理论也有助于催生出一种新的资本主义的形式，我称之为"柔性资本主义"。

二、约书亚和创世记话语

话语是前语言，它指导人类如何以人的方式进行生活。沟通和表演的巨流是它最好的表达。这些沟通和表演通过谈话和文本的方式汇入运动之中；通过书籍、视觉影像和其他媒体形式，话语一次次聚焦；受着各种规则和风尚的引导；被某种特殊的主体位置或情绪状态——二者树立了话语直觉性的文化的重要性，并使之开始发挥作用——深深地影响。[1]

纵观西方过去两千年的文化发展史，有一种流传甚广的话语系统，尽管它已经尘封、衰落，并随着历史习俗的发展而改变了自身，但它依然保留一套核心信条，它就是乔伊特(Jowitt)所说的"约书亚话语"[2]。这一话语是以单一的、无误的、神目的先验理性的理念为基础的，这一理性超越了人类的思维模式，并将世界看成是"中央集权的、界限分明的、对无法穿越的界限极其关注的"[3]。这一话语通常包含了一套相互关联的、自足的信条[4]，比如：

灵魂是独立于肉体的；理性是一种独立于实体的现象。

情绪没有任何概念内容，却是一种纯粹的力量。

意义以真理和指称为基础；它关涉的是能够表象真实世界中的事

25

---

[1]　Gumbrecht and Pfeiffer，1994；Thrift，1996b.

[2]　Jowitt，1992.

[3]　Jowitt，1992，p. 306.

[4]　Lakoff，1987.

物的不同符号之间的关系。符号本身毫无意义，除非能与世界上的事物关联。

我们所使用的范畴是独立于世界的，只有诸范畴的内部特征能够定义范畴，从事范畴划分的人的天性则与范畴的定义无关。

但是，从 20 世纪四五十年代开始，随着奥斯丁、梅洛-庞蒂和维特根斯坦哲学的兴起，约书亚话语开始走向衰落。接下来，来自另外一些知识性的实践团体，如认知科学家、女性主义者和社会理论家给予它更致命的打击。新的话语开始确立自身的地位，它对目的理性的可能性提出了挑战。在这种理性之外，还有很多理性形式，它们都具有如下特征：

与身体结合的，以身体的本性为基础。

与情绪相关联的，因为情感已经被概念化了，概念化必然包含着情感。

以这样一种意义的概念为基础——与符号相关联的意义不仅是世界的镜子也是其基础。事实上，表象的过程要以我们产生影像、存储不同层次的复合物的知识并进行交流的能力为基础。①

以范畴为基础，这些范畴并非独立于世界的，相反，它们在一个提升的过程中被定义，比如，隐喻、转喻和想象。这意味着并不存在对现实的客观正确的描述（当然，这并不意味着客观世界是不存在的，而意味着来自世界之外的观点并不享有特权）。

这些观念带来的是与纯化的约书亚话语非常不同的世界观，② 我们也

---

①　Putnam，1981.

②　Lakoff，1987.

许可以跟着乔伊特[①]和塞尔[②]将之称为"创世记话语"。在这种话语系统中
"边界并不是最重要的；地理的、意识形态的、事件的界限都已经变得淡
薄、模糊、混乱"[③]。它将知识看成是无序的、波澜起伏的、嘈杂且混沌的
汪洋中拥有认识的稳定性的群岛。在"约书亚话语"中，秩序即规则，无序
则是例外；在"创世记的话语"中，无序是规则，秩序则是例外。结果，
"更为有趣的是转变和分岔，狭长的边沿、峭壁的边缘、边沿、园边、光
环、疆界……从一个海岸引向另一个海岸，从无序的海洋引向有序排列的
珊瑚礁"[④]。

    显然，这种世界观会引发一系列的影响，其中有两种尤其重要。第一
种，备受青睐的认识论的立场，引用维特根斯坦的说法，它"既不是经验
论也不是唯识论"。这一说法听起来是相互矛盾的，但是事实上，这是一
个有限的而非相对的论断，它表明不同的个体以不同的、非连贯的方式来
理解相同的经验领域，这也是知识形成的必要条件。[⑤] 因此，即便是最公
正的分析师也是社会中的一员，任何基于认识论特权的先验性的声明都是
不可能的。第二种，知识不再被看成是某种疆域扩张的形式，对这种形式
的"一个颇为有力的批评是，这种形式将边缘的每一个点都与中间的点连
接起来，就像自行车轮子一样。掌握中间的核心点就相当于掌握世界"[⑥]。
在莱科夫(Lakoff)看来，知识顶多是"发散性的"[⑦]，

        真理的真实性就在于经验的前概念结构和通过语句表达的概念结
    构之间的直接的吻合。然而，我们听、说、读、写的绝大部分语句，

---

①   Jowitt，1992.
②   Serres，1995a.
③   Jowitt，1992，p. 307.
④   Latour，1987a，pp. 94-95.
⑤   Diamond，1991.
⑥   Latour，1987a，p. 90.
⑦   Lakoff，1987.

并不具备表达真理的能力。这类语句所包含的概念不是过于宽泛就是过于具体，或者太抽象或者是隐喻性的、转喻性的，或者表达的是与经验的直接构成相关联的其他种类的"间接性"。不是由于它们缺少真实性，而是它们无法提供核心案例。[1]

话语产生权力关系。在一个话语系统的内部，不断编撰出来的故事赋予特定的结构、主体地位、情感状态等以相较于他者的合法性地位。约书亚话语的神话和寓言尤其充满力量。具体而言，其中四个故事在这个特定的、被称为"现代的"世界的产生中曾起到相当重要的影响。在这些故事中，我们再也无法感觉到不同文化之间的差异性，或者在描述这种差异性上我们所投入的力量。这些神话中的第一个就是启蒙的"老一套"——总体性知识的神话。无论怎样我们都能够对所有发生的事情进行把握，尽管我们现在还没有这样的能力。蚂蚁的每一个举动和树叶的每一次沙沙作响，我们都能够将其捕捉到并对之做出解释。每一个人类文明都可以被审查和记录。每一项实践技能都可以被分解为最细微的环节并被超越。这一神话支撑着第二个神话——世界是以某种方式建构的以至于世界是秩序化的、同质化的，其多样性仅在于量的差异。单一性、一致性、整合性都是对世界的定义。反过来，这类定义又作为理念地图使得纯化了的理论秩序可以施行于其上并散播开来。第三个神话是，一个实体性的世界可以与想象的世界、象征和符号的世界分离开来。因此，实体之间相互作用构成彼此的那个世界是无意义的，其中"客体、实体、行动者、事件发生的过程等都是符号的效果"[2]。第四个神话与个体性相关。这一神话指——知识是源自一个类似神的注视的结果，这一注视产生于一个个体性的焦点。因此，人类的能力可以被看成是每一个个体接受概念后所获得的内在的禀赋的结

---

[1]　Lakoff，1987，p. 297.

[2]　Law and Mol，1995，p. 277.

果。换句话说，个人不是被理解成不断调整的结果，因为人类的各种能力来自：

> 一个呈总体性发展的体系的应激特性，该体系最初通过个人在更大范围的联系中，最重要的是与其他人的联系中，由所处的个人处境构成。简言之，在社会关系中，而绝非在分离的个体之间微弱的勉强的关联中，每一个个体独立地参与社会合作或热心的行动，组成了这一特殊的人类生存展开的土壤。①

所有这些神话都常常被编织进有关我们现在的状况的那个终极神话中：关于"现代性的"神话。然而，至少在西方，人类的生活已经转变成为一种特殊的历史性的空间，其中一切都与往常不同，都是现代性的。尤其是，"现代性"被看成是一种超速前进和暂时性的状况，它的主要特征碰巧与上述勾勒的四个神话相一致。第一，企业被卷入一种信息不断地聚集带来的旋涡中，并逐渐转变成为一种控制性的系统——监督和规训之"铁笼"。第二，此类组织由工具理性所支配，这种理性认为世界可以被捆绑成圣诞火鸡那样，不留丝毫余地。第三，令人哀伤的是，此类组织可以将社会性排除出去，世界无可选择地变成了一个系统化的铁笼。第四，世界也因此将充满道德感缺失的、坚强无比的个体，他们拥有各种类型的非社会性的生存技能。当然，不可一世是要付出代价的。不久之后，完全可以肯定的是，在现代性所努力朝向的那个顶点——通常包含了由科技，或军备竞赛，或大众传媒导致的失控性的灾难②——无论以任何方式，人类的主体性都将被毁灭。

现今，约书亚话语所带来的这些神话和寓言正在被重新塑造。因此，

---

① Ingold，1995b，p. 17.
② Norris，1995.

总体性知识的神话正在被新的神话所取代，即知识是有偏好的、有区别性的。同质性的神话正在被定性的混乱状态的神话所取代，"最好的综合只发生在存在最大的差异的领域"[①]。取代第三个神话的是与金属材料捆绑在一起的实践中学习的神话。被设定的个体的神话被一种社会所塑造的"个体"概念所取代，新的个体不停地诉说关于自身的故事。结果就产生了一种新的世界观，即整个世界就像一个在不同的时间和地点上不停地进行信息生产和存储的机器[②]。也就是说，通过持续艰辛地建构转译和亲缘性的网络，世界才能不断呈现新的内容。

目前，这些不同的神话和寓言同时存在。例如，布雷顿森林体系崩溃之后，对当前的世界经济的解说或多或少地屈从于约书亚话语。

因此，对世界经济的第一种解说是末世论。这是一种对历史变化的自然反应[③]，这一解说将布雷顿森林体系的崩溃和柏林墙的倒塌看成是千禧年的证据。加上诸如"历史的终结"[④]和世界末日等字眼，这一解说就为如目的论和末世论等知识论的旧说辞提供了惬意的家园，同时也满足了人们对颇具诱惑的戏剧感的需求。

第二种对世界经济的解说，将布雷顿森林体系的崩溃和柏林墙的倒塌看成是新的类型的现代性的标志。无论是"超现代性""晚期现代性"还是"后现代性""超级现代性"或者类似云云，这些对新型现代性的解说无不带有旧式的现代性的痕迹，最显著的无外是短暂性、碎片化和混乱的感觉，但是无论哪一种称谓都没有加深这些感觉，[⑤] 或者给它的定义增添新的组成因素。[⑥] 如上解释工作为那些试图给这个世界冠以宏伟解说的社会理论

---

① Serres, 1995a, p. 91.

② Latour, 1993.

③ Bull, 1995.

④ Fukuyama, 1992.

⑤ Harvey, 1989.

⑥ Beck, 1992; Giddens, 1991.

家们提供了一个休憩之处，而对于那些想要给当今世界提供更多解释的社会理论家们，也产生了类似的效果①。然而，即便是这些不同称谓之间最细微的差别，在人类学角度上看也没有什么价值。任何将世界看成是一个持续变化，从而人类也被一次又一次重新定义的观点，都是一种冒险——夸大了当今时代与之前时代的差异。

第三种解说，即对世界经济的创世记解说。它虽然认可诸如布雷顿森林体系的崩溃和柏林墙的倒塌此类事件的重要性，但是却将它们看成是它的核心原则的升华和阐明。第一，获得对人类各项制度的持久掌控是非常困难的，它们经常会在顽固又持续不断的创新中化为泡影，因此，也存在一种试图绕开已经确立的秩序——如民族国家——的趋势。第二，我们为了避免复杂性而命名复杂性。因此，如"资本主义"和"市场"等系统，在经历了上述两个历史事件之后展现了显而易见的繁荣，现在，它们在没有任何阻力的情况下，发展成为由形式各异、类型多样、不同类型的体制所组成的综合体。不存在唯一的资本主义或者唯一市场，而是一系列不同的资本主义形式和市场形式，它们不能被化约为一个平均值。因此，尽管资本主义和市场被看成是强大的，但并不意味着其中的每一个皆是如此。第三，有必要把历史看成是尚未完成的演变，各种事件的集合，"拥有最多的问题的最小的空间"②。我们不能将历史看成是巨大的自然力的相互对抗——经济和社会变革的潮汐冲扫着人类的海岸。历史只能被看成是一系列更适度的、更复杂的和确定的"行动者网络"③——其实践规则使人或物能够被归入拥有不同程度的持久性的、能发挥力量的实体——或者，换言之，被看成是一系列复杂的系统：

29

① Alexander，1995.
② Perniola，1995，p. 8.
③ Latour，1993；Callon，1987.

在不同的境遇中，看似对我们都如此重要的复杂系统模型，似乎构成了我们的肉体组织、团体、工作环境，以及我们整个世界的基础。然而，这一模型本身对于"一个基础对应一个结构、一个原则对应一个解释"等观念，一概否认。于是，我们生活于其中的这个内在相互联系的复杂世界，似乎想要暗示我们，这一复杂系统模型以及其内涵都与现实的本质相吻合。变化无处不在，规则总是暂时的，没有任何事物是独立存在的，万物都是相互联系的，没有哪一个系统能够必然地永远掌控世界。[①]

尽管这种构成主义的解说方式看起来似乎非常可信，这部分是因为讲故事的结构被废弃，这种讲故事的结构给予了那些缺乏沟通能力的人参与进来的机会，但是，权力关系恰恰是从其中产生出来的，明白这一点是重要的。没有比高度实践的国际商业领域更能说明这一点，在这一领域中，身体和精神都不得不持续不断地投入对现今时刻的诸多忧虑之中。在这一领域，正如在知识领域，创世记的话语已经逐渐替代了约书亚话语。也正是在这一领域，这种替代以牺牲一些群体的利益为代价，给予某些群体以权力[②]。拥有更高学历的管理层就是一例，其中包含了越来越多的中产阶级女性。换言之，正如福柯经常提到的，没有任何一种知识是中性的，没有一种知识不处于"权力—知识"的双向关联中。谁是受益者的问题永远都有待回答。

三、应对复杂性：柔性资本主义的崛起

在本节中，我将会阐明，在前几节中作为主题来探讨的思想观念，已

---

① Martin，1994，p. 250.

② Van der Pijl，1994.

经在学术领域之外获得了新的市场，尤其是与日俱增的全球商业组织的与管理相关的领域。我想要表明的是，自从布雷顿森林体系崩溃和柏林墙倒塌之后，管理文化已经在很大程度上受到了创世记话语的原则的影响，尤其当世界经济荆棘丛生，我们永远无法完全掌握局势时，商业组织不仅必须要承认这一点，并且需要改进自身以便从中获益。也就是说，人们对于世界经济的理解已经发生了深刻的变化，从某种程度上来说，这一变化越来越发挥其构成性的作用。即这一新的管理学话语在改变着世界经济的同时，也被正在形成的世界经济所改变。①

30

　　在描述这一新管理学话语之时，我们对它的现状也必须有一个清楚的认识。首先，这一话语并不仅仅是一种意识形态。因此：

　　　　尽管，毫无疑问，这些经过工作改进的话语和实践，在工作场所的权力和报酬体系中发挥着且将要继续发挥重要的作用。它们也在不同历史时期，为了维护公共的利益，保卫公共权力，曾有意识地发挥效力以削弱商会及其特权。但是，有一点尤其需要注意的是，它们并不完全是"意识形态的"变形。换句话讲，它们所声言的"知识"并不是"虚假的"，它们并不服务于特殊的社会功能，迎合预定的经济需要。当然，这些工作改革兴起于特定的政治环境中，也带有一定潜在的后果，但是，它们并非仅仅是对已经存在的经济利益或需求的功能性回应，或是其合法化的结果。它们自身积极地"建构"一个社会现实，并为人们创造新的工作形式，而非只是单纯地反映既定的社会生活。②

　　新的管理学话语应当"主要被理解为一种形式的修辞学……如管理类的专家和管理学教授所言说的——其言说方式并不必然与组织的实践本身

---

①　Daly，1993.

②　du Gay，1996，p.53.

相一致"①。它描述道：

> 从字面上讲，世界"并不存在"。对那些创造了这一术语的人而言，没有任何一个组织能够完全展示这个术语的全部特征。"学习型组织"的概念是极其复杂的；大概很少有人愿意承认他们曾见过这样的组织。"网络"结构消解了不同组织之间的界限，虚拟的合作弥补了正在消失的行动。②

毫无疑问，管理者和劳动者在使用这些新的话语的过程中也表现出相当的模糊性。③

其次，这一话语系统并不是完全封闭的、单一的、静止的秩序。它由多种不同的实践领域构成，其内部充满斗争，并随着内在要素培育出的新习俗而发生相应的转变。然而，尽管如此，它逐渐构成了商业活动所依赖的背景。再次，这一话语的影响必然是带有偏好的、地理学性质的和组织性质的。它兴起于美国本土公司，至今在美国国内保持强大势力。因此，它带有美国式的竞争性个体的印记。④ 这一话语系统在那些拥有雄厚资源且已建立这一系统的较大型的跨国商业组织中表现较为突出。"世界上绝大部分的劳动人口继续受雇于小型或者中型（而非'全球性的'）的商业组织中；他们的工作'场所'容易被辨识；他们有着相似的工作程序；他们认某些人为'老板'，等等。"⑤ 即便如此，这一话语系统被采用的方式也不尽相同，任何一种组合方式都是可能的。但是，问题的关键在于，在世界范围内，它已经成为商业活动的基础，并越来越浸入实践秩序之中，无论在做

31

---

① Nohria and Berkley，1994，pp. 125-126.
② Goffee and Hunt，1996，p. 3.
③ Martin，1994.
④ Martin，1994.
⑤ Goffee and Hunt，1996，p. 3.

决定的过程中，还是将决定付诸实践的过程中，它都发挥着越来越重要的作用。[①] 此时，目标已经转化为手段，手段化为了现实。

对于新的管理型话语而言，从第二次世界大战结束到布雷顿森林体系崩溃和柏林墙倒塌的一段时期，充斥着各类被有形分割的空间。这一方面是公司那种"循规蹈矩"的个性所致[②]；另一方面，是由于企业那种封闭的、科层制的、多部门的特征所致[③]。这类企业的目的在于，通过一种单一的企业策略扩大势力和规模，这一策略是通过一种相对静止和形式化的官僚内核进行，信息从"外界"环境自下往上传递，控制从一个封闭的中心缓慢向下发挥作用。民族国家也制定了各种硬性规则，如固定的汇率，高额的关税壁垒等。最后，"管理科学"的概念对一切进行了精心的筹划，它能够带来预言和控制世界所需要的一切手段。至少在时代的修辞上，世界成为一个有组织的空间，其中充满了被小心翼翼地封闭起来的各种空间，它们都可以被理性地占用和管控。[当然，我们也可能对这一话语的精确性产生疑问，因为只要稍稍瞥一眼关于这个时代的历史我们就会发现，资本主义稳定的黄金时代与之几乎没有关联。的确，早在1965年，埃默里（Emery）和特里斯特（Trist）等管理学专家就曾经撰写过关于组织如何应对持续存在的混乱环境的专著。]

然而，自从20世纪60年代以来，布雷顿森林体系的崩溃以及随后的东欧解体，使埃默里和特里斯特的书对这些永恒的混乱状态的描述，与其说像催人奋进的指令倒不如说更像成功的预言。让这一描述看起来像预言的原因有很多，以下几种也包含其中。第一，汇率的浮动，各种类型的海外资本市场的增长，以及随之而来的金融衍生品市场的增长，导致了货币像旋转木马一样地流转、海外借贷款的发生、各种对冲政策的出现，这些

---

　①　Thrift，1996a.

　②　Whyte，1957；Sampson，1995.

　③　Chandler，1962；1977.

都是一种完全的投机心态，这一点我们今天已经对之习以为常了。第二，金融媒体、信息技术和经济研究三者相互作用所产生的信息呈指数倍地增长，这一方面使商业组织的环境看起来更加复杂，另一方面增添了更多的模糊性——信息技术的膨胀在带来解决办法的同时也制造了更多的问题。第三，国际商业世界中的新的参与者大量增加，打破了旧的竞争平衡状态：日本和韩国是毫无疑问的，除此之外还有中国的海外企业、第三世界的跨国公司、东欧的企业，等等。第四，更为差异化的生产—消费关系不断增长。大量的生产者的一系列差异化的需求带来了更为差异化的消费者，随之而来的是许多市场在规模上的增长和在敏感度上的提升。第五，交通和媒介传播速度普遍提高。这一提速带来的影响是有巨大差异的、多重的，甚至有时是相互矛盾的，一句笼统的"时空压缩"无法将之完全概括[①]；但是，提速的影响范围是相当广泛的，以至于评论者们称这个世界为流动的世界，这一说法似乎获得普遍的认可。第六，由于这样或那样的原因，国有经济整体而言运行稍欠平稳，对它们而言，对经济结果进行预测变得更加困难。

对于商业组织的管理者来说，后果显而易见。第一，几乎所有商业组织都是脆弱的。"通用电气、波音公司、德固赛、海湾石油、西尔斯罗巴克等，包括另外一些知名企业在内，它们的市场份额都受到严重的削减。泛美航空以及其他行业的领先企业都如同森林中的大树一样倒塌在地。另一些先前的领头企业，如柴郡猫，除了曾经的盛名之外，什么也没留下。邓禄普现在已经成为一个日本的品牌，美国无线电公司则成了法国的企业。"[②]第二，管理者们需要更快地做出反应："我们曾经希望一个新的 CEO 能够带领困境中的企业在五年之内实现突破，现在我们希望他能在 12 个月

---

① Thrift，1995.

② Stopford，1996，p. 5.

之内完成它。"①第三，整体而言，大型商业组织都在缩减规模，它们的吸引力也许相比"公司人"时期要降低很多。管理者们现在更倾向于从一个企业跳到另一个企业，去管理甚至开创一个小型企业也被看成是不错的选择。

面对如上的这些变化，我们也许并不惊讶，一种新的话语体系(或新的习俗)已经产生并塑造和促进着这些变化的发生。这一话语以一些新的隐喻为基础，它们试图描述这个更加混乱不堪、不确定和缺乏安全感的世界。首先，这些隐喻都是对过量、超负荷和饱和状态的描述。但是，最初的一些隐喻在今天看来则是：

> 对信息技术的最初的疯狂反应的产物。"超负荷"指的是什么？"饱和的"指的是谁？如果将它们放入这一倾向于将它们看成是超越时间的话语系统中进行思考的话，这些术语几乎没有相关性、历史性。②

几乎在不知不觉中，新的视觉的和语言学的隐喻开始涌现，并重新塑造(或用行话说，重构)了商业组织与世界的关系，以及管理者在组织内部的角色。③ 这些隐喻都是以在不断适应中的运动概念，如"舞动""冲浪"等，以及能够促进持续适应性的组织结构的概念为基础，通过同变动的世界更紧密的接触，全身心地投入劳动者中，使组织能够作为更加开放的实体而谋得生存：

33

> 我们谈论结构及其各式系统、收入与产出、控制设施与管理设备，就好像它们的整体是一个巨大的工厂。今天谈论的内容不再是关

---

① Goffee and Hunt，1996，p. 4.
② Collins，1995，p. 12.
③ Buck-Morss，1995；Crainer，1995；Morgan，1986；1993；Martin，1994；Collins，1995.

于操纵而是关于政治的，关于文化、团队和联盟的，关于影响力和权力而不是关于控制的，关于领导力而不是关于管理的。就好像我们在事实面前突然醒悟，组织归根到底是由人组成的，而不仅是由"领导"或"角色分工"组成的。[①]

这些新的隐喻共同点是：它们都关注更为松散的组织形式，这样的形式更能够"随流动而变"，也更能适应今天这个复杂又模糊的世界；它们都关注能够适应这种松散形式的主体的生产。[②]

尤其是，这些新的隐喻通过正在获取支配权的新的管理主义而深入人心。创世记话语的管理形式的起源与一些学术界的版本并不完全一致，但是我认为，二者逐渐合二为一，特别是因为学术界和商业团体之间的互动程度正在极大地提升：我们将会看到，当今的社会理论已经完全瞄准了资本主义。

新的管理主义的国际话语系统所拥有的资源可以被列举为如下几条。第一，商业组织的环境可以被描述为多样的、复杂的、行动迅速的，因而也就是"不明确的""模糊的"或"可塑的"。最近，描述的灵感大多来自非线性系统理论，尤其是来自像卡斯蒂（Casti）和普利高津（Prigogine）这样的学者的著作。[③] 第二，商业组织试图在瞬息万变的环境中打造一种超强的适应能力。这一目标可以通过许多方式来实现，这些方式的总和构成了国际企业界的"语言学转向"。尤其值得注意的是，它试图制造恰当的隐喻以便它能够以有区别的（通常是有偏向的）方式来观察他者与自身。[④] 同时，它也尝试着将新的隐喻植入劳动者中去。这一目标可以通过多种方式实现，

---

① Handy，1989，p. 71.
② du Gay，1996.
③ Journal of Management Inquiry，1994.
④ Morgan，1986；1993.

其中包括实践学习——将劳动者置于需要共同应对不确定性和未知性的环境中，使其在真实的实践中学习。[1]　企业总是对意会的知识（即那些大家熟知却无法表达的知识）的来源和信任产生的根源非常关注，无论是劳动者之中的还是与其他的企业间的。对于意会知识的研究完全来自迈克尔·波兰尼（Polanyi）的著作[2]，而不是来自海德格尔、梅洛-庞蒂或鲍德里亚等人。波兰尼的观点源于格式塔心理学。他最著名的观点是，"我们所知道的要比我们所能言传的多"[3]，作为调动劳动者全部潜力的一种方式，它已经成为商业的核心话语。正如他本人常讲的，他的著作强调了产生信任或信心的重要性，因为"真正信任的核心是……通过信任他人而间接地获取的"[4]。第三，因此，商业组织必须成为灵活的实体，它总是处于行动中，"前进，哪怕是跌跌撞撞或跟跟跄跄"[5]。跟跄前进依然可能会赢得生存或繁荣，尤其是通过发展出一张文化的和企业内外广阔的社会网络。文化将产生出学习的传统，作为集体的记忆，它一方面能够保持组织的持久警觉，另一方面为创新积蓄能量。社会网络则既是知识的渠道又是信任的桥梁。第四，商业组织被看成是文化实体，这一点上文已经阐明，它试图产生新的传统以及关于自我和世界的新的表象。由于知识（尤其是被重新塑造为一种文化的信息主义的政治经济学）和权力之间的关系已经完全透明化了，这一实体对世界逐渐采取一种伦理的立场。[6]　换句话说，商业组织正在逐渐将自身建立于"对现成知识的拒斥"之上。[7]

　　第五，商业组织必须由愿意为之效力和拥有意志力的主体组成。因此，福柯教会式的规训原则，作为规定新的个体的定义而被吸纳进商业组

---

[1]　Martin，1994.

[2]　Botwinick，1996.

[3]　Polanyi，1967，p. 20.

[4]　Polanyi，1958，p. 208.

[5]　Boden，1994，p. 192.

[6]　Pfeffer and Salancik，1978；Pfeffer，1992.

[7]　Kestelhohn，1996，p. 7.

织之中。

> 为古老的"有机体"的艺术理念注入崭新的奇异的生命力——"有
> 教养的道德人格"和"作为工作艺术的生命"……工作不再被当成是施
> 加于个体之上的痛苦的义务，也不是人们出于工具的目的而采取的行
> 动，而是个体自我满足、自我实现的重要途径。正如坎特（Kanter）[1]
> 的评论，在具有创业精神的企业中，生活应有一种"浪漫的品质"。

> 通过将工作仅仅看成是那个连续的统一体的一个部分，"我们"都
> 试图将自身变成自我负责、自我规范、自我满足的行动个体；"企业"
> 试图通过给工作重新注入为官僚主义所粗暴压制的——情感、个人责
> 任感、愉快工作的可能性等，使秩序化了的工作重获魅力。[2]

从某方面而言，与管理主义的话语同样重要的是行动者数量的增长，
这也是这一话语能够在全球广为传播的原因。仅仅从 20 世纪 60 年代始，
两者共同形成了一个突显的并逐渐强大起来的资本主义的文化循环。这种
现在已经获得自组织能力的文化循环，促成了管理学知识的生产以及这一知
识向管理者的传播。自身增长也带动着胃口的不断增大，现在，该文化循环
对新的知识有着持续贪婪的需求。管理主义的话语最主要的生产者有三个：
商学院、管理咨询公司和管理学专家。

从 20 世纪 60 年代到 80 年代，正规的商业教育，尤其是 MBA 课程，
培养出大批的学者和学生，他们肩负起了新的知识的产生和传播的使命。[3]
在美国，世界公认的最极端的状况是，几乎四分之一的学院和大学的学生

35

---

① Kanter，1992.

② du Gay，1996，p. 25.

③ Alvarez，1996.

主修商科专业，而商学院的数量相比 1957 年增长了 5 倍还要多。① 在顶尖商学院，教授们相互竞争给学生传递新的观念。事实上，今天一些商学院如公司一样地运行着。例如，沃顿商学院的一位系主任托马斯·盖尼蒂（Thomas Gerrity）尝试着用商业程序来重塑学校的运转方式：

> 在公司中，重建意味着要大动干戈，拆毁所谓职能烟囱，并重新分配团队任务。盖尼蒂教授将学生和教授们各分成六个团队：每个学生团队中必须包含两个以上的非美籍成员；每个教师团队的成员必须来自不同的学科背景。团队内部要进行评估。盖尼蒂教授同时打破了学院和大学、学界和商界的界限。学生们现在为大学的其他部门和当地的企业提供咨询服务，例如，如何将医学技术市场化。令许多学者懊恼却令企业感到振奋的是，他们同时研究如"领导力"等软性的领域。

> 至于另外一些重建的活动，许多东西打着重建的旗号，看起来倒像是给常识换上了新的说法（比如，学生们现在都要出国去接受"全球性的洗礼"）。盖尼蒂教授将学院体系转换成了授予职位制和年薪的增长制，目的是从强调发表学术文章到强调教学和领导力的转变，前者曾经是通向成功的唯一方式。他雇用了一家名为"意见研究"的政策公司，对他所在选区的选民意见进行调查研究。他还引进了一套教导系统，资深教师可以借助它来指导经验不足的教师开展教学，以及通过品质圈，学生们可以通过它来向老师表达对教学的看法。②

另外一种产生和传播新知识的方式是管理咨询，③ 这无疑是一个快速

---

① Kogut and Bowman，1996，p. 14.

② The Economist，13 April 1996，p. 83.

③ Clark，1995.

增长的行业：

> 在 20 世纪七八十年代之间，在管理咨询协会注册的管理咨询师的收入翻了一倍；从 1980 年到 1987 年，增幅达到 5 倍。在英国，1980—1991 年这 11 年间，MCA 的注册咨询师的数量翻了 4 倍多，达 6963 人，咨询师的收入也猛增了近 11 倍。到 20 世纪 90 年代初期，据报道，全世界范围内的咨询师数量已经增至 10 万人之多。全球咨询企业的主要成员在近些年业绩的增长证实了从 80 年代以来全球商业的持续增长。安德森咨询，作为最大的咨询企业，宣称他们一直保持 9% 的增长率，在经济萧条的 1992 年这一数值甚至高达 19%。第二大咨询公司，在 1987 年到 1993 年间，营业额实现了成倍的增长，达到 120 亿美元。永道会计师事务所，作为世界第三大、欧洲第二大的咨询企业，其营业额在 1993 年前 5 年期间增长了 107%，在全球 125 个国家拥有员工共 66000 名。[①]

36   据基布尔(Keeble)等对英国增值税数据的估计，20 世纪 90 年代英国的管理咨询行业共由 1.1777 万家企业组成，总营业额超过 25 亿美元。咨询类的公司在资本的文化循环中起着关键的作用。首先，它们能够提供新的观念。例如，阿瑟·安德森公司：

> 有三个研究中心和一个大型国际数据库，4 万名咨询师在为这个数据库提供支持。公司 1995 年在培训方面耗费了将近 7% 的营业额，大约 2.9 亿美元，超过了任何一个竞争对手。一个与安德森的合作机会意味着，安德森公司需要花费 1000 小时来对之进行培训，其中一部

---

① Ramsay，1996，p. 166.

分要在芝加哥郊外的 150 英亩大的企业培训园进行。[①]

他们对大部分管理学知识进行打包，通常将之改造成可以在不同的情形中不断套用的公式。引用拉图尔那句现今非常流行的说法就是：

> 每一个新的任务对于咨询师来说都是一个机会，他可以通过将遥远的事件、地点、人物与客户建立起关联并为之所用，从而展现自己的特长和独特的竞争力。这一过程主要通过以下三种方式来实现：（a）将这些事件、人物等资源处理为可变化的，以便可以将之拉入新的境况中；（b）将它们处理成稳定的，这样在不停地来回拉伸中不损其原貌；（c）使之能够被整合，以便其传播、合并、叠加。[②]莱格（Legge）认为咨询师正是通过如上方式（用拉图尔的术语来说）即以等式或包裹的形式，将遥远的企业经验变得可供使用，可被整合。[③] 麦肯锡公司的去中心化的包裹，Hay MSL 公司的职位评估包裹，甚至是彼得成功的八个原则等皆可为例证。[④]

为了使这些包裹能够对现存的和潜在的客户发挥作用，大量的国际化合作是必不可少的，还包括相当广泛的社交技巧。[⑤] 这项工作收效显著。例如，拉姆塞（Ramsay）曾引相关报道称[⑥]，在 1994 年到 1995 年的 18 个月间，94％的英国顶尖企业都曾与管理咨询公司有过合作。新知识的产生和传播还有另外一个渠道——管理学专家[⑦]。这些专家有多种类型。胡克塞

---

① The Economist，4 May 1996，p. 90.

② Latour，1987a，p. 223.

③ Legge，1994，p. 3.

④ Clark，1995，p. 56.

⑤ Clark，1995.

⑥ Ramsay，1996.

⑦ Huczynski，1993；Micklethwait and Wooldridge，1996.

斯基（Huczynski）区分了学术型的专家，如迈克尔·波特（Michael Porter）、罗莎贝斯·莫斯·坎特（Rosabeth Moss Kanter）、西奥多·莱维特（Theodore Levitt）、约翰·凯（John Kay）、加里斯·摩根（Gareth Morgan）、彼得·森格（Peter Senge）；咨询型专家，如詹姆斯·钱皮（James Champy）、彼得·德鲁克（Peter Drucker）、汤姆·彼得斯（Tom Peters）、约翰·奈斯比特（John Naisbitt）和大前研一（Kenichi Ohmae）；英雄型专家，如马克·麦考马克（Mark McCormack）、盛田昭夫（Akio Morita）、约翰·哈维－琼斯（John Harvey－Jones）、唐纳德·川普（Donald Trump）、李·艾柯卡（Lee Lacocca）。① 还有一些专家不太容易被归类，波士顿交响乐团的执行官本杰明·赞德（Benjamin Zander），他在充满启发性的演讲中将管理比喻为音乐。②

这些专家通常只进行比较细微的操作，然而，却可能是关键性的。令人印象最为深刻的要数由科维（Stephen Covey）在犹他州的普若佛市经营的领导力中心了。

37　　　十年前由两个人创办的科维领导力中心，现在已经拥有 700 名员工，年收益达 7 亿美元。科维先生正在他的家乡普若佛市郊区为之建造了一个巨大的场地。但是，即便以它现在的状况——散布在城镇的周边——该中心依然是一架井然有序的商业机器。它的员工所能够接触到的科技量甚至会让一个记者艳羡不已。他们拥有强大的免费的援军，这都要归功于科维先生的信条——了解一个人的想法的最好办法是授业于他。该中心分为三个核心商业区。第一个是管理培训区域。一年四季那些空中飞人们聚集于此，花费一周的时间阅读"智慧文学"、爬山、谈论私人问题和商业问题并组建团队。第二个是形成私

① Huczynski，1993.
② Griffith，1996.

人管理师区域。该区域的目的在于帮助人们学习设置优先性，比如，人们往往可能会花费太多的时间在慢跑上或者在岳母身上。同时，这也包括对各种约会的管理。第三个是新想法的诞生区域。该中心第二受欢迎的项目是——"以原则为中心的领导力"，以及第三个尚在准备中的项目——"高效率家庭的7个习惯"。①

商学院、管理咨询机构和管理专家之间并没有明显的区分。例如，沃顿商学院的主任托马斯·盖尼蒂（Thomas Gerrity）曾是 CSC Index 公司的成员，"重构商业过程"的想法就产生于该咨询机构。这个术语现在用来表达"组织的灵活性"的概念。无论情况究竟如何，有一点可以肯定的是，这三类机制产生了绝大部分的管理类知识。这些知识主要以一系列的为数众多的"商业潮流"的形式出现②。在1950年到1988年间，例如，帕斯卡莱（Pascale）记录了26种主要的商业潮流。③ 当然，花名册上主要有质量循环、无纸化办公室、未来的工厂、企业家精神、品牌、策略联合、全球化，包含核心竞争力在内的商业过程重构，以及可雇佣能力；最近的一些有，新兴的潮流以及诸如组织的灵活性、加速组织化④、复杂性理论，甚至包括行动者网络理论等⑤。

接下来，这些观念都将被传播出去，而渠道和方法是多样化的。当然，首先，在商学院教授学生新观念；管理咨询师则不断地带给客户新的观念和新的做事情的方式；管理学专家通过有偿的方式来传播他们的洞见。其次，快速增长的商业媒体产业将知识进行打包和传播。早在20世纪80年代，尤其是非学术的管理书籍的出现，使管理学知识开始进入销售领

---

①　The Economist，24 February 1996，p.106.

②　Lorenz，1989.

③　Pascale，1991.

④　Maira and Scott-Morgan，1996.

⑤　Latour，1995.

域。例如，斯蒂芬·科维的《高效能人士的七个习惯》(*Seven Habits of Highly Effective People*)自 1989 年出版以来，曾在全球畅销超过 500 万册。① 目前该书已经被翻译成 28 种语言畅销 35 个国家，在中国和韩国销售业绩尤佳。哈姆(Hammer)和钱皮的《重构公司》(*Re-engineering the Corporation*)于 1993 年出版，截至 1996 年 9 月已经在全球创下了 200 万册的销量，同时被译成 17 种语言。当然，管理学知识不仅仅依靠书籍进行传播，也包括越来越多的磁带和影音资料。如《财富》《商业周刊》《哈佛商业评论》等杂志也都在散播着知识，无数的行业期刊也是如此。几乎所有宽版报纸也都为管理类知识预留了版面，比如，堪称全球性的《金融时报》，在 1994 年开创了"管理摘要"的版面，并在 1996 年刊登了 26 个部分连载的对当今管理知识状况的报告。② 同时，也有一定数目的交流管理知识的特定的电视节目在播放。

最后，还有一个尤为重要的传播管理知识的渠道——管理学研讨班。它是训练和逐渐形成的宗教复兴运动的联合体。这些研讨班在全世界都有重大的影响。当然，它们的形式多样，首先，在最常见的研讨班中，重要的技能通常由培训公司或管理咨询师提供：

> 他们的短期研讨班和课程宣称，强调个人的和人与人之间的沟通技能。其中有一些研讨班包括"国际化的时间管理""释放领导力团队""发展领导力""达成交易"，卡瑞斯(Karass)的"高效率沟通"[以管理专家切斯特·卡瑞斯(Chester Karass)命名]和为期一天的职业性研讨班，如"科技精英的管理技巧"和"如何设定并达成目标"。想要达到企业对外宣传的效果而参加这样的研讨班是至关重要的。"达成交易"的研讨班宣称有来自 70 个国家的 5.9 万人参加。"国际化的时间管理"在

---

① The Economist，24 February 1996，p. 106.
② Crainer，1995.

其全球连锁的研讨班中共招募了 2.8 万名学员。最后，"高效率沟通"的全球参与率达到了 15 万人。这些课程通常都是为期一天。由于收费合理，这些研讨班通常都能有超过 100 人的高参与率。培训师们以"高昂的激情"带给学员们"已得到验证的技术"和"成熟的技巧"。[1]

但是，也有一些因管理专家本人的特色而拥有颇高知名度的系列研讨班，这些研讨班通常持续两到三天，交流一些不太容易被标准化的知识。比如：

伯恩（Byrne）曾报道过一种被称为"讨厌鬼训练营"的管理研讨班。他对该研讨班的描述类似于一种宗教性质的静思，这一点具有启发性。该班的领导是"圣者"汤姆·彼得斯，他曾与别人合著了一本畅销世界的商业书籍。该研讨班的费用是 4000 美元，集体慢跑是该班的开山项目，随后是一个公共早餐，然后学员们聚集在会议室"等待被启蒙"。伯恩评论说：

我们的领导低着头，手插在他的皱皱巴巴的棕色灯芯绒长裤的口袋里，迈着坚毅不屈的步伐。他用提高了三度的声音迅速地读着祷文似的稿子。"摆脱羞耻……让出你的停车位……将所有人集中到一个团队来……致富有两种方式：客户的高度满意和不断的创新。"

伯恩关于戈拉德（Eli Goldratt，《目标》一书的合著者）主办的一个关于"精益生产"的研讨班的描述和奥利弗（Oliver）的报道有些许的相似：

戈拉德在上午 9：15 准时出现，和所有的西装革履的成员形成对比的是，他不穿夹克，不系领带，戴着瓜皮帽，穿着露脚趾的凉鞋。

---

① Huczynski, 1993, p. 186.

一开场他就表示没有准备幻灯片或者稿子。"成本观"表现的是旧的秩序，"产出观"则指新的。在课程临近结束的时候，他抛出自己的问题："我们应该从哪里开始改进？"学员们异口同声地说"我们""我们自己"以及一些类似的说法。[1]

研讨班的收费标准中通常包含了书籍和影音产品的费用，因此，一个无漏洞的生产和观念强化之网被构建出来。

研讨班的规模以惊人的速度日益扩大。例如，在 1996 年 9 月由斯蒂芬·科维，汤姆·彼得斯，彼得·森格联合举办一个互动性的"超级团队"演讲，题为"如何使你的团队勇往直前"。该活动的英国会场设在伯明翰，通过卫星转播至 40 个国家的 250 个城市的 3 万人耳中，每位参加者的费用是 199 英镑。

最后是管理研讨班的"学员们"。他们要参加多少研讨班，都是什么类型的？他们从中有何收获？他们在研讨班中读了什么，又是如何理解这些阅读内容的？他们从研讨班中学的知识和通过阅读得来的领悟是如何作用于管理实践的？说句公道话，我们对资本主义文化循环的这一面知之甚少，对学员们的研究只占很少一部分。[2] 相反，我们不得不从一般趋势和那些仅有的研究成果中推断出他们的性格和动机。因此，第一，我们知道全世界的管理者们正在提高受教育水平。例如，"越多的管理者参加 MBA 类型的培训，他们就会变得越复杂，也越容易理解和使用复杂的管理理念"[3]。第二，有一点可以肯定的是，管理者们的阅读量比之前有了提高，也包括听录音带和观看视频。第三，与此同时，通过研讨班、书籍对观念的"打包"，这些观念变得更容易被获取了。第四，管理者们无疑想要也需要新的观念。这些新的观念可

---

①　Huczynski，1993，pp. 44-45.

②　Engwall，1992.

③　Huczynski，1993，p. 48.

以为他们组织企业，解决企业中面临的特定的问题，充当企业内部动力，防止竞争对手采用新的观念，或者仅仅是为了给自己的职业生涯加一把力。最后一种情形表明，持有新观念的管理者更富有创新精神、前沿性，并主动寻求改变，因此，他的个人知名度就得到了进一步的提升。同样重要的是，新的观念有时可以作为一种后备，在困难时期它能够提供快速决定问题的方案，甚至有时它的作用仅仅在于减少烦琐。① 第五，管理类书籍或研讨班能够用来促进信任或提升信任度。因此，出席研讨会的管理专家们也许早已经熟读了书里的观点，但这不是重点：

　　　　许多管理者参加汤姆·彼得斯的研讨班为的是一睹他的风采。实际上，如果他讲述的内容与他们之前已经读的内容有出入，他们会失望地离去。洛伦茨（Lorenz）写道："为了追随管理专家们，管理者们可能不止一次地花费上千的费用，或者买他最新出版的书籍。一位顶尖跨国公司的经理说他需要每两年参加一次'德鲁克约定'研讨班。"②

　　而且，研讨班也许能够散播出令人印象深刻的经验，以至于它可以改变学员们对人的定义，这种情况通常发生在经验型的研讨班中。例如，马丁（Martin）曾描述过在此类研讨班中，一些最初的犬儒主义者是如何逐渐受到研讨班的经验影响的。最后，越来越多的女性管理者出现。一些评论者认为，现代资本主义隐喻性框架已改变，绝大部分是因为管理学知识的女性主义化造成的，而这种女性化，至少部分的是因为，女性在劳动力市场和管理层的大量出现。③

　　总而言之，看起来可以肯定的是，管理者自身从管理学知识中寻求四

① 　Huczynski，1993.

② 　Huczynski，1993，p. 201.

③ 　Clegg and Palmer，1996.

种主要的品质。① 其中的第一点是可预测能力：

　　管理者们试图寻找一些观念以减少他们面对这个持续变化的环境时的困惑和威胁感，哪怕这变化的时间极其短暂。为了与持续变化中出现的问题区分开来，管理学的观念是以包裹形式存在的，因此它们就可以被当成是某种已知的，且能根据优先性重新排列。最受欢迎的管理学观念看起来是那些能够将很多观念整合成为一个小的单一的整体的观念。第二种品质是许可权。管理者们希望能知道哪些观念能够带来怎样的后果，以及哪些技术与行动是有关联的；管理者们需要从可靠的信息中获得"许可"以采取行动。第三，管理者们需要被尊重。获得尊重的办法之一就是被看成某个或多个管理观念的拥有者。

　　在许多公司，管理者们推动最新的管理学潮流是为了帮助自己获取在公司内部的知名度，以便更快地得到提升。拥有管理观念的管理者会给那些不太愿意改变的掌权者一种暗示，即他们不介意挑战已有的观念，但是，当他们开始以批判性的眼光观察他们所在的系统的时候，他们不会过度地"破坏组织的现状"。

　　如果观念不像黑箱一样，即它能提供，也的确提供给理念的拥有者以发挥自身思考的余地的话，他们将会赢得进一步的尊重。在他人看来，这些管理理念很大程度上属于管理者个人。可能有一种观点会认为，这种策略风险很高，因为个人化的管理观念未必能够带来预期的效果……但是，这个领域中成功和失败的标准也是非常模糊的，并且所有的利益相关方出于自身利益考虑都不会轻易承认失败。②

41　　　　最后，管理者们需要自信。在管理学中反思自身有着悠久的传统。例

---

① Huczynski, 1993.

② Huczynski，1993，pp. 212-213.

如，库尔特·勒温（Kurt Lewin）发明的所谓"T—小组"①，这是交友小组的
早期形式，它旨在鼓励同事之间相互袒露自己对对方的真实看法，马斯洛
的"优化心理"管理，麦格雷戈（MacGregor）的"Y理论"②和赫茨伯格③都强
调"人类精神发展的需要"④。换言之，管理者与当今任何人一样有时会被
要求：

> 　　将自身作为一个项目来经营：探究自己的情感世界，自己家庭和婚
> 姻的安排，与雇员的关系，性乐趣的技巧，他们得以探索发展出一种能
> 够最大化其生存的意义的生活模式。来自美国、欧洲和英国的证据表
> 明，这种"认同工程"的培养和深入的民主性格与一种称为"人类灵魂的
> 工程师"新的精神导师的兴起有着制度性的关联。尽管我们的主观意识
> 呈现的是我们最内在的经验领域，它逐渐增强的政治和伦理价值本质上
> 与专家语言的增长密切相关。这种语言使我们能够将自身和他人的关系
> 转化成语言和思想，而且专业技术许诺了我们能将自身向幸福和满足的
> 方向发展。⑤

　　也许"新时代"培训试图通过舞蹈、魔术环、易经的运用等技艺植入新
时代思潮，而将自信心看成是个人成长的必要环节的最好范例。⑥ 该思潮
在管理领域已经颇受欢迎，究其原因有以下几点。首先，它的世界观不仅
融合了东方和西方的精神传统，还包含量子物理、控制论、认知科学、混
沌理论和创世记的话语。其次，它对个人发展的强调与诸如领导力、直

---

① Kurt Lewin，1951.
② McGregor，1960.
③ Herzberg，1965.
④ Huczynski，1993，p. 71.
⑤ Rose，1996，p. 157.
⑥ Heelas，1991a；1991b；1992；1996；Huczynski，1993；Roberts，1994；Rifkin，1996；Rupert，1992.

觉、视野等软技巧的兴起相适应。新世纪思潮强调通过改变管理和劳动的主体而改变其工作方式，主要是因为改变自身或他者与管理学面临的其他困难相比起来更为明确和可行。

> 就最一般情况而言，新时代思潮主要是改变价值、经验以及在某种程度上改变工作中的实践。新时代的管理者们崇信新的品质和德性，他们的"新"在于不同于那些在工作场所中思想落后的旧管理者们。这需要依靠内在的智慧、真正的创造、自我责任感、精力和爱等。培训是为了促成这一转变。此外，工作也被看成是典型的"生长环境"。工作的重要性已经转变为提供机遇成就的"个人"。它成为一种精神上的规训。①

42   无论怎样，新时代培训都是笔大买卖。在美国，企业每年花在该培训机构的培训师身上的钱多达 40 亿美元。② 例如，新时代思潮智囊团的全球商业网络由美国电话电报公司、沃尔沃、尼桑和美国内陆钢铁公司等大型企业为之承担风险。另外一些公司，如太平洋贝尔电话公司、宝洁、杜邦以及 IBM 等公司为其或其雇员提供了在本企业内部的"个人经验成长"训练。因此，IBM 所提供的"适应未来"的研讨班将雇员们引向了"易经"。IBM 雇员发展部门的管理者们将之概括为"这样可以帮助雇员更好地认识自己"③。除此以外还有：

> 其他一些组织，包括蒂诗(Tishi)所经营的那些(他是玛特纳达(Muktunanda)的拥护者，最近，颇有争议的是，他将"价值与视野"的

---

① Heelas，1996，p. 90.

② Naisbitt and Aburdene ，1990.

③ Huczynski，1993，p. 57.

培训带入了位于英国的哈珀柯林斯出版社），还包括布莱顿的人力技术咨询、艾默哲（曾与维珍零售公司合作）、革新公司（部分地受到鲁道夫·斯坦的启发）、创新性学习咨询、释放潜能、瑞莱资合资公司、基思·西尔维斯特的对话管理培训服务（受精神综合法的影响）、影响工作坊（经营着"货币因子"）、戴夫的"魅力训练"、安东尼罗宾斯的"释放周末的潜力"。仅最近开张的英国个人发展中心就提供了"300 门课程、培训班、研讨班和讲座"，并宣称要"给商业带来新的创造力和视野"。①

　　在英国，新时代思潮也突然出现，且通常是在令人意想不到的地方。例如，英格兰银行、英国天然气公司、安永会计师事务所、玛氏公司、英国法律通用保险公司等都派出管理者去学习如何跳回旋舞，目的在于使高层管理者能寻找到内心的平静，增加商业的潜能。还有，"苏格兰办事处曾送出成千上万名员工去参加太平洋研究所的路易斯·泰斯（Louis Tice）主办的'新时代思潮课程'，目的是提升员工的思想，使他们成为在工作中和私人生活中'行动高效的人'"②。同时，"决策发展"作为一个英国的新时代培训公司，其主要宗旨在于促进客户的精神、情感和创造能力的发展。该公司运用印第安人的"魔术环"使管理者们踏上一条发现他们精神、情感和创造力的旅程。据说，该环能够通过对受训人的梦想和幻想进行检测，从而使之发现内在的自己。③ 另一家公司使用了一种"向内聚焦式"的户外运动，该运动拥有"龙与地下城"的神话的一面，管理者们装扮成德鲁伊和女巫去"寻找神奇的炼金药来救活一个濒死的儿童"④。目前，有些公司正在使用《塞莱斯廷预言》作为培

① Heelas，1996，p. 64.
② Huczynski，1993，p. 56.
③ Huczynski，1993，p. 56.
④ Huczynski ，1993，pp. 56-57.

训的核心内容①，以替代《星际迷航》或莎士比亚，作为管理学的入门书②。

43　　然而，这个新形成的世界中自我更新的管理者们的任务是什么呢？新管理主义是以将这个世界理解成不确定的、复杂的、自相矛盾的，甚至是混乱的为基础的③。在这样一个从根本上而言充满不确定性的世界中，管理者必须想方设法驾驭一门课程，她或他一般通过以下 6 种方式来实现这一目的（更全面的观点请参见另一部著作④）。

　　第一，对竞争优势的强调，在商界中竞争优势越来越体现在知识所组成的信息中。尽管管理者们：

　　　　过去认为最重要的资源是资本，管理的首要任务是使资本能够发挥最大的效能，现在他们相信，知识已经成为最重要的资本，管理的首要任务是使知识能够尽可能广泛和高效地进行生产。⑤

　　德鲁克有句名言："知识已经成为关键的经济资源，即便不是唯一的，它也是比较优势的主要来源。"⑥第二，管理者的任务逐渐被明确为利用组织现有的知识生成新的知识，尤其是通过发现工作场所中那些现存的只能意会的技能和拥有特殊才能的人才，并通过激发批判性思维进一步提升竞争力，因为批判性思维能克服既定的偏见——在非正式的层面上，要增强组织内部员工之间的交流，使有益的实践经验能够得到传播；在正式的层面上，要创造获得进一步战略性沟通的条件和机会。⑦ 第三，管理者不再试图谋划一种全面的公司策略，此种策略是官僚组织的内在的、贯穿其上

---

① 　Redfield, 1994.

② 　Roberts and Ross, 1995.

③ 　Journal of Management Inquiry, 1994.

④ 　Ghoschal and Bartlett, 1995.

⑤ 　Wooldridge, 1995, p. 4.

⑥ 　Drucker, 1988, p. 16.

⑦ 　Badaracco, 1991；Leonard-Barton, 1995；Roos and von Krogh, 1996.

下的制度。相反，管理者试图建立一种突发性"演进"或"学习"策略，该策略"必然是渐增性的和适应性的"，但这丝毫不意味着该策略的演变不能或不该被分析、管理和控制。① 这一策略是依赖于商业组织的所谓特殊的能力的，这种能力在一种非正式的控制方式——对相关事物的更强的操控力——中被进一步放大，这一策略也意味着先前几乎完全被忽视的官僚主义的全部阶层得以缩减，或者用行话说，"扁平化"了②。第四，为了达到演进式策略和非正式控制，管理者必须要变成一个神授的传教士，一个"文化外交官"③，他需要一直沉浸于商业组织的价值和目标中，他的使命就在于在一个越来越全球化的企业中去解释和推动工作环境向更为国际化和多文化的方向转变……可以想象，这种促生情感影响的任务并非易事。在更早一些的研究中，明茨伯格④，斯图尔特⑤以及戴维斯和鲁森斯⑥都发现，管理者们将大约一半到四分之三的时间都用在与人交谈上。例如，斯图尔特发现"管理是项语言性质的工作，管理者通常都依靠私人接触而非书面"沟通。⑦

　　最近，布伦斯发现跨国公司的优秀管理者们绝大部分时间都在与人交流，或者通过电子设备，或者是直接的面对面的方式。⑧ 剩下的绝大部分时间他们都在旅行，商务旅行占据了他们每个月四分之三的时间，以图通过个人的努力来将组织的文化建构起来。就是说，这些案例表明商业组织的主管的任务就是谈话、谈话、再谈话，直到达成某种程度的一致。⑨"对

44

---

①　Kay，1993，p. 359.

②　Clarke and Newman，1993.

③　Hofstede，1991.

④　Mintzberg ，1973.

⑤　Stewart ，1976.

⑥　Davis and Luthans ，1980.

⑦　Stewart ，1976，p. 92.

⑧　Bruns，1997.

⑨　Boden，1994.

话是商业的脊梁骨"①。或者，换一种说法：

> 绝大部分管理者们的工作就是交谈：包括讨论、下命令、总结、演讲、报告——所有的活动都通过各种媒体和直接的陈述来展现。管理所涉及的词语都与行动相关，它们散布于各种场合，或私人或公共，或带角色感，或者是那些已经存在的人物的信手拈来，或是已经成文的陈述。毕竟管理是一种施为性的活动：它的语言就是它的行动，它的行动就是它的语言；它的言语和行动如此频繁地交织在一起，如此具有策略性。②

第五，管理者们不仅要将企业文化建构起来而且要确信通过他的精心布网，他能够和其他企业建立并保持一种互信的关系，这些将成为信息和未来商业的重要渠道。通过他与人沟通的能力和对文化的敏感度，管理者所建构的不仅是一种对内的，同时也是一种对外的关系"结构"③。因此，第六，管理学不再被看作一门科学，而是一门艺术，它尊崇"信息的政治经济学与文化理论的时空共延的原则"④。就是说，管理者们在使这个世界充满魅力⑤。

因此，正如不同的作家所观察到的现象是不同的，桑普森⑥和巴克莫斯⑦注意到，那些 20 世纪五六十年代在管理体系内如鱼得水的理性的公司人，转变为 90 年代擅长社会性的表现和"变化管理"的公司社交人物。20世纪五六十年代的多部门的企业现在变成"好学的""广泛联系的""后管理

---

① Roos and von Krogh, 1995, p. 3.
② Clegg and Palmer, 1996, p. 2.
③ Kay, 1993.
④ Boisot, 1995, p. 7.
⑤ du Gay, 1996.
⑥ Sampson , 1995.
⑦ Buck-Morss, 1995.

主义的""虚拟的"或者甚至是"后结构主义的"组织。一个形式更为松散的
商业就像漂浮于海洋中的一张网，它能够随波展开自己，同时保持前进。[1]

管理学话语毫无疑问对自己的重要性夸大其词了。[2] 首先，它反映的
"文化的多样性"其实不是多样性，而是一种源与流的区分问题。日本的企
业由于其文化强调非正式的互动性，与强调正式交往的美国企业有着显著
的不同。[3] 其次，两者又都不同于中国或欧洲的企业。[4] 最后，它高估了它
被采纳的程度：许多商业组织依然保持着官僚主义、庞大的体系和绝对的
非协商性。

但是，可以肯定的是这个"新管理主义"在全球范围内正逐渐成为主导
性的概念，无论是用来解释世界范围内的后布雷顿森林体系的商业世界，
还是解释公司内部权力的最佳实施方式：

> 它对管理实践的改变和组织的转型产生了影响，尽管效果参差不
> 齐。它同时提供了一种新的独特的管理语言，这对证实组织和社会领
> 导力的合法性有着重要的意义。[5]

也许最重要的是，新管理主义的话语放大了它的管理主体们"全球化
的梦想"的可能性，从而使他们如虎添翼了。[6] 一种"精神病学"、新时代思
潮等奇特的组合在现实中被应用，这正在塑造着新的管理主体。[7] 尤其是，
这些管理主体们正在被教导着要自尊自信地将世界内在化为他们的世界。[8]

---

[1] Drucker，1988；Heckscher and Donnellon，1994；Eccles and Nohria，1990.

[2] Chanlat，1996；Knights and Murray，1994.

[3] Kay，1995.

[4] Thrift and Olds，1996.

[5] Clarke and Newman，1993，p. 438.

[6] Barnet and Cavanagh，1995.

[7] Rose，1996.

[8] French and Grey，1996.

如斯特拉森(Strathern)所言的行动者网络理论：

> 拉图尔问道，IBM 到底有多大？它是能调动成百上千人的巨型行动者，然而，你遇到的总是其中一小部分人。从这种意义上讲，我们从来没有离开过本土。本土并不仅仅是指那些你在 IBM 或惠普公司与之交谈的人，还包括那些桌椅、文书、整个系统内部的相互关联，也就是那些创造出全球性领域的手段。从这个角度来看，仅从字面上去理解认为"全球化"大于"本土化"，这是没有任何意义的。关键要看人在何处。假设一个人从没有离开过本土，全球化又在哪里？关键在于尺度无限度再现的可能性——并非指规模，而是指去想象这些尺度的能力。
>
> 作为行动能力的一部分，人们的尺度感能够产生一种反思性的境遇感或地域感，即这种能力能够促生对比性，无论是用一种尺度去测量事物，还是对比完全不能够被放在同一尺度衡量的事物，并因此作为意图或计划被整合入具体的操作之中。无论何种方式，我们可以想象，尺度或扩展了世界的范围，或者深化了它。[①] 如果确实如此，无论是何种主体，我们都可以用这一尺度作为衡量自身影响力（人际关系方面的影响力）的方式[②]……人类学家永远无法理解那些将世界理解成是自己的市场的人所拥有的力量……除非他们能够理解扩大领域所带来的影响。这一扩大的领域，就像一种世界观，指的是事物如何在本地发挥出它的影响力。[③]

接下来，随着管理者们展开行动所依托的对实际背景设想的改变，他

---

① Geertz，1993，p. 233.

② Law，1994，pp. 102-103.

③ Strathern，1995b，pp. 179-180，my emphases.

们的空间设想也会随之改变。但是，这一改变也仅仅是刚刚在实践中产生影响而已。因而，"柔性资本主义的地理学究竟会怎样"？对于这个问题，并没有显而易见的答案。当然，我们可以设想这一地理学的操作范围将会与柔性资本主义的范围保持一致。[①]从微观的层面看，柔性资本主义的影响表现在办公楼的精致的社会工程上，它将社会接触的机会最大化，因此，也就最大化了学习和创新的机会。德国宝马汽车公司的研发总部通常被看成是这种设计的典范，任何两个房间的距离不超过 50 米。在中间层次上，柔性资本主义主要表现在企业间网络和联盟的建立上，以及因此而形成的"学习区域"。[②]这些网络在一个更广泛的空间内为学习和创新提供了条件。最后，在宏观层面上，柔性资本主义表现为资本主义的文化循环中的生机勃勃的全球信息网络。这一信息网络通过生产理论、文本，还有实践总结——研讨班对之进行归纳并具体化为不同的主题——"像操控知识一样操控着这些无形的对象的生产和交换"。[③]在实践中，这意味着双重行动。一方面这意味着正在兴起的国际商业层面的大量的个人接触；另一方面，越来越多的企业的"价值、观念和语言被进行编码、电子阈值设定和计算应用。如果将马克思的话稍作改变，我们可以说，在许多方面，软件是凝固的企业话语"[④]。

　　但是，全球性的信息网络也存在摩擦。流传在网络中绝大部分的信息是抽象和分散的。事实上，这必然导致信息的损失和模糊性的相应增加。那么，看起来可以肯定的是，尽管柔性资本主义在本质上是全球性的，企业为了避免信息流逝和降低模糊性使得它依然保留着强烈的本土化倾向。因此，那些能够在有限的法规和互动的作用下，将与企业的集体记忆有着

46

[①] Bowker and Star，1994.

[②] Morgan，1993.

[③] Boisot，1995，p. 5.

[④] Bowker and Star，1994，p. 187.

同等效用的本土意会的知识传播到更远地方的企业，才能够成为真正成功的企业。柔性资本主义的主要战场将会成为博伊索特（Boisot）所谓半意会知识的领域：

> 这里，人们愿意投入精力在获取和掌握编码及范畴上，只要这些能够使他们参与到更广泛的团体活动中去。有效的沟通有赖于语言、姿势、境遇和案例的结合。任何在信息转变为词语的复杂编码过程中，或者从具体的情景抽象的过程中所带来的数据流失，都可以通过一个渐增的结构所提供的交流潜力来进行弥补。交易双方可能仍然需要同时在场，但是现在却不是必需的。被谈及的人和事可能在他处。符号和半意会的领域的概念为相对容易的共同理解大大拓宽了经验的领域。[1]

四、结语：柔性资本主义的消极面

新管理学话语的霸权带来了四重影响，每一重都令人不愉快。首先是
47 那种曾经被称为的"实质性的影响"——其结果可以被痛苦、心碎和破碎的生活来形容。采用了管理学话语的商业组织通常会直接"缩小企业规模"，包括削减劳动力，尽管这将导致这些雇员生活上的痛苦。这可能会引起整个公司的震惊，因为如此大量的"多余的"中层管理人员被剔除，当然也少不了职业金字塔底层的员工，他们总是被裁的对象。商业组织也可能会进行大量间接的"缩减规模"，例如，通过剔除掉数目可观的中间商，企业将建立更为紧密的合作伙伴的网络。企业变革还会带来多方面的紧张和压

---

[1] Boisot，1995，p. 62.

力，这一点也不可小觑，其中包括从 50 岁的管理者变为业余的咨询顾问，再到必须降低职业理想的应届毕业生。换言之，公司的这种新的实践形式并不必然比先前的要好；说得好听一点，精益求精可能仅仅意味着吝啬，学习可能意味着要饿肚子。管理永远都是双刃剑：经济成功的代价也永远都是劳动力，劳动力的所失等值于企业的收益。新的管理学话语中的焦虑感来自中产阶级，也是为了中产阶级，这都与工人阶级无关。

除了上述的影响之外，新的管理学话语还有一重影响。尽管这一话语承诺的是一种开放的主体性观念，在实际中，它所设定的人的观念（以及行为模式）多半是狭隘的。它预示着对管理者和劳动者双方过度的剥削：对于管理者而言，他们被期望着对组织贡献自己的全部；对于劳动者而言，现在他们也被期待着将他们的具体化的知识贡献给企业以充当其认识论的资源。换言之，它的实际效果可能在于简化关于人的丰富概念和行为举止，而这些简化后的人的概念和行为模式则将被传递，或更糟的是，要被转移至生活的其他领域。①

新的管理学话语还有更深层次的影响。如果这一点先前还需要说明的话，那么现在已经越发清晰了，知识分子已经不再与别的群体相分离——知识分子拥有解码世界的权力，其他团体只能无知地追随。如鲍曼所言，知识分子已经从世界的立法者的角色转变为仅仅是世界的诠释者之一。②随着全球商界独立见解和分析能力的增强，以及作为知识界和商界观念的有力传播者和交易商的媒体的增长，国际知识界和商界之间的关联随着二者交流的递增而增强（比如，作为管理学教育的增进和知识观念在管理中的不断增强应用的结果）。

新的管理学话语还有一重影响。它揭示了一个问题，即没有任何一种理论不是，或者不能够成为共谋的。正如海德格尔的理论可以为集权主义

48

---

① du Gay，1996.

② Bauman，1987.

话语提供某些要素一样，极端的不确定性的概念可能会带来任何结果，且这些结果并非都是单纯令人愉快的。然而，这正是话语的主要特征：它也许包含了理论的某些要素，但是，它却并非理论。话语是以实践为导向的规则，为构造可持续的社会网络的任务而服务，且根据该任务的变化情况而不断被重新定义。

可以确定的是，且唯一能够确定的是，我们所知的新观念，无论是否在知识界和商界被发现，都需要一种形式上的改变，同时也不可避免地包括内容上的改变。我们必须从安慰剂——我们能够用理论包裹住世界——中跳出，并同时意识到这些理论不仅是关于探寻新的知识的理论，而且也讲述关于这个不确定的世界的故事，这些理论能够带给这个不确定的世界以一种稳定感，并使之看起来更为确定。比如说，我们还可以这样理解如"后现代主义"这类流行的说法，它们常常被看成是将矛盾一扫而光的一种方式，并因为在我们不熟悉的风景中增添了几个我们熟悉的路标。旧习难除，试图寻求能够诠释一切的控制理论（正如本章所描述的理论）的旧习最难改变，如人类存在的证明，假如我们需要这种证明的话，必须能够抵御不确定性：

> 焦虑将会减少，张力得到缓和，形势整体上而言更令人愉悦——令人眩晕的丰富性多多少少减少了，世界变得更加单一化，突发事件也更多重复，它的各个组成部分更加明确和相互分离。换言之，世界上的事情更容易预测，事物的有效性或无效性都更加直接和明确。有人会说，这是因为人类与生俱来的"基本配置"使他们对一个摆脱了神秘和惊奇的井然有序的世界更感兴趣。同时，他们自身还对明确的定义有着浓厚的兴趣——让他们的内在可能性为他们预测方向，而不是成为困惑和压力的原因。[①]

---

① Bauman, 1995, p. 141.

国际学界和商界都明白这一想法的含义。我们必须学着承担某些后果，同时努力阻止这些后果转变成资本主义的新的传统。

在这一点上，柔性资本主义本身也许能为我们提供一些帮助。柔性资本主义，同其他形式的资本主义一样，充满着张力和矛盾。其中有三点给我很大的感触。第一，伴随着柔性资本主义的崛起而产生的是劳动力市场新的对抗形式及这一市场瓦解的可能性，而这都与电子电信传播技术的迅猛发展和共识的出现有着特殊的关联。① 第二，柔性资本主义的许多实际原则被它们的后果破坏。例如，当企业"扁平化""缩减规模""重组"的时候，企业内部的信任将难以建立。

　　　　1994 年，美国企业裁员达 51.6 万人，而那一年的业绩增长了 11%。裁员最厉害的公司包括一些"赚钱机器"，如摩尔比石油公司、宝洁、美国家用产品公司和莎莉集团。这样大规模的裁员对建立"信任"几乎没有任何帮助。美国电话电报公司的老板们承认，重组整体上而言降低了员工对公司的信任。英国电信今年在企业内部展开的一项调查表明，只有 1/5 的员工认为管理者们的话值得信赖。②

第三，管理者们的动力问题。管理者们被教导成为自我反思的，被教育成为愈发重视企业责任伦理，被期望为了保持企业文化而通宵达旦地努力工作③，然而，他们可能并且的确变得对工作懈怠、疑心重重，甚至其希望已经幻灭了。④ 因此，在这些管理者中间，开始有一种倾向于"包含共同感、互通性、情感、安逸和对环保的关注"等的价值⑤，而这些价值有助

---

①　Zuboff，1988；Jernier et al.，1994；Heckscher and Donnellon，1994.

②　The Economist，16 December 1995，p. 83.

③　Massey，1995.

④　Pahl，1995；Jacques，1994；Scase and Goffee，1989.

⑤　Pahl，1995，p. 180.

于发展成为新类型的经济实践。

　　与先前那种非正统的经济实践不同，这种实践主要来自对资本主义的内在批判，而基于上述价值的实践类型是实践性的批判，它来自为了产生新的形式的经济制度而进行的实际尝试，这些经济制度要求既是直接可行的也是彻底民主的——通过引入新的行动者而拓宽民主的范围，通过为不同的声音开放新的渠道而深化民主的内涵。[①] 重要的在于，这些新制度常常包含了寻求新价值的商业管理者们极为重要的思想成果，同时他们时常使用新的管理学话语。

　　新的实践类型也是多种多样的。在此，我只描述其中三种。第一，新的类型使得企业所有权更加分散，如"超级证券"这样令人激动的想法，以及更大范围内的社会红利。[②] 第二，社会投资的变化。从 20 世纪 60 年代始，社会或伦理的投资现在已经日渐成熟。即便是英国这样不在欧洲大陆而最充满活力的国家，针对伦理和环境标准，其国内的个人和企业的储蓄金也超过 9 亿英镑。第三，社会储蓄的积极性，其中有不同种类的金融动机，包括社区发展银行、社区开发贷款基金、信用联盟、社会交换系统以及小型贷款基金。[③] 当然，这些可选的类型并不一定总让人心动不已，但是，这些类型因包含了一种逐渐增强的一种开启反话语的企图而与时代的主题相一致。"排他主义"虽是其中的一种，但依然越来越"走向世界"。至少，它们试图通过使用柔性资本主义的程序和语言而对柔性资本主义进行排斥，以达成其他目的。这当然是个值得深入研究的课题。

50

---

　　①　Amin and Thrift，1995.

　　②　Gamble and Kelly，1996.

　　③　Mayo，1995.

第三章

复杂性的空间

一、引言：关于空间的思想

地理学家们在处理复杂性的问题上总是困难重重，空间的复杂性在于它很容易变得模糊不清。因此，十六七世纪早期的历史地理学家们总是会被对一个地点的方方面面进行记录这一任务折磨得筋疲力尽。有一些人灰心丧气，另外一些人则从来没有完成过这项工作，甚至有个别人为之发疯。[①] 现在，由于有了计算机的帮助，此项工作纪实性的动力依然被保存在"地理计算学家们"的工作中，但却以一种极端归纳主义的方式被保存。正如蒸汽朋克的科幻小说中，新维多利亚时代的上流工程师们，试图通过信息化来控制整个世界。

我们想说的是，空间的复杂性在于它直接意味着分布的概念；在德里达主义看来，我们生活在一个无限的意义之网中，而且这张网实际上是呈

---

51

① Parry，1995.

差异化分布的，它的各种要素并不会平均分布在每个地方，而是经常被推迟。空间分布本身可以用来解释今天世界上绝大部分的情况。首先，地理学意义上的世界是一个混乱的、相互冲突的世界。因此，从整体上而言，地理学家们对于那种对模糊性和极端复杂性不可一世的理论持谨慎的态度。其次，他们发现表达出这种分布感是困难的，因为它总是听起来像一种单纯的经验主义。

也许你会认为，这些地理学家们应该会非常乐意接受复杂性理论。下面这种观点就认为：

> 逻辑学和哲学是一片混乱，语言也是一样，化学、动力学和物理学皆如此，最后，经济学从本质上而言也不例外。这种混乱并不是像微型望远镜镜头上的尘土一样。这种混乱是内在于它们的系统本身的。你不可能获取它们任何中的一种，然后再将它们放进一个整齐的逻辑之盒中。①

最后，有一种理论具有奇特的空间性：有一种观点可能认为，复杂性理论正是关于从多重努力中兴起的空间秩序的。先前的科学理论主要是关于时间的进展的，而复杂性理论则主要关涉到空间。作为该理论的整体结构基础的是一种突显特性，该特性来自易变动的空间秩序，而非时间。首先，这种理论关心的问题是"不稳定性、危机、差异、剧变和绝境"②，它关心的方式表明"自然"和"人类"科学间有一种显著的相似性，这也是地理学永恒的梦想。

地理学家们出于将复杂性理论与地理学这二者结合的需要已经开始了一些尝试。复杂性理论与地理学的结合始于 20 世纪 70 年代，主要由一些

---

①　Arthur, cited in Waldrop, 1993, p. 329.

②　Stengers, 1997, p. 4.

定量的地理学家们负责，比如，该学科的主要人物、曾经的核物理学家艾伦·威尔逊（Alan Wilson），以及相近学科的专家彼得·艾伦（Peter Allen）等。这些地理学家们和类地理学家们通常出于技术的考虑而成为使用复杂性理论的先驱，例如，将非线性理论添加至区位分配模型的参数中，将巨变理论应用至城市模型中，用基于碎形的方法来归纳城市的类型。[①] 基于对定量地理学的怀疑态度，复杂性理论也被看成是一种已经过时的方法，人们对之持一种谨慎的态度（定量地理学经历了一系列快速的变化，如强调马克思主义和其他一些主流的社会学方法）。定量地理学家对复杂性理论的兴趣主要在于它在数学、物理和化学等学科中的应用，而非因为与该学科有着悠久的亲近关系的生物学的发展，不然的话，关于分布的理论会出现得更早一些。[②]

在本章中，我将对复杂性理论的分布学说进行解释，试图以如下三种方式恢复地理学和复杂性之间的关联。第一，我将对复杂性理论进行认真的分析。它的确有令人感兴趣甚至有非常重要的意义。然而，第二，我将会同时表明，在这个越来越被中介化的世界中，复杂性理论从某种程度上而言，仅仅是另一种形式的商业机会。它是为了出售，它也正在被售出。因此，第三，我对复杂性理论的解读是充满讽刺的，充满矛盾的。也就是说，我试图寻找一种能为这个世界提供一种平衡的理论承诺。

我将以对复杂性理论的主要观点的概述为本章的起点。复杂性理论，如果要从头开始说，就是一个科学的混合物。它是观念的集合体、修辞学的混杂。在本章中，我认为复杂性理论背后的主要动机是反还原论的，它展现了将系统的内在互动能力看成是超越于各部分总和的理解上的转变。这是一种关于"突显的"秩序的整体性的知识；一种对量和质同等重视的观

[①]　Wilson，1994；Batty and Longley，1995.
[②]　Livingstone，1992.

念；一种关于在复杂和难以预测的环境中突显秩序的可能性的研究。[①] 这种更为开放的观念断定"过程优先于事件，关系优先于实体，发展优先于结构"[②]。换一个角度来说，复杂性理论是关于：

53
　　　内部相互作用的个体所组成的宏观集体性行为的研究，这种个体拥有随时间而进化的可能性。它们之间的相互作用可以导致连贯的集体性现象，所谓突显的特性只适用于更高层次的集体，而非单独的个体。[③]

或者，作为复杂性理论的关键要素之一，克里斯·朗顿（Chris Langton)认为：

　　　从体系中的个体性因素的互动产生出某种特性……你无法通过对其组成部分的了解推断出此种特性……全球性的特性，这种突发的行为会反过来影响那些产生这一行为的人。[④]

复杂性理论是基于突发性或自组织性冲动等概念的秩序，通常包含一系列的可能被称为的"问题类"[⑤]，如非线性、自组织、突发性秩序和复杂适应系统。[⑥] 绝大多数研究者谈到复杂性理论的时候，通常会涉及整个系列的研究领域，他们将之看成是这一理论的组成部分，如混沌理论、分型模型、人工生命、细胞自动机、神经网络等，与之相对的词汇都同时具有

---

① Goodwin，1997，p. 112.
② Ingold，1990，p. 209.
③ Coveney and Highfield，1995，p. 7.
④ Lewin，1993，pp. 12-13.
⑤ Stengers，1997.
⑥ Jencks，1996.

技术性和隐喻性：混沌、吸引子、碎形、突发性秩序、自组织、隐秩序、
自创生、生活在混乱的边缘等。

　　在本章中，我希望对复杂性理论的最近的历史进行一些探讨，并对它
所发生的变化以及这些变化的影响做出解释。第二节①中我将对复杂性理
论的地理学进行描述：复杂性理论的隐喻是如何随着有差异但相互关联的
三种网络——知识、商业和新时代思潮——而遍布全球的。正如我将要揭
示的，这一地理学并不是简单地从一个点发散出去的。而是，复杂性理论
的传播者通过不止一种形式的网络进行传播，这些网络因此吸纳、处理，
并输出这些概念——有时甚至直接输出到它们的来源处——这再次表明控
制论解释的困难所在，因为交流总是针对某一方的，而且它同时也是一种
传播。在第三节中，我会对复杂性理论如何被看作一种对某种事物的预言
而进行解释，在欧美社会中突显的一种情感结构将这个世界表达为复杂
的、不可还原的、反终结的，这样便产生了一种更大程度上的对未来的开
放感和可能性。本章的结语部分给这一观点提供了谨慎的一笔。

二、复杂性的空间：复杂性理论的隐喻的地理学

　　　　我认为分子生物学和遗传学的大量论述都是意识形态或文化性
　　的，这是我们开展研究的起点……因此，从这一点继续前进到我所谓
　　的生物社会性，一种整体性的认同形式（包括个体和集体的认同），以
　　及大量的文化的、政治的、社会的、理论的建制和各种类型的实践，
　　都以真理为基础迅速突显出来。因此，我对福柯意义上的事实的真
　　理、产生和传播饶有兴趣。②

54

———————————

　　①　根据排版次序和内容所指，此处做了修改。下文的"第三节"也做了相同处理。——编
者注

　　②　Rabinow，1995，p.449.

　　复杂性理论是一个多头的怪兽，它会对那些试图保护、保存并加固自身资产的投资者进行灾难性的打击。我们国际基金组织的员工知道该如何掌控复杂性——无论它有多强大。[①]

　　这一章讲述三重网络之间的关系以及它们相互之间是如何互唱赞歌的。我所说的这三重网络分别是全球知识网络、商业网络和新时代思潮。"复杂性"将是我对它们的整体概括。

　　我为什么要选择这三重特定的网络？第一，因为它们对于我们的日常生活有着决定性的意义。知识、商业和新时代思潮影响到每一个人：它们的话语是许多实践的标准。第二，这些网络共同进行的过程之一就是媒介化。这些网络在日渐迎合被媒体所创造和驱使的大众需求。第三，这些网络之间也进行相互交换。我为什么选择"复杂性"？首先，因为它是最前沿的。复杂性理论的主要观点活跃在大量的实践领域之中——从艾略特·波特（Eliot Porter）的摄影[②]到主教的思维[③]，从对于商业策略的重新认识[④]到对马克思主义的再定义[⑤]。其次，因为目前有一些将复杂性理论引入各种网络中的集中的尝试。这一尝试过程是可以被理论把握的，即便不是紧随其后，至少也不至于过于落后。

　　让我们从一些反思入手，即如何构建复杂性理论的地理学？尽管我很明确，该理论不仅仅是一种隐喻，我会将之看成是关于整体性的突发秩序的一系列隐喻，因为这样归纳至少有一个优点，即它可以产生一个可操控的解释。作为这一探讨的结果，我最感兴趣的是，复杂性理论的隐喻是如何进入并逐渐成为可理解事物的寻常结构的。作为论述的基础，我将首先

---

① CITCO Group Advertisement，The Economist，26 July 1997.
② Gleick and Porter，1991.
③ Richardson and Wildman，1997.
④ Beinhocker，1997.
⑤ Owen，1996.

对一些概念的定义进行澄清。

第一，我假设科学的隐喻正如别的隐喻一样，一般而言是无限定的。这并非它的缺点。相反，这就是为什么它拥有如此的威力，因为它可以适用于许多不同的场合。如盖姆（Game）和梅特卡夫（Metcalfe）所言：

> 尽管字面知识希求的是信息的稳固状态，隐喻凭借不确定性使意义能够逃离它的死敌——彻底的澄清。意义的展现并不是一种在外围观看的游戏，而是我们生活于其中并能够透彻掌握的游戏。我们也许会幻想去掌握文字知识，将之保存在记忆、参考书或文件柜中，但是知识中的隐喻却无法被这样保存，它总是储存在那些我们日后方能明白的智慧里。

55

> 当有人批判毕加索画的格特鲁德·斯坦（Gertrude Stein）的肖像缺乏相似性的时候，毕加索给出的建议是再等一等看。同样，隐喻的丰富的含义是不断地呈现出来的；人们越深入隐喻，思考也越深入，隐喻的诸多内涵便会不断地彰显。传统思维随着它们关键隐喻的创生能力的下降而变得陈腐……

> 隐喻性的活动并不完全等同于文化的现实，然而，我们对于再现现实的要求表示怀疑。现实其实是无法被观察到的，因为我们不能够从外界观察世界。知识是属于我们自己的，它以我们为中介并将我们带入世界之中。我们不可能按照世界本来的模样来塑造和模仿它。如本雅明所言："也许在人类所有的更高级的能力中，模仿能力无不扮演着决定性的角色。"……通过生活在世界之中，隐喻赋予了我们的知识以生命。当韦伯说同情心与同感能力使我们能够理解他人时，他实在过于谦逊：它低估了所有隐喻的真理。

> 对于我们的行为和隐喻，我们不会无动于衷。当隐喻进入我们的

视野时，我们会以相应角色的情感和记忆对之做出回应。①

而且，我认为，隐喻通常在它们得到最广泛传播的时候获得最大的影响力。它们所蕴含的广泛意义在传播中被激活。

第二，在我看来，复杂性理论本质上是隐喻性的。当然，此观点的拥护者更进一步认为，复杂性理论的做法完全是用一种隐喻来代替另一种隐喻：

> 该理论并不是为了得出结论说达尔文的进化论有失误之处，因为进化论也和一些非常有影响力的神话和隐喻相关。所有理论都有隐喻的维度，对于这一点，我认为不仅显而易见并且极为重要。正是这些维度给予了科学观点以深度和意义，增添其说服力，影响了我们今天看待现实的方式。这一发现的意义，以及今天的达尔文理论的实践影响，都是仅仅为了帮助我们后退一步，并重新思考描述生物现实的那些可选择的方式。②

作为对上文的回应，我并不会因为复杂性理论的隐喻来自科学，就认为它们必然"更加清晰"。这样就忽略了科学隐喻早期的功用——在可能依然是顽固的科学传统内部清理出一个语义的空间。达尔文进化论中隐喻的发展是具有积极意义的。坎贝尔（Campbell）论证说，达尔文不能够"解释地球和有机体之间具体的互动机制。然而，这个'空间幻想'本身就是一个意义重大的进步。它在习俗的范围内确认和保存了一种空间使得科学的具体解释能够有所发展"③。总体而言，这种观点"看起来完全正确。达尔文

---

① 1996，pp. 50-51.
② Goodwin，1994，p. 32.
③ Campbell，1990，p. 66.

的理论的形式从本质上说不够完善，但是，正是这种精确性的欠缺使得它能够在科学发现的进程中，在某一个点上发挥它的效用"①。

第三，我想要指出，在许多领域中发挥作用的科学隐喻有重要意义。这一点在芭芭拉·玛莉亚·史德福特（Barbara Maria Stafford）的著作中有详尽的论述。② 在本章中，我主要论述了作为语言建制的复杂性理论的隐喻，但是，同样重要的是，要谨记科学作用的发挥离不开"视觉的直觉"③。这是对复杂性理论的一种尤为恰当的观察，该理论的隐喻几乎完全依赖于视觉的记录。④ 只考虑复杂性理论不考虑与之相伴的视觉修辞学是非常困难的：曼德尔布罗特（Mandelbrot）集合中的强制性不规则的形象，布罗斯夫（Beloussov）化学反应中的螺旋状，细胞黏菌的生命圆圈等。"新的科学概念通过视觉化被以隐喻的和字面的方式加以运用"⑤，电脑技术的更新与数学和生物学的表现方式之间的互动的结果又回到了地质学的发明。

我将要对新的复杂性隐喻的传播方式做进一步的阐明。为了做到这一点，我要从行动者网络理论中寻找一些同样重要的课题。尤其是，我要诉诸一些概念，如转译（及其四个阶段：问题化、介入、记录、调动），媒介的作用和书写设备的工具。也许有人会认为，行动者网络理论对于考察隐喻的传播是个理想的工具。毕竟，该理论讲述的是准客体的故事，它传播的是一种"从对工具、副手、目标、天使和角色等少数我们将生活建于其上的'代言人'的认真研究中发展出来的特殊的社会学"⑥。再者，行动者网络理论讲述的是那些使得网络更持久、物质—符号的触角不断延伸的不懈努力。因此，在某种程度上，与行动者理论中的追随行动者的"人种学"的

56

---

① Campbell，1996，p. xxiii.

② Barbara Maria Stafford，1992；1994；1996.

③ Lyne，1996.

④ Hayles，1991；1996.

⑤ Wright，1996，p. 234.

⑥ Latour，1988a，p. 34.

原则一致，网络结束之处正是行动者的行动结束的地方。行动者网络理论也表明了一个事实，隐喻与现实不是毫不相干的。它们总是更为广泛的诸实践网络的重要组成部分。这些网络包括各种形式的媒体和书写工具，这二者一起将隐喻变成为客体，这些客体不仅具有足够的可塑性，能适应本土的需求和采用这些隐喻所设定的诸多限制，同时，它们还可以在不同的区域中保持同一性。[①] 符号和内容是同一枚硬币的两面，[②] 因此，行动者网络理论表明隐喻不是一成不变的。它们总是在转变中，关于对本土知识的重新界定的研究，以及一群不同的、本质上是多重目的导致的结果都会将隐喻推向不同的方向。例如，拿科学来说，

> 理论的建构从根本上说是异质性的：不同的观点总是被不停地强调并进行调和……每一个行动者、每一处场所，或者科学共同体的节点都拥有一种观念、一种潜在的真理，这一真理由本土的信仰、实践、当地的限制和资源等组成，它们无法在本地以外的任何地方得到完全的证实。这些观点的聚集成为科学蓬勃发展的资源。[③]

也就是说，对符号的解释过程是持续的、始终不懈的、缠绕不清的，重要的是那些事物是有关联的，而不是事物的本身是什么。

但是，复杂性理论也指出了行动者理论的一些实践上而非理论上的缺陷[④]。尤其是，行动者理论在实际的应用过程中经常将行动者网络设计为诸多非连续性的实体，符合该网络目的的世界的不同部分就被拽进这些网络之中。结果就使得行动者网络的一个关键维度被低估了，即这些网络间

---

① Star, 1989, p. 46.
② Shapin, 1998.
③ Star, 1989, p. 46.
④ Grint and Woolgar, 1997.

的交叉、运转与交往；许多实践中不断再现的争执和纠纷就这样被忽视了。我想强调两点以弥补上述缺陷。其一，行动者理论应当从更加广泛的跨文化消费和不断增长的互动研究中有所收获，因为这些研究表明了何种程度的互动能够产生出不同的来自"不同产地的意义"[①]。克里奥尔化（Cre-olization，欧洲语与殖民地语的混合化）可以从看起来非常类似的材料中创造出多种不同的反应。其二就是要从对科学的文字诉求中获得新发现，朱利安·贝尔（Gillian Beer）和另外一些专家[②]的研究是比较典型的，他们同时强调"交叉点""交往""不期而遇"是如何产生新的概念的。

　　术语从一个区域转移至另一个区域，因为观念不可能长期存在于一个固定的领域中。如果它们要继续繁荣下去并产生进一步的思想，它们就需要在适当的拥护者中进行交换，同样需要同事之间的紧密团结。一个更深入的问题是，如果一个读者偶然遇到了这些术语和文本，会发生什么情况呢……

　　不期而遇，无论是人与人之间的，还是不同学科之间的，或门铃的响声所带来的，总会格外引起人们的注意。不期而遇不一定能够带来相互理解；也许首先或仅仅是一种不适应感。随之而来的是未经检验的假设，以及对动机的未表达的可能解释，即便不是权威的解释。交换、对话和不精确、模糊的理解，这些都是学科内部及人与人之间的偶遇的关键因素。心不在焉，注意力集中于别处，或期望着另一种结果的情况，在不期而遇中同样多见，它所产生的关注比一心一意的关注更加强烈，也同样有效。

　　在科学中，复杂性理论的概念已经拥有一个复杂的谱系：它们并非突

---

① Hannerz，1996.
② Beer，1996；Gross，1996；Spufford and Uglow，1996.

然的出现，而是已经相互交错和缠绕在一起了。复杂性理论的绝大多数拥护者都声称，该理论本身来源于一种有趣的修辞学的实践。在数学领域，有昂利·庞加莱（Henri Poincaré）。在计算机领域，有阿兰·图灵（Alan Turing）和约翰·冯·诺依曼（John von Neumann）。在生物学领域，有达西·温特沃斯·汤姆逊（D'Arcy Thompson）、雅各布·冯·岳（Jacob Von Uexkull）、J. B. S. 霍尔丹（Haldane）和稍后的格雷戈里·贝特森（Gregory Bateson）等。可以确定的是，在 20 世纪 70 年代后期，作为非线性动力系统理论的各种各样的增补和计算能力以指数倍增长的结果，复杂性理论的关键要素几乎都已经完备了。例如，已故的 C. 沃丁顿（Conrad Waddington）的"思想工具"已经将复杂性理论的绝大部分内容展现在读者面前，但兰顿（Langton）首先于 1990 年开始使用的"人工生命"除外（以及 20 世纪 80 年代发明的"生活在混沌的边缘"）。[①] 华盛顿的书出版 20 年以后，复杂性理论的许多要素，以多种不同的形式，成为科学话语的重要组成部分。但是，同样重要的是，要明白复杂性理论的成功并非故事的全部，与其中单个理论的成功相比，未来它是否能够成为一种科学范式依然有待验证。例如，分子生物学传统的还原主义的方法（人类基因组计划就是典型）依然占据统治地位。

然而，具有讽刺意味的是，复杂性理论的关键因素——混沌、吸引子、非线性、突发性秩序、自组织、隐形秩序、自生系统论、生活在混沌的边缘——都已经迅速地成为西方社会的一部分，除科学以外的领域，它们比达尔文的理论更快地重构着世界。的确，或许我们可以说，复杂性理论在科学领域之外得到了最成功的扩展。

因此，复杂性理论已经开始融入诸多学科之中，如经济学[②]，区域科

---

① Lewin, 1993.

② Arthur, 1994；Barnett et al. , 1996；Mirowski, 1994.

学[1]、建筑学[2]、文学理论[3]、历史[4]、社会学[5]和人类学[6]，它已经变成了艺术、电影、戏剧和科幻作品的素材[7]，它已经被列入消费对象的行列（例如，被唐娜·卡兰[Donna Karan]命名为"混沌"的香味），它同时也是新时代思潮的销售特点（比如，在伦敦彩虹巷的"混沌魔法"）。它甚至成为园艺设计的焦点（比如，在邓弗里斯郡的查尔斯·詹克斯的花园中）。

但是，为什么这些隐喻传播的如此迅速？悲观者可能会认为，隐喻传播的如此迅速以致它们已经变得完全没有意义了，灵活性避免了摩擦，接下来就导致愚蠢。但是，在我看来，造成这一现象有三个深层原因。

第一点，科学在某种程度上已经成为通用的文化货币，在达尔文的时代情况远非如此[8]：

> 大众文化将科学以及准科学的语言、权威和解释的模式一起并入对公共利益相关事务的叙事中，如人类行为、心理学、两性关系、环境和宇宙的本质等，此处仅略举数例。因此，科学成为修辞学在不同的社会境遇中进行创造和表现的资源。[9]

第二点，自从 20 世纪 60 年代以来，吉登斯所谓第二种知识模式已经到来，它是以大量不同知识的生产者、传播者和阅读者的存在为基础的。第二种知识模式所产生的知识更接近应用，它是跨学科的、异质结构的、

59

---

① Isard，1996.
② Benjamin，1995；Jencks，1996.
③ Owen，1996；Argyros，1991；Hayles，1990；1991；Livingston，1997.
④ DeLanda，1997；Ferguson，1997.
⑤ Byrne，1996；Eve et al.，1997；Elliott and Keil，1996；Khalil and Boulding，1996.
⑥ Benitez-Rojo，1992；Martin，1994.
⑦ Benitez-Rojo，1992；Martin，1994.
⑧ Beck，1992；Thrift，1996a.
⑨ Lyne，1996，p.128.

有多种组织形式的以及反思性的。

新的知识模式的核心就是知识生产者在数量上的膨胀，以及可能产生的专业知识的相应的膨胀。或者，换句话说，一些拥有及时自我再生能力的新的知识生产性行动者网络已经成为现实，并同时对知识生产的条件和知识的定义产生影响。这些旨在生成和传播知识的新的行动者网络，已经将复杂性理论的隐喻转译至这两个目的中，并以变化了的形式传播这些隐喻。

第三点，也是最后一点，这些隐喻能够以更快的速度进行传播，因为它们借助了几乎完全媒体化的网络，这些网络的作用在于传播信息，而且通常是被深入处理过的信息，用来吸引读者并从中获利。

我想要集中探讨这三种网络的运行和互动情况。其中一种网络是相对老式的、但现在正呈现一片生机的新媒介的全球化行动者网络，剩下的两个是相对比较新的。

第一个是科学的网络。科学在过去 20 年之内发生了巨大的变化。它虽然一直是全球性的事业，但是现在以完全不同的规模覆盖了整个世界。因此，拉比诺（Rabinow）在他的著作中写道，现代的分子生物学是一门崭新的科学门类，它完全不同于过去的那些学科：

> 例如，分子生物学通过电子传媒、数据存储和国际化的协作项目——如人类基因组图谱计划等——越来越广泛地被运用，已经开始掌控当前的局面。知识的传播和融合从来没有像现在这样迅速和广泛。清楚地表述与维持这些目标要花费昂贵的代价。大型实验室的管理者们也需要花费绝大部分时间来寻求资助，签订合同，结成联盟。过去 20 年内由风险资本和股票资本创建，并首先出现在美国，随后是亚洲、印度和欧洲的生物科技类公司，不仅改变了研究的筹措的资金状况，也可能改变了研究的方向。资本是国际化的。科学国际化的原

则已经存在了很长一段时间，然而今天，它所采取的生物医学的科学形式却是相当新的。到底是何种科学生命在持续地快速前进，它就不同的资源不停地协商，就优先权展开角逐，在不同的地域间不断地膨胀？①

很明显，这门崭新的甚至更为全球化的科学的极端重要组成部分就是媒体化。② 书籍、电视节目等都在销售着科学。同时，科学也在销售着书籍、电话和其他。的确，科学越来越依赖媒体的曝光，因此，科学和媒体越来越交织在一起。

复杂性理论是科学媒体的主要输出内容之一。在过去五年内，数不清的书籍纷纷颂扬着它的优点，有一部分是通过记者，但是更大一部分是通过复杂性理论的创建者们来实现的。③ 的确，尤其是在创建于1984年的圣达菲研究所的资助下，这些创建者和其他一些科学家在努力创办一个基地，该基地不仅可以进行复杂性理论方面的研究，同时也可以作为一个传播的中心。因此，该机构开始采取行动使得复杂性理论的工作者能够流动起来以建立一个全球的"大家庭"：

> 家庭这个词对于圣达菲研究所来说再合适不过，因为它是一个相对松散的组织。爱德华·纳普(Edward Knapp)是它的董事，此外，还有两个副董事和一个由12个人组成的相当敬业的工作团队。教授只有3位，我就是其中之一，每一位都有5年的研究经验。剩下的人都是访问者，短则待上一天，长则一年。访问者来自世界各地，有些人频繁地进行访问。该机构举办了大量的研讨会，或持续数天，有时甚至

60

---

① Rabinow，1996，p. 24.
② Shapin，1998.
③ e. g. Gell-Mann，1994；Goodwin，1994；Kauffmann，1995.

一至两周。此外，几个研究网络组织了多个不同的跨学科讨论。每一个网络的成员通过电话、电子邮件、传真，有时通过信件的方式保持相互沟通，他们时不时地在圣达菲举行聚会，有时也会换新的地点。他们是专业人员中的专家，他们都对跨学科的合作充满兴趣。每一个人的家乡都有相关的机构，但是，他们都珍视加入圣达菲的机会，因为，它给他们带来了平时难以建立的广泛的交流平台，尽管家乡的机构也许是顶尖的工业研究实验室、大学或国家实验室（尤其是洛斯阿拉莫斯附近的那个）[1]。

作为它的"家庭"策略的一部分，该机构已经播散至自然科学以外的多个领域中，包括考古学、语言学、政治科学、经济学和历史，现在是管理学。

因此，家庭策略是一种传播复杂性理论的方式，无论是在科学的领域之内，还是在它之外。在某种程度上，家庭策略将复杂性理论广泛传播至科学的网络之外，使它在科学领域内获得更大的尊重，这的确可以看成是一种策略。

然而，这一策略对于科学的网络内部并不是没有风险的。圣达菲机构经常被看成是过于追求公共性了：

> 我曾遇到过一些比较消极的对圣达菲机构的这种冒险的评论。比方说，牛津大学的生态学家罗伯特·梅（Robert May）就曾告诉过我，该机构的确是"有趣的，但是在生物学方面没有价值"。对他而言，计算机模型离真正的生物学太遥远，也简单到无可弥补。"鲍勃（Bob）也许会那么说，难道不是吗？"这是我听到的对圣达菲的反对声音，它的自负与它的

---

① Gell-Mann，1994，p. xiii.

才华同样出名。"我认为鲍勃并不太清楚这里到底在进行着什么样的事情"，斯图亚特·考夫曼（Stuart Kauffman）告诉我说，"如果他知道，我想他就不会这么说了"。

　　鲍勃承认该机构的确充满了创意，而这些创意中最独特的就是创造夸张感。杰克·科恩（Jack Cowan）是芝加哥大学的数学家，他在 1969 年的时候授予了斯图亚特·考夫曼第一个教职，他也同意上述说法。"不要误会我的意思，"他说，"那个机构的确做了很多值得肯定的工作，但是，在离开以后我经常怀疑这些工作中的一些内容要走向何处。"该机构的科学董事会成员杰克（Jack），在复杂性自动系统方面有长期的研究经验。"有很多例子可以证明，在理解复杂性系统方面已经取得进步，但是，也存在着一些不着边际的夸张的宣称，"他曾跟我这么说过，"还记得突变理论吗?"[1]

我要谈到的第二种网络形成于 20 世纪 60 年代。资本的文化回路，在第一章中我已经概述过，现在它已经成为自组织的，它生产管理类的知识并将这一知识传递给管理者。它自身的发展壮大，也带来了它胃口的膨胀。现今，它对包括复杂性理论在内的新知识有着持续和强烈的需求。

　　为什么复杂性理论的隐喻能够在这个商业实践蓬勃发展的网络中传播开来？这至少有五个方面的原因。第一个原因是可接受性方面。从最初的一段时间开始，管理学就是依靠它与复杂性理论的关联来解释系统理论的[2]，因此，可以说，知识方面的背景已经具备了。第二个原因是技术性的。当商业开始与信息技术结合时，它就开始与一种环境接触，这种环境是商业与绝大部分复杂性理论的科学所共有的，因此，技术的背景也已经具备。第三，资本的文化回路需要观念、隐喻的持续流动：流动的确是它

---

　　① 　Lewin，1993，pp. 184-185.
　　② 　Emery，1969.

存在的一个条件。这些观念通常被称为"商业潮流"①，一年又一年地轮回着。例如，在 1950 年到 1988 年间，帕斯卡尔②曾归纳过 26 个主要的流行语，而且它们一直重复地出现。在这种情况下，复杂性理论的各种观念都有可能受到欢迎。第四，与资本主义的文化回路相关的一部分研究将隐喻引入商业组织的行为和商业实体之中，尤其是，管理学的研讨班已经被证明是一种将复杂性理论的观念引入公司实践中的有效方式。第五，复杂性理论的生产与商业是连为一体的，绝大部分的现代科学也都是以同样的方式与之相连的。例如，圣达菲机构，也许是复杂性理论的最主要的"宣传员"，它与许多公司有着长期的合作关系，它主要的兴趣在于复杂性理论中的特定的观念如何运用于金融市场，如何创建了如 Prediction 等企业（主要预测金融市场的动向）③。现在，该机构正将零售复杂性理论和"生活在混沌的边缘"两种观念，在管理领域强势地推进。在 1997 年，例如，圣达菲集团和知识基础发展组织为商业人士在凤凰城和伦敦举办了题为"复杂性理论与科技：为创新而组织"的一系列研讨班，主讲人有复杂性理论的奠基人布赖恩·阿瑟（Brian Arthur）、默里·盖尔曼（Murray Gell-Mann）、约翰·霍兰德（John Holland）、斯图亚特·考夫曼和其他一些管理学专家，如帕罗阿图研究中心的约翰·S. 布朗（John Seely Brown）④和诗人及企业咨询师大卫·怀特（David Whyte）。1997 年的下半年，圣达菲中心主办的研讨班在达拉斯、圣达菲和芝加哥举行，内容主要是关于突显策略的，题目为"商业中的复杂性：为突显策略而组织"。后面一系列的研讨班的简介如下：

---

① Lorenz，1989.
② Pascale，1991.
③ Waldrop，1993；Lewin，1993.
④ Seely，Brown，1997.

　　大家越来越意识到，商业环境的变化速度之快使得延伸性的策略规划越来越难以发挥效力。策划正在变成一种不断进行的过程，而非一套按年制定的远期规划。除了与这种波动性做斗争之外，一些企业已经开始以更为灵活和较少偏见的态度来看新观念。这些新观念，作为新公司的模式和行为的基础，几乎不能够被提前很远预见到，或者对细节进行有效的预测。相反，它们将突显于公司内部和公司之间所有的互动之中。

　　策略应当是应激性的，对持续的评估和改变保持敏感。只有这样，企业才能跟上市场变化的节奏、它的竞争对手以及将为之带来改变的新科技。[①]

古德温（Goodwin）总结了那些适用于商业的特定的经济概念（这些概念由于已经开始融入许多管理思想而拥有一些优势）：

　　商业公司是看到这些观念与管理结构、组织创新之间关联的最早领域之一。由于每天都生活"在悬崖边上"，任何有利于企业做出适应性的反应和关于动态结构的洞见都是受欢迎的。通过制造体系内部各部分之间的互动性的流动网络而将控制分散化，以及为了适合新秩序的突显而制造必需的混沌状态，复杂性理论对于商业实践的建议夷平了管理的科层制。对于控制一切管理者而言，向一个更混乱和自发性的自主体系的转变无疑是充满威胁的，但是，看起来的确是通向创造力和多样化的必经之路。没有任何生存的保障，正如在进化的不断调整的空间中，没有任何确定的长久的生存之道可供采用。能够拥有的只能是创新的态度，它不仅是企业根本的价值所在，同时也为在这个持续变化的商业世界中

[①]　Santa Fe Center for Emergent Strategies，1997.

的坚持不懈的组织提供了最佳的机遇。所有这些社会组织的参与者们都能够经历一种更高质量的生活，因为他们拥有了更多自由，更多创造性行动的机会，以及对他们和对企业都有有益的更频繁的互动①。首要的目标已经不再是通过利润的最大化来保持生存，而是能够为公司的全体成员创造更充实和更富有创造性的生活，并因此最大化企业在这个恒久变动的环境中做出恰当的集体反应的机会。

结果，这些概念成为突显模式和自组织模式的新的管理范式，它可以被归纳为一套简单的准则以改变"我们进行筹划、领导、管理和观察组织的方式"②（见表3.1）。换句话说：

63
正如在此之前的牛顿科学，20世纪的科学已经在整体文化上发生了深刻的转变，从绝对真理和绝对角度转向语境论；从确定性转向对多元主义和多样性的诉求，转向对模糊性和悖论的接受，转向复杂性而非单纯性。如牛顿科学一样，新的科学聚焦相关的文化转型，帮助我们表述新的范式。它为我们提供思考新范式所需要的概念、语言和新的形象。量的思考是新的思考范式。二者能够帮助我们重新思考组织的结构和领导力，变革能够帮助企业在新的范式中获得发展。③

表 3.1　管理范式的变革④

旧范式	新范式
还原论的	突显的
隔离的、控制的	情境式的、自组织的

① Goodwin, 1997, p. 117.
② Wheatley, 1994, publisher's blurb.
③ Zohar, 1997, p. 9.
④ Zohar, 1997, p. 53.

旧范式	新范式
部分完全决定整体	整体大于部分的总和
从上至下的管理模式	从下至上的领导模式
反应性的	具有想象力的、试验性的

　　我想要描述的第三种网络构成了新时代思潮的实践。新时代思潮是由一系列组织构成的，这些组织的内在关联尽管没有资本主义的文化回路那么强，但是，从 20 世纪 60 年代始，这些组织形成了一个运转良好的国际回路。与文化资本的资本主义回路一样，新时代回路有赖于新观念的持续流动，尽管这常被看成是对旧知识的新发现："新时代思潮的专家们对旧传统非常精通……因而，他们不断地从传统中寻找资源。"[①]这些观念来自方方面面。首先，来自形式多样的新宗教和社团活动，如艾哈德研讨训练课程和芬德霍恩灵修中心。其次，如领英（Wrekin Trust）类型的网络。最后，精神与恢复，露营和集会，以及商业活动等各种中心。观念通过一系列的方式进行传播。最主要的形式当然是研讨班或者讨论班。早在 20 世纪 70 年代早期，研讨班或讨论班就已经成为新时代实践的中心。其他传播形式，如书籍、磁带、视频、管理者和记者也发挥着越来越重要的作用，只需一瞥书店中有关新时代思潮的那栏书就会发现："在大约 5 年的时间内，美国人对新时代书籍的消费量已经翻了一番，达每年 1000 万册。"[②]还有一些更加生活化的互动方式也不能忽略：电子邮件论坛、小型出版社和非正式的出版社、露营地、聚会和咖啡馆中的广泛交流。相较于资本主义的文化回路，新时代思潮回路的特点在于，读者们参与的积极性更高，换句话说，在更大的范围内，读者们也是观念的生产者。基于新时代思潮对自我

64

----

① 　Heelas，1996，p. 27.

② 　The Economist，5 April 1997，p. 58.

灵性和各种观点的综合强调，也许，新时代思潮将会带给我们更多。

复杂性理论看起来提供了一个现成的词汇表，我们凭借它可以表述自我并可以突破某些受自身限制的形象和信念，难怪自从 20 世纪 80 年代以后，相比新时代思潮，复杂性理论的隐喻流行范围更加广泛。这种现象可以用四个方面的原因进行解释。第一，复杂性理论可以轻而易举地用来解释一种关于自身和自制的语言：如应激能力和自组织等。[1] 第二，复杂性理论为那些更陈旧的和更广泛的新时代思潮及其观念的传播提供了新工具，如洛夫洛克的盖亚假说（Lovelock's Gaia）[2]。第三，它为相对小型和不安全的网络提供了象征性的权威。"科学的"隐喻的使用增添了一种合法性，如距离今天并不遥远的《黑足物理》（*Black foot Physics*）[3]和《量子自我》（*The Quantum Self*）[4]。第四，一些科学家自己似乎也倾向于将复杂性理论和新时代的思考相结合，这一点在他们较为畅销的著作中有所体现。这些书中的绝大部分都蒙有一层神秘的色彩，比如，有些会指涉东方的宗教。沃尔德罗普（Waldrop）称，复杂性理论"太容易和新时代思潮混淆，且不太可靠"[5]，但是，作为圣达菲机构的老前辈之一，考夫曼似乎并不太担心。在他的一本畅销书的结尾处，他写道：

> 我们刚开始建构一种可以用来解释在世界中进展的突发秩序的科学，从蜘蛛织网到山脊之巅的郊狼，无论是在圣达菲机构还是在别处，我们都衷心地希望能够解开一些秘密，以使大家能够通过尽自己最大的努力开创出一片属于自己的天地。
>
> 我们都是这个过程的一部分，被它塑造，也重塑着它。最初存在

---

[1]　Capra, 1996.

[2]　Capra, 1996; see also Lewin, 1993, and Goodwin, 1994.

[3]　Peat, 1994.

[4]　Zohar, 1990.

[5]　Waldrop, 1993, p. 23.

的只是"命令—法则"。大家都遵守，我们也不例外。几个月之前，我有幸第一次爬到了一座山的顶峰，之前我从来没有做到过，就是在那我遭遇了一场严重的车祸。我和圣达菲机构的好友菲尔·安德森（Phil Anderson），诺贝尔物理奖得主，来爬雷科山。菲尔是探路者。我曾经很吃惊地见他扯下一根树枝拄在手里穿过山间。我也折了一支，跟在他后面。当然，不知道什么时候，他的树枝掉在了地上，我的也是。但是，我看到他还在我的前面。我问他："这有用吗？""当然，一半的人都可以用之探路。""有没有挖掘过你的树枝指向的地方？""哦，没有。嗯，曾经有一次。"我们到达了山顶。格兰德河在我们脚下一直向西方延伸；佩科斯河汹涌地奔向东方；特鲁卡斯峰气势雄伟地朝向北方。

"菲尔，"我说，"如果一个人在不断展现出来的自然面前感觉不到灵性、畏惧和尊敬，那么，他就是个疯子。""我不这么看，"我的向导颇为怀疑地回答说。他看着天空，做了一个祈祷："敬天上伟大的非线性映射。"[①]

总之，迄今为止我想要说明的是，以生产新知识为目标的三种不同的　65行动者网络的实践，是如何迅速地传播复杂性理论的隐喻的，因为实际上，这些新的传播网络也改变了复杂性理论。但是，复杂性理论之隐喻的交换不仅仅发生在科学网络和其他两个网络间；它同样也存在于这两个新的网络之间。而且，科学的网络比先前已经变得更加异质化了，它包含了重要的商业利益。因此，商业和新时代思潮统一于它们对"自我的技术"的寻求中，从文化回路的角度来看，一个企业家式的个体能够使得一个企业强大、有实力，并对新时代网络的自我灵性的培养有所了解。毫无疑问，

① Kauffman，1995，p. 307.

基于此必要性，新时代思潮的技术已经融入商业，或者说商业已经被整合进新时代思潮之中。在任何一种情况下，复杂性理论的隐喻从科学网络中的不同方向，以变化了的形式，被播散了进去。这其中还有一个令人意想不到的转折，我认为，有一种说法是有道理的，在圣达菲等机构的促进下，科学领域之外复杂性理论的越发突显，反而成为将复杂性理论重新引入时而对之进行抵制的科学领域策略的一部分。如果复杂性理论成为普遍的文化气氛的一部分，那么科学就必须像其他文化的生产领域一样吸收这一理论。

我主要描述三个与这一现象有关的有趣的例子。第一，从科学领域到新时代思潮的传播。例如，生物学家古德温现在是托特尼斯附近的达廷顿舒马赫中心的课题研究的主要负责人，偏向环保主义的学者。在1997年，他出访英国与一些艺术家进行对话，交流的主题是关于"在命令、混沌和自然世界的复杂性两两之间的创造性'边缘'"[①]的。

第二，新时代思潮向商业的传播。例如，一批新时代思潮的咨询师（并不仅因为他们自称是）正在零售着新时代思潮及其所隶属的复杂性理论，鉴于这些观念都是适用于商业行为的[②]：

> 波动的市场为客户提供越来越多的治疗学和精神上的选择。要想在这样的环境中生存与发展，专业渠道必须学着扩展它们的实践，成功地应对反复无常的客户，在敌视现代性的新思潮价值观的各种限制内部保护自己的知识产权。[③]

复杂性理论为这些"渠道"提供了一种呈现新时代思潮的方式，通过这

---

① Arnolfini, 1997.
② Brown, 1997; Heelas, 1996.
③ Brown, 1997, p. 144.

种方式，新时代思潮被科学授予了合法性，成为宇宙中立的法则。毕竟，"直至 20 世纪 90 年代，保险公司和卫生维护组织都不愿意支持用来自普勒阿得斯能源的方式来进行治疗或者做其他事情"。但是，科学却是另一回事了。

　　第三，科学向商业的传播。我们已经熟悉了古德温著作中的案例，但是除他之外，在其他人著作中也不少见。比方说，咨询师达纳·佐哈（Darah Zohar），是牛津大学坦普顿学院的教师，他在书中将复杂性理论描述为扩展商业事务的一种方式，因此"它就不再限于为了利润而操纵事物、自然和人。商业变成了一种在这个词最广泛的含义上的精神旅行"①。而且，这些观点可以在管理学的研讨班中经由咨询师得以传播。例如，彼得查德威克有限公司（一个快速增长的英国咨询公司）的培训主管彼得·艾萨克斯（Peter Isaacs），是这样描述一种基于"新科学"的方式的：

> 　　在我们和达纳以及他的同事一起工作的这段时间内，我们所面对的挑战使我们经历了一次"头脑风暴"式的旅行。
>
> 　　我们凭借着一些最前沿的思想重塑了自己，将自身转变为自组织网络的综合体。每一个网络都集中于关键的问题，无论是市场、部门或是非正式的学习机会，只要是能使我们自身和客户受益的。同时，我们重新调整了我们在商界中的位置。那些在最初看来不利于咨询师的信条现在已经成为我们的标识："要想使变化能够持续下去，它必须是从内而发的。"新科学是促进我们转变公司思想的关键因素。②

　　对隐喻的散播和相遇进行描绘需要一个研究课题来完成，由于篇幅限制此处无法开展。但是有一点是明确的：空间的重要性。行动者网络建构

66

---

① 　Zohar，1997，p. 154.
② 　Isaacs ，1997，p. 155.

了空间、时间，不同地域的建构是在同一时间内完成的。① 这些网络的时空地理学以四种主要的转化机制来帮助实现隐喻的传播。

第一，这些网络提供了关于"重要地点"的地图。就科学而言，生产复杂性理论的主要地点实质上是科学具体的国际地理的一部分。而对这一地图的研究在"被引用次数"中得到了最好的总结。就资本主义的文化回路而言，地图是由对管理学进行革新的主要发生地构成的，如波士顿，以及由管理学研讨班的地址组成。就新时代思潮的网络而言，地图则主要是对城市边缘的描绘。② 比如，在英国：

> 在西北部地区之外旅行，你通常会有很多意想不到的邂逅。许多活动主要发生在首都，如伊斯灵顿、伦敦，更具体地说，发生在尼尔的庭院里……除此以外，乡村腹地也有大量的活动发生：格拉斯顿堡，托特尼斯地区，威尔士边界，威尔士中心，包括阿伦岛在内的赛尔特沿海地区。格林斯蒂德东部也值得注意，例如，国家异教协会、玫瑰十字会、科学教派的英国总部都在那里。③

在美国北部也有着同样的情景，加利福尼亚州、亚利桑那州和新墨西哥州尤其如此。

第二，为这些地图上图景的文化价值评估提供了一种认同力量。因此，科学便从像两个剑桥那样特定的股票交易场景中得到了特别的确认。在大西洋的两边也都有类似的情形。在英国，新时代思潮总是和一种神秘的地理学中心交织在一起，如阿瓦隆。在北美，本土的印第安文化基地总是吸引更多的注意力，那种对自然和诸如沙漠与峡谷的荒野亲近感，能够

67

---

① Latour，1997.
② Hetherington，1996.
③ Heelas，1996，p. 108.

带给人一种特殊的共鸣。第三，关于互动的地理学。在科学和商业的网络中，通过媒介的交流是会议、座谈会、讨论会及其他面对面的互动形式的很好补充。这是属于那些频繁出差和发送传真的人士的世界[1]。而在新时代思潮的网络中，面对面的互动、在研讨班和讨论会，节日或者聚会，以及在咖啡馆等都是更为重要的形式。第四，空间提供了一种关于路程、旅游、地图、变迁和转型等的词汇，并以此给予了复杂性的隐喻以一种符号学的力量，同时，这也意味着变化和扩散。

　　在某些地方，各个网络之间是完全一致的，这些地方能够为隐喻的传播提供尤为重要的地点，因此，这些地方为直接的互动和沟通提供了条件。例如，正如我在上文中已经指出的，复杂性理论的其中一个重要的科学中心就是圣达菲机构。从一开始，该机构就试图跨越不同学科的边界，例如，跨越至经济学。[2] 但是，同样有趣的是，从该机构传播出去的研究成果中，机构周围的风景在不同程度上被看成是对复杂性隐喻的重要性的阐释：新墨西哥的沙漠风景为之提供了一个基础。更有趣的是，圣达菲是美国新时代思潮的几个关键中心之一。现在，我们能看到不同的网络是如何被编织进空间的，以及它们是如何对空间进行重塑的。因此，在勒温的《复杂性》(*Complexity*)一书中，新墨西哥的查科峡谷被看成是复杂性理论的一道风景，一个看似曾遭受了灾难而崩溃的本土印第安人的复杂社会基地（并因此成为复杂性理论的一个难解之谜），一个"对今天的新时代弄潮儿依然有着重要意义的地方，使得他们蜂拥而至举办庆典，以自编的佛教颂歌、沉思和水晶为庆典作结"[3]。

---

① Hannerz，1996，p. 29.
② Arthur，1994.
③ Lewin，1993，p. 5.

三、复杂性的时代：作为一种理解复杂性的途径的复杂性理论

> 生活是复杂的，这看起来像是对明显道理的平庸表述，但是，尽管如此，它是一种深刻的理论陈述——也许是对我们时代最为重要的理论表达。①

我希望我已经说明，复杂性理论的隐喻随着迅速发展的"第二种"模式而使知识行动者行为网络得到了快速的传播，在它们所到之处建构着自身的对象。到目前为止，本章的基调，如果不是怀疑论的话，那一定是自由开放的。毕竟，这不是实在论的。但是，我想说的是，复杂性的隐喻也许是一种更广泛的文化兴趣的标志，尤其是关于未来更大程度的开放性和可能性的更强烈的感觉。它以对时代的新的文化感为基础，即知识、事物都是复杂的，不能被轻而易举地掌握的；以时代的各种模型为基础，尽管这些模型并不是最基础的，但却是能够被掌握的。换句话说，我认为一种新的感觉结构正在浮现，即一种新的"文化假说"②，即关于我们如何在"语义学的有效性的边缘"③来预测和构想未来，而复杂性理论的隐喻正是对它的呼唤，同时也是对它的响应。

我希望通过序言的方式来申明，我并不反对科学隐喻在科学领域之外的运用。一方面，科学领域之外当然存在施展它们的空间。例如，许多实践科学家所著的关于复杂性理论的书似乎都必然包含这样的结尾章，其中表达了复杂性理论的隐喻是如何重塑科学并以一种新的世界观来重新解释

---

① Gordon，1997，p. 3.
② Williams，1978.
③ Williams，1978，p. 23.

整个世界的。然后，通过每一种可以想象到的错误的和庸俗的分析，复杂性理论的隐喻已经进入现今每一种智力活动中，好像这样是为了证明系统理论的继承者们已经完全遗忘了等效性。

然而，另一方面，复杂性理论的隐喻可以聚焦文化焦点。例如，法国社会理论无疑是以富有创造力的方式吸取科学观点的，它一开始就从系统理论、拓扑学及相关理论的观念中汲取养分，为己所用。再者，一种被称为"哲学生物学"的科学有着长久的历史，"该领域的研究尽管在英语系的欧陆哲学中受到忽视，但是却对如康德、黑格尔和尼采等现代思想家有决定性的影响，并在 20 世纪的法国思想中备受关注（柏格森、德日进等）"①。现今，科学隐喻作为一种曾被瓜塔里（Guattari）称为"一种过程式的呼唤，一种过程式的激情"②的方式，在法国社会理论中被广泛地采用。因此，雅克·德里达通常被看成是一位能够以各种有趣的方式给类似系统理论等复杂性理论的先驱者们带来影响的研究者，这些先驱者们有格雷戈里·贝特森、雅克·莫诺（Jacques Monod）和弗朗索瓦·雅阁布（Francois Jacob）等。尤其是他对（生存高于生命，转译高于文本的）"轨迹"中"偏差"的优先性的坚持，与一些现代生物学思想有着极强的相似性："尽管生物学家们总是根据传统的方式将繁殖看成是存活系统的决定性特征，然而，变异的范畴如今被看成是在逻辑上先于繁殖的。"③换言之：

> 从科技的到生物学的再到进化论的各种著作中，连续不断的链条都是属于轨迹这一更广泛的范畴的一个子集。因此，不断展开可能性的文本或条件，比生物社会学、生物人类学或"生命"与作为理性中心主义的核心原则的"主体"本质性结合，要宽广得多。同样，系统理

---

① Ansell-Pearson，1997，p. 17.

② Guattari，1996，p. 260.

③ Johnson，1993，p. 196.

论，尽管要归功于现代新达尔文主义的生物学，新达尔文主义通过使用目的性和等效性等概念形成了自组织和自我调节系统的理论，该理论认为"生命"是一种特殊现象、一种地域性的现象。因此，在一种非生物性的进化理论中，生存的遗传结构（轨迹的选择和转译）或者高于（先于）生命的补充性生存，这是组织性的原则。令人惊讶的是，贝特森与德里达几乎采用了同一版本的隐喻……尽管术语不同，但是基本的观念——符号系统，或者更确切地说，不同的符号系统之间的转译都是对生命的可能性的思考，而不是相反——是一致的。[①]

同样，迈克·塞尔（Michel Serres）从生物学、系统理论和热力学中汲取了一些概念对其早期观点进行修改，这一观点在其后期的著作中也多有呼应[②]，它与生物学、信息理论和雅克·莫诺（迈克·塞尔的朋友之一）的著作都有关联：

没有必要再对诠释性的知识（"深刻"的知识）和客观的知识进行区分。知识的类型只有一种，它总是与某一观察者相连，这一观察者或隶属于某一个系统，或与之有关联。观察者自身的结构与他所观察到的完全一致。他的位置所改变的仅仅是声音与信息之间的关系，但是他自身从未抹掉这两种稳定的表象。再也没有对一方面是主体，另一方面是客体（一面是清澈，一面是阴影）的区分。因此，区分将事物变得令人无法理解和不真实。相反，传统的主客体二分的术语本身被某种类似于地理学的划分给划分开来（正如我现在一样，一遍说话一遍写作）：一方面是噪声、无序和混乱；另一方面是复杂性、安排和分布。没有任何东西能够将我从本体论上与一块水晶、一棵植物、一个

---

① Johnson，1993，pp. 193-194.

② Serres，1995a；1995b.

动物或者与世界的秩序区分开来；我们一同滑向嘈杂和宇宙的深处，我们多样的系统复合体正漂浮于溪流之上，朝向太阳的源头，随波逐流。知识至多是漂浮过程中的倒转，时代的奇特转向，总是有额外的漂流作为弥补，但是，这就是复杂性本身，它曾经被叫作存在。流动中几乎一直存在骚动。从现在起，求生还是求知将会被转译为：看到那些岛屿，它们是罕见的还是幸运的，是出于机缘还是必然性。[①]

接下来我将继续关注，例如，德勒兹与瓜塔里的著作，尤其是德勒兹中期的"生物哲学"[②]和瓜塔里的晚期著作对"混沌"[③]的强调，后者明显要感谢普里戈金（Prigogine）和斯唐热（Stengers）等学者的著作为其带来了影响。

希望我的观点早已得到阐明。我想指出复杂性理论的隐喻在文化的争论中的一些更为积极的应用方式，即清除旧的基础和创造新的基地的方式，我认为其中有四种方式尤为重要。第一，复杂性理论的案例表明了，科学的隐喻能够多么迅速地被作为一个整体的社会所吸纳，尤其是在那些上文我所认同的网络的推动下。至于复杂性理论的隐喻，我认为可以这么说，由于这些隐喻可以被转向反思性的路向，因而它们已经或即将寻觅到现代西方社会这片尤为肥沃的土壤——尽管贝克和吉登斯对此的说法略为夸张——这一点也许依然重要。当然，有些学者持不同的观点，如卡普拉[④]、马图拉纳和瓦雷拉[⑤]，他们通常以相当清晰的方式将这些隐喻与自身相连。

第二，与此同时，复杂性理论的隐喻告诉了我们一些关于当代科学话语是如何被媒介化的。复杂性理论颇具说服力的隐喻得到了媒体行业颇具

70

[①] 　Monod，1982，p. 83.

[②] 　Ansell-Pearson，1997.

[③] 　Guattari，1996.

[④] 　Capra，1996.

[⑤] 　Maturana and Varela，1992.

说服力的手段的支撑，同时这一行业又亟须内容来填充。科学出版物的畅销在上文中较少提到，但是，它显然是重要的，尤其是现在它已经同资本主义的文化回路与新时代思潮等网络连接在了一起。复杂性理论，换句话说，成为对观念进行系统化并不断更新的另外一种方式。

第三，复杂性理论的隐喻同时也被看成是一种清理语义学空间的有用途径，这样的清理有助于以更加精确的空间术语来重观世界。复杂性理论的隐喻，以与德勒兹的"褶皱"（fold）概念相同的方式，对自身的"内在"和"外在"过程进行着重塑。或者，复杂性理论以某种方式与流动的空间概念相关联，如在拉什（Lash）和厄里的著作中，或者塞尔对信息承载系统的强调中。

但是，我想在最后用本章剩下的篇幅再关注一点。我想说明，复杂性理论的隐喻使得我们能够以新的方式更从容地思考时间[1]，特别是将未来看成是开放的、充满可能性和潜能的，甚至是易变的结构。此种时间感将凭靠这些隐喻在各个领域建构起来，这里我仅对其中的三个展开探讨。

第一点是西方人格概念的转变[2]。随着人格可能性的数量不断增加——通过劳动的分工、性解放运动、后殖民主义的想象等——人的概念，作为一系列复杂、多元和更开放的主体位置的组成部分，被固定下来。这些"碎片化"的个体是无法被还原成一个单一的动力机制的[3]：

> 复杂人格意味着所有的人（尽管是以特殊的形式存在，其特殊性往往成为最显著的特征）的记忆和遗忘、对自身和他人的认同与反对，都充满着冲突。复杂人格还意味着人们优雅与自私地忍受着，陷于他们自己的困境中，并改变着自身。复杂人格意味着甚至连那些所谓

---

[1] Turner，1997.

[2] Strathern，1999.

[3] Strathern，1996.

"他者"也都与先前不同。复杂人格意味着人们所讲的关于他们自身的故事、关于他们的烦恼、他们的社会生活、社会问题等，都是相互缠绕和交织在一起的，要么变成一个故事，要么变成他们想象中的样子。复杂人格意味着人们开始备感疲劳，而有些人就只是懒惰而已。复杂人格意味着一群人将采取统一的行动，且他们可能会以激烈的方式来反对甚至伤害对方，这两种行为会同时并存，他们指望我们剩下的人自己能看明白这一点，且适时地介入或退出。复杂人格意味着甚至那些掌管我们核心机构的人，其价值体系也被一些他们或明了或不明了的事情所掌控着。至少，复杂人格强调对他者的尊重，这种尊重来自将生命和人类的生活看成既是明确的又是充满大量细微含义的。[①]

第二点是西方人看待事物的方式。可以这样说，我们对事物的态度较之前更为开放，事物对我们也更为开放。首先，我们身处于一个越来越复杂事物的生态学之中[②]。其次，因此这些事物与我们互动的能力不断增强；的确，他们越来越被按照此种目的进行设计[③]。再次，因为我们越来越被塑造成要与事物进行互动，相对事物而言，我们的亲和力变得越来越强。[④]最后，因为事物越来越成为多功能的，它们因此能够适应多种场合的需要[⑤]。在行动者网络理论的概念中，这种开放性得到了最好的展现，一种反本质主义的尝试通过强调不同持久性的行动者网络的结构而将社会和科技编织在一起：

> 行动者网络理论强调网络及网络理论的偶然性特征。网络的建立

① Gordon，1997，p. 405.
② Williams，1991；Thrift，1996a.
③ Latour，1991.
④ Collins，1990.
⑤ Knorr-Cetina，1997.

与重建是一种持续的需要。这部分可以通过嵌入内容来达到。的确，仅仅基于人际关系的那些网络可能是非常脆弱的。因此，重要的问题不是一个网络的成员是人类还是非人类，而是"哪种协作模式更强，哪种更弱？"①

行动者网络的理论目的在于降低偶然性，因此，它的目的还在于强调这个世界的偶然性和在任何时机都可能开放的诸多可能性。的确，在一些更极端的表述中②，行动者网络理论将偶然性具体化，断裂和不确定性正在变得几乎与网络同等重要：

相似性与相异性，除此之外还有更深入的区别；也许，并不存在任何模式、任何普遍的模式；也许，不仅仅是因为我们无法描述一种单一的内在一致的模式……也许，这样的模式并不存在；也许，实践之外别无他物；也许，有的仅仅是那些故事在不断展现着自身，在探索建立新的关联、实践的和本地的关联、特殊的联系。

在什么情况下？在什么情况下我们不再处于认识论的范围之内？当我们尝试着去寻找讲述那些存在于复杂的客体部分之间的关系的时候。相反……我们在创造链接，制造关系，在不同程度地将它们变成现实，这意味着我们不再试图寻找合适的方式去叙述和描述已经存在的事物。相反，或者除此之外，我们在本体论的范围内，我们在制造自己的研究对象，在制造现实，以及现实之间的关联，制造那些我们描述中的现实。我们在试图寻找合适的方式与我们的对象进行互动，寻找可以持续的方式，寻找那些可以使得我们之间建立链接的方式。③

---

① Latour [1987b]，p. 40；Grint and Woolgar，1997，p. 24.

② Law，1997；Law and Mol，1996.

③ Law，1997，pp. 8-9.

　　第三点，在本章结尾处，我想对本章的地理学主题"空间—时间"的关系——作为一系列可能世界的时空重构，刘易斯所谓"未实现的可能性"①，卡斯蒂"将成为的世界"②——进行探讨。对于这种文化想象以及潜伏在现今的每一个分叉中结果的多样性，社会学家所给予的关注少得令人惊讶。对于那些处于阴影中的世界，我们永远无法确定。但是，它们依然预示着一种理解，这种理解"可能被具体化于一种可能性空间中"③。也就是说，"它们唤起另外一种可能性的幽灵，目的在于对真实的基地进行研究；它们唤起它是为了重新将之搁置"④，通过诉诸：

　　　　那种正在浮现的复杂性，如果我们抛开可能性和不可能性之间的区分的话，尤其是，那种对可能性和不可能性的决然的区分，例如，在外界的客体（可能的）和成对的主客体（不可能的）之间的区分，在单独的客体（可能的）和多样性的客体、去中心化的客体（不可能的），或者在真实的（可能的）客体和虚幻的（不可能的）客体之间的区分。⑤

　　也许，这种开放性的思考在莫森⑥和 伯恩斯坦⑦对时间封闭的叙述模式的力量的考察中获得了最大的发展。在这种叙事模式中，事件是被"提前预示的"，这种模式依赖于一种信念——"无论以何种方式，未来一定已经存在，它确凿的存在使它能够向今天发送信号"⑧，通过对比，莫森和伯恩斯坦支持更为开放的时间叙事模式，它可以"在诸多可能性中识别出一

---

①　Lewis，1973.
②　Casti，1991；1996.
③　Hawthorn，1991，p. 28.
④　Spufford，1996，p. 274.
⑤　Law and Mol，1996，p. 12.
⑥　Morson，1994.
⑦　Bernstein，1994.
⑧　Morson，1994，p. 7.

块中间区域，这些可能性尽管还没有发生，但是依然是有可能的"①，它是一种处于"侧边阴影"中的尚未现实化的可能性区域，这一区域不仅能够储存过去的每一次展现，同时能够打开现在的瞬间，通过展现：

> 每一个充满矛盾的生命都由无限矛盾的环节组成，那些在边缘的阴影中徘徊的各种冲突的想法之间，在一个潜在的空间中伺机而动的多种选择中，某一个具体的想法是如何成为那唯一的现实的，如何将想象或欲望进行加速，冲出阴影并在光明中获得它正当的形式的。②

73　　　在从 19 世纪到 20 世纪早期的小说所提供的线索中，这些作家也对在吉布森③，勃兰特④，利文斯顿⑤等写出的著作中勾勒的那种后现代的叙事形式表现出兴趣。这种叙事形式试图产生新的叙事拓扑学、地缘政治学、星相学、"混沌理论"等，其中空间和时间被看成是"实体之间相互关联的"结果⑥，因此，它们也可以向许多方面进行延伸。因此，我们看到的是一种关于"多种类型的不断增长的空间"的多态美学⑦。这一美学：

> 必须从法律和规则转向交换和干预以及不同空间之间的关联与断裂。它必须与康德的选择相悖，并倾向于那种康德所谓"本性的改变"、各种知识的混合……它必须关注不安和骚动、不同类型的形式、不平衡的结构和变动的组织。⑧

---

① Morson，1994，p. 6.
② Bernstein，1994，p. 7.
③ Gibson，1996.
④ Brandt，1997.
⑤ Livingston，1997.
⑥ Latour，1993.
⑦ Gibson，1996，p. 13.
⑧ Gibson，1996，p. 13.

　　总之，在我看来，复杂性理论必须被看成是拓扑学向爱因斯坦的相对论、量子理论等相关科学思想的直接延伸，这一科学思想已经成为欧美盛行的对可能性开放的时空信念的重塑中的一部分。因此，日渐式微的牛顿主义/达尔文主义的"胜者的时间"观正让位于一种新的开放的时空观，其中"秩序不是事物的规则而是它们的例外情况"①，然而，新的时空观依然允许特定的应激性秩序成为可能并使之较之前更好辨识。② 或者，再次引用塞尔的话："我们还没有，我们也不会再一次，错失面对空间问题的时机。"③

四、结语

　　很明显，本章仅仅是一项更为宏大的工程的起始点。在本章中，我尝试着将复杂性理论既作为研究的对象，同时又作为观察欧美文化中可能出现的变化的一种手段。我尤其强调了，复杂性理论的隐喻是新的时间观念的标志，是对可能性更为开放的时间观念的重要标志。然而，我想以一个重要的结论来结束本章。对本章后半部分的一种可能的理解是，以进步观念为基础的时间观和分离的、同步的空间观，遭受了以文化多样性为基础的新"后现代"的时间观和非同步的流动空间观所带来的沉重打击，④ 这是有可能的。但是，还有另外一种理解，事实上这种更为开放的时间观是旧时间观的另一种形式的延续。我们所探寻的是欧美旧思维模式的扩展而不是灭绝，对于那些相信任何事情都有可能的主体而言，未来将成就一种新

---

① 　Serres，1982，p. xxvii.

② 　Massey，1997.

③ 　Serres，1982，p. 53.

④ 　Adam，1990；1995；Nowotny，1994；Urry，1994.

的可能性空间。以这种方式为基础，其结果就是：

> 文化空间的自我实现。在欧美人的想象中，他们可以较之前做得
> 更多，这集中体现在他们将科技设想成"使能够"……我质疑以上他们
> 所习以为常的一点、相当简单的一点，即在科技的帮助下他们可以完
> 成任何事情。如果是社会使得科技得以持续，那么正是人的能力使之
> 变得有效。[①]

74

如此看来，我在文中所表述的那种正在变化中的时间感，可能仅仅是
帝国主义的一种变相的延续，只是这种变化现在是以时间而非空间的形式
展现的。[②] 如果这样的话，我们在扩大的可能性的伪装下看到的也许只是
一切如旧。

[①] Strathern, 1996, pp. 46, 49.
[②] Osborne, 1995; Frow, 1997.

第四章

虚拟资本主义：反思性商业知识的全球化

一、引言

对资本主义的分析被一些不同脚本包围，它们阻止了我们看到许多正在进行中的新事物。阿特沃特（Altvater）和曼科夫（Mahnkopf）的研究是其中的典型[1]。对这两位作者而言，世界市场以飞快的速度取得了胜利，作为推动力的各种各样的机制增强了那种"全球性的抽离"的趋势——市场越来越摆脱各种社会约束。这样的机制有四种类型。第一，货币呈现出一种新的更为强势的姿态："一种与实体经济相分离的货币领域——全球性的金融系统——的突现。"[2]第二，经济作为"包围全球的商品化"而全球化了。[3]第三，货币和其他形式的商品化的膨胀和加速使得时空的坐标被压缩。因此，我们生活于新的交通和传播方式带来的"将一切进行压缩的暂

---

① Altvater and Mahnkopf，1997.

② Altvater and Mahnkopf，1997，p. 451.

③ Altvater and Mahnkopf，1997，p. 451.

时性"的世界时间之中。① 第四，这些发展带来的是对环境的新压力与限制，因为自然资源已经枯竭并且无法替代。

在其他著作中，我曾经对这些不同的脚本提出过强烈的异议。② 它们持一副先知的腔调，自信能够掌好历史潮流之舵。他们的假设经常是错误的，是基于糟糕的或过时的历史性研究，以及像科技决定论等早已存在的但其普遍性最近才被大家知晓的知识传统的。换句话说，这些脚本以一种超自然的自信来讲述他们的观点，而这种自信更适合于古挪威传奇而不适合于每天经济生活的肥皂剧。

因此，在本章中，我将通过讲述另外一种观点来对如阿特沃特和曼科夫等人的观点提出异议。我从他们二人开始的地方开始，即全球市场的胜利，然而，我却得出完全不同的结论。与将这种胜利看成是资本主义的制高点不同，它实则恰恰反映了全球资本主义"秩序"是多么具有实验性质、倾向性和不稳定性。正如马克思所说，资本主义所塑造的这个世界是恒久的不确定和不稳定的世界。也就是说，资本主义被自己的成功扼杀。

因此，资本主义的企业是如何在这个它们越来越认为从根本上不可控的世界中建立对它们的环境的控制的（世界也越来越被塑造成如此，因此，在某种程度上也是在实现着一个自我实现的预言）？我将进一步论证，对资本主义的不确定的看法已经促使那些资本主义企业的经营者采取一种虚拟的转向③，一种"理论"转向，但是，我会立即说明，它们转向的是一种相当特殊的理论形式。

本章相应地分成两个部分。第一部分，我主要论述对运行中的资本主义企业有着关键影响的理论的诸实践形式，这些形式都是以当下的规则为基础的。第二部分，以第一部分为基础，对反思性的管理理论在整个 20 世

---

① Altvater and Mahnkopf, 1997, p. 456.
② Thrift, 1995；1996c.
③ Carrier, 1996；Miller, 1996.

纪的兴起的过程进行考察。这一理论，正如我所言，是一种形式的虚拟主义，它拥有一套自我创生机制，这一机制目前正在以自己的形式展开全球化的进程，我将通过亚洲的例子来说明这一点。然而，如我在本章的结语中所言，"虚拟的"这一术语在资本主义的语境中需要进一步被限定。

在这两章中，我的注意力将主要关注具体的物质实践，比如，那些在物质文明、科学社会学和行动者网络方面所进行的研究带来新发现。这一研究通过将知识置于语境中，并通过对一直深嵌于实践中的类似"概念"和"观念"等术语含义的质疑（尽管这些术语作为理论的特殊组成部分，通常被随意使用），而将理论置于具体的实践领域之中。①

二、实践的资本主义

我认为，在本章开头先简要陈述我对全球资本主义经济的看法是有必要的，因为这种观点与阿特沃特和曼科夫等的观点有着迥然的差别，他们经常将理论的逻辑和实践的逻辑混为一谈。第一，我认为资本主义经济并没有日益被抽离，即越来越抽象和脱离其实体。资本主义的经济变得越来越疏离②，当然，这是通过各种类型的机械和其他设备在时空中被建构起来的，但是这也产生了一种有着复杂互动关系的、多样的时空形式。这种疏离造成的结果是通信的不断增强；从很多方面来看，资本主义企业生存于其中的世界比任何时候联系得都更加紧密。第二，我认为货币并不是脱离"真实的"经济在发挥其作用，并在暗地里成为社会的腐蚀剂。货币以复杂的方式发挥着作用，这要取决于它所依附的各种网络。货币，换句话说，不是某种单一物，它由诸多不同的手段组成，这些手段指向千差万别

---

① 　Thrift，1996a.
② 　Giddens，1991.

的目的。① 第三，我认为我们并不生活在一个统一的时代性之中。返回至第一点，各种不同的网络在全世界张开它们不同布局的时候，也在持续建构着各种各样的时间类型。有一些时间类型飞快，有些则缓慢，并没有中间形式。② 第四，我认为资本主义经济并不是在任何方面都变得更强大了。"资本主义"的经济世界"从深层次上是混杂的"③。它是一个充斥着对本国或国际的优先权进行争夺的喧闹的混合体。换句话说，我理解的资本主义经济是一个正在试探中的创造物，它永远都在产生着新的网络，有些网络被证实是可以持续的，有些则不然。形成秩序的手段无处不在，这并不意味着秩序无处不在。高速发展的科技被不断采用并不意味着发展就是迅速的。它拥有自己的意识形态，但并不意味着它就是意识形态的。相反，它的存在展现着它寻找并实现利润的复杂多样的方式。④

那么，我们该如何从理论上看待资本主义，而非那些关于资本主义的大量理论？让我们从一幅画作入手：汉斯·贺尔拜因（Hans Holbein）著名的作品——《使节》（*The Ambassadors*，1533）。这幅画是对商业和贸易充满新的自信的标志，同时，贸易也是新的自信产生的原因之一。对于商人而言，这个标志是他们最初的书籍之一，它就意味深长地被放置在地球仪的下面，它是一套三卷本的名为《关于商业算法的最新版权威介绍》（*A New and Well Grounded Instruction In All Merchant's Arithmetic*）并由常住英戈尔施塔特的天文学家彼得·阿皮安（Peter Apian）编译的德国书籍。⑤

但是，我想，学者们已经操控了作为政治经济学最初萌芽的各种这样或那样的标志。作为学者，他们将政治经济学的诞生看成是关键性的事

---

① Leyshon and Thrift，1997.

② Thrift，1997a.

③ Mann，1997，p. 480.

④ Latham，1996.

⑤ Latour，1988a；Conley，1996；Foister et al.，1997.

件：这就是话语的开端，对于世界的这种文本性的配置组成了经济的诸概念。[①]

　　与之类似的是，学者们倾向于认为，政治经济学的派生物之一——经济学——是商业的理论语言。多年来"经济学"为商业（或者被认为）提供了理论的支撑。因此，世界就成为理论的反映。

　　但是，对于这种说法我越来越感到疑惑。没有人能够否认，政治经济学，然后是经济学，在过去的历史中起着重要作用，但是，我不确定的是曾经或现在它们在商业中到底有多重要。它们的重要性就在于，作为国家统治的附加因素对国家规定的"经济的"生产领域中的国家行为进行证明。但是，总体而言，我相信资本主义的企业有着与之不同的运行规律。我的结论是基于以下四点原因的。

　　第一，绝大部分经济学对商业的重要性并不如通常所宣称的那样，这是有一定道理的。的确，MBA 的学员们一直在学习经济学，有时甚至是大量的，比如，斯坦福大学的商学院（德国的许多商学院也是如此）。当然，许多商学院的学员也会被传授一些正式的经济学理论。但是，经济学在商业中的实际用处之少令我震惊。金融经济学是这一规则的一个例外，它可以被应用于金融市场之中，它也是金融企业的支柱理论。在更大范围内，经济学的这种张力在审计和已占用资本回报率的标准操作中清晰可见。但是，在我看来，经济学是作为一种合法性，或者说作为一种迂回的原则而存在的。这种原则虽然有参考价值，但是在通常情况下，它对商业行为的影响恰如最高法院对商场窃贼的判决一般。

　　第二，资本主义商业是施为性的[②]。我的意思是，商业行为中一直存在着以不可逆的战略为基础的实践命令[③]。同时，它也有思考性的一面，

78

　　①　Foucault，1970.
　　②　Thrift，1997a.
　　③　Bourdieu，1977.

这种思考以已经获取的知识为基础，它主要是一种针对当下的命令，一种改造当下的手段。任务需要执行，报告要出炉，未来两年的计划不能等到两年以后再去做，没有"假如……"[1]

第三，资本主义商业是建立在一定的物质文明之上的，它的各种设施并非辅助性的，而是资本主义的基本组成部分。这些设施遍布从贸易所必需的媒介手段——通过各种渠道对商业行为进行记录与总结——到写字楼的不同规划对劳动者身体的不同规训。对此的描写鲜有不同。比如，我们也能在布罗代尔的著作中找到相似的部分。最近，行动者网络的理论家们也已经开始对此给予关注。[2] 然而，它对各方面的影响才刚刚开始受到重视。

第四，也是最后一点，资本主义的商业是基于一种"理论"的，但是，这种理论不同于那种比较正式的理论。该理论是以各种各样的问题为基础的，而非被特定的真理标准所操作和评价的一系列学术理论。问题在于，学术试图通过一系列的关联来排斥和（至少是暗中）削弱这种理论：该理论是非正式的，它来源于那些"实践性的"社会组织而非理论性的组织，它与技术设备有着紧密关联，它忠实于经验，它仅仅关注当下。但是，反过来说，这些对这一实践性的"理论"的诋毁可以被看成是正式的理论观念的问题所在，因为：

> 这些问题化的论调并不是特别关注"意义重大的"理论或者体系，或者社会抽象概念，相反，有人认为，这些论调通常是决定性的，设定条件，社会学理论可以根据这些条件"及时"安置自身，或制定出标准，正是这些标准使得它自身的真理性渐行渐远。[3]

---

① Boden，1994.
② Latour，1986；1993.
③ Osborne and Rose，1997，p. 80.

　　因此，我想从另一个角度来解读彼得·阿皮安的书的含义，它是实践性的商业"理论"的新形式的最初表达，它以我称为特定问题域的科学技术的提升为基础。这种对"如何解决"（通常是通过适合的案例）特定问题的思考，在商业中有着更为普遍却长久被片面沿袭下来的历史[1]。

　　在我看来，在商业领域中，该理论有三个相互区别又关联的分支，其中每一个都有自己的专业团体，它们都在制造和散播着知识与技能。这些领域不仅包括特定种类的人，而且也包括特定的设施，后者是生产和传播知识的方法中关键的部分。有时这些团体也被称为"计算系统"[2]，但是，就我个人的目的而言（我的目的在下文中会逐渐明晰起来），这些描述幻想出了一个通过数学方式可以达到的对客观性的伟大追求，我认为称为"理论性的网络"较为合适。

　　第一个这样的理论性网络，我称为簿记。一直以来，会计学的历史都是死水一潭，但是，最近十年间它成为知识的主要聚集地，因此，也较为容易地形成了一段短暂的网络历史。这一网络的早期成长无疑是以三种形式的实践为基础的。首先就是算盘或计算板：

　　　　到 11 世纪末、12 世纪初，关于基础计算的专著，大体而言，都是关于如何使用计算板的，与之相应的一个新词是——算盘，意思是用于计算的。在 16 世纪，计算板非常流行，以至于马丁·路德可以即兴用它们来阐明，精神的平等主义与对个人长辈的顺从是相容的。[3]

　　但是，计算板是用于计算的设备，而非记录：

---

[1]　Osborne and Rose，1997.

[2]　e. g. Porter，1995.

[3]　Crosby，1996，p. 44.

使用者们在计算的过程中必须要清除掉之前的步骤，这样除非返回至开头并重复整个过程，否则就无法对过程中的错误进行定位。如果要永久地记录答案，必须使用罗马数字。[①]

因此，另外一种从西班牙被引入的重要计算实践，不仅可以更好地用于计算，同时也可以更好地记录。这种计算方式使用的是阿拉伯数字。即便这些数码便于使用——它们并不会在计算的过程中抹掉之前的部分，因此也可以被用于核对，并允许计算和记录时使用同样的符号——从12世纪被引进一直到遍布整个西欧，"笔算"（这是对阿拉伯数字的称谓）发展过程大概有300年之久。

最后，复式簿记发明出来。忙碌于大量的交易之中的批发商和其他商人需要懂得一些核对每一笔交易的办法，一种将借方和贷方分成两栏的办法，经过进一步演变解决了这个问题，它很可能产生于13世纪末的威尼斯。这种办法很快就得到进一步的完善，每一栏要记录两次以保持一种复式的账目，接着，这一方法主要以簿记手册的形式传遍了欧洲。

现今，簿记的网络广泛地与计算机相连，但是，重要的是，要知道簿记的自动化实践已经进展到了什么程度。因此，列表和计算器在19世纪80年代被引入会计学。稍后，用于存储和分析的穿孔卡片的方法和各种电机设备也开始投入使用。[②] 至此，计算机的出现使得自动簿记的协议开始被建立起来。

第二种理论性的网络由用书面程序写成的企业实践——编码和运算法则，企业的价值理念、意见和修辞，以及技术等被固化为操作手册、公司规章和程序、公司守则和公告等设施——组成。该网络起源于两种设施。第一种是指导手册，它们最早可以追溯至16世纪。这些都是将实践知识客

①　Crosby，1996，p. 111.

②　Yates，1994.

体化的最初尝试①。第二种是，对清单并因此对报告的记录和编辑，这些清单和报告收集并排列那些迄今不能够被记录的信息：

> 制作清单通常被看成是人类社会高级阶段的基本活动之一。因此，杰克·古迪②认为最初的一些记录就是事物和设备等的清单。福柯③和帕特里克·托特④以不同的方式表示，生产清单（语言、种族、矿产、动物）促进19世纪科学的演进，并直接导致现代科学的产生。拉图尔曾声称，官僚组织的主要工作就是编辑清单，将之进行排序和对比⑤。这些学者都将注意力从令人眩晕的类型多样的汉谟拉比法典、神话学、进化理论、福利国家等最终产物上转移开来。同时，他们已经开始研究使这些生产成为可能的因素。他们翻出尘封的档案，寻找那些不被重视的、无趣的和机械的清单……
>
> 制作清单对于分散于时空中的协作性的活动是基本的……当用清单去协调那些广布于不同时空中的重要工作时，设计出一种相互呼应的复杂的组织结构和基础设施是必需的。⑥对清单内容的协商通常采取量化的形式使之具体化——固化，尤其当这些条目数额巨大、花费高或对其他操作有着关键影响的时候。判断的冲动依然存在，但是现在包含了不同的个体、组织和技术等类型相异的行动者。对于劳动分工的决策依然未变，但是现在除了官僚主义，其中还包括基于当下形式的判断。正如以上引述的学者的结论一样，大规模的协作如果没有清单是不可能达成的。同时，这些清单给那些创造它们的阶级带来了

---

① Thrift，1985.
② Jack Goody，1971；1987.
③ Michel Foucault，1970.
④ Patrick Tort，1989.
⑤ Latour，1987b.
⑥ Yates and Orlikowski，1992.

一系列实质性的政治的和认识上的改变。①

产生于 19 世纪中期的新的办公技术对这些活动进行了重大的改进，这些技术不仅仅具有记录、模仿、复制和存储等功能，事实上，通过这些不同活动，它们也在进行创造。尤其是：

最早的大规模生产的打字机出现于 1874 年，使用者主要是广大的法院书记官、作家和其他专业领域工作者。由熟练的打字员进行操作的打字机书写文件的速度是纸笔的三倍，因此，在提升了书写速度的同时也降低了成本。19 世纪八九十年代，企业开始引入打字机，并适时表现了它们不断扩大的国内外书面交流所带来的不断上升的成本。②

与此同时，现成的表格在商业交往中流行起来。这些表格不仅节约了记录信息的时间，同时增强了连贯性，也使得抽取必要的信息变得更加容易。（在 19 世纪与 20 世纪之交，选项卡功能被添加入打字机中，为打字员在绘制和填写表格的时候提供帮助。）复制的工作也变得更加容易。复写纸、胶版印刷、蜡纸被用来生产大量的复本，这些都随着 19 世纪 80 年代蜡纸油印机的发明而告终。随着 1893 年芝加哥世界博览会上立式文档被引入商业世界中，归档系统也越来越流行。接着，这些系统催生了索引和组织系统，管理学杂志和教科书对这些系统已经有了大量说明。卡片文件也变得越来越普遍，这在很大程度上产生了同样的影响。因此，到了计算机时代，许多商业程序、编码和运算法则都已经被列出，我们只需要去适应新的媒介就可以了。③

---

① Bowker and Star，1994，pp. 188-189.
② Yates，1994，p. 32.
③ Pellegram，1997.

有时候，价值观、意见、各种修辞和技术都凝固于书面文字或数字之中。但是，正如它们被囊括进各种可见的形式中进行展示一样：曲线图、地图、排列图、线图等，它们为企业的未来展望并帮助自己在"经济"中定位。① 例如：

> 曲线图在 20 世纪早期的使用是为了使那些信息对于使用者来说更便于理解，更引人注目。数据曲线展示的方法至少已经存在了一个世纪之久，它们主要被用于政府统计，以及后来的科学和工程实验数据。由于受到从系统管理者和工程师转变的管理者的青睐，曲线图作为一种能够收集所分析的信息，以及能够以高效和引人注目的表格的形式呈献给管理者的方式，而被广泛应用。②

通常，这些展示作为背景知识仅仅为企业以何种姿态进入商界提供支持。例如，

> 在安达信咨询公司 90 分钟的课程中有一个特别复杂的示意图，它提出的问题是："你为什么需要这么多图表？"经过片刻的停顿，它给出的回答是："我不知道，这里其他每一个人都知道。"③

图像的展示依然在更新中，绝大部分是受到计算机的影响，但是，也许过去几十年最有效的管理工具是不太引人注意的挂图、头顶的投影仪和幻灯机等这些在不同场合大量被使用的工具，它们生产、组织并呈现着人们的思想。

————————

① 　Buck-Morss，1995.

② 　Yates，1994，p. 36.

③ 　O'Shea and Madigan，1997，p. 85.

据说，在过去的 20 年间，一种新的将组织实践具体化的方式，通过计算机软件能够在广大领域广泛发展，它不仅可以设置标准并同时提供多种选择，而且软件凭借自身的力量已经变得越发智能化，并能够生产出复杂的报告。

第三种网络也是最新的一种，尽管它的历史在时间上可以被明确地追溯至——例如，罗伯特·欧文（Robert Owen）或者像卡德伯（Quakers）和朗特里（Cadburys）等贵格派信徒——它的起源，也通常被看成是 20 世纪四五十年代在英国和美国的心理学中兴起的管理学实验。在英国，一些心理学家的研究，譬如在塔维斯托克研究所的迈尔斯（C. S. Myers）和艾略特·杰克斯（Elliott Jacques），以及在海莫的艾瑞克·特里斯特（Eric Trist），这些研究都对之有着重大的影响。在美国，培训团体的出现以及由勒温、利比特（Lippitt）、麦格雷戈、阿吉里斯（Argyris）等人创办的国家训练实验室，都被看成是对该网络有奠基意义的事件。从这些基点起，管理学发展出了新的传统，它开始强调人们之间的互动，自我实现也成为组织成功的主要因素。的确，有人可能会认为，在很大程度上，这一网络与另外两个网络有不同的发展方向，并且有意对它们进行补充、拓展甚至削弱。克莱纳①向我们展示了直到 20 世纪 70 年代，这种网络是如何通过所有的渠道以零散的方式被建立起来的，它依靠的是特定管理者们的热情和企业一时的兴致。但是，在 20 世纪 70 年代以后的一段时间内，它作为"柔性的"管理技巧，如领导力、创造力、情绪思维等而大获成功。它的成功有四点原因。第一，该网络能够在现存的机构，如商学院，以及后来的管理咨询公司中找到它的落脚点。第二，它能够借助媒体的力量来提升自身。的确，该网络与媒体高度重合，比如，它依赖于那些对管理者、公司成长等有鼓舞人心作用的书籍。② 第三，相信该网络的人能够对之进行大量的投入，

---

① Kleiner，1996.

② Thrift，1997a；Micklethwait and Wooldridge，1996；Crainer，1997a；Carrier，1996.

尤其是对其发展起主要推动作用的人力资源部门。第四，它能够生产并制造它自身所需的大部分互动性的设施，包括所有种类的交易培训和疗法①。但是，它们也包括一些更加常见但是同样有效的合作方式。因此，现在，商业午餐、研讨会和会议等都被看成是商业的基本元素。然而，它们都需要被创造出来。譬如，作为营销方式的社会活动或研讨会可能是由麦肯锡的马文·鲍尔（Marvin Bower）发明出来向目标客户销售服务的，该活动于 1940 年首次举办，名为"临床晚餐"（Clinic dinner）。商业战略的会议作为一种开创顶尖的公司管理或与其保持步调一致的方式，可能开创于 20 世纪 60 年代，出自波士顿咨询公司的布鲁斯·亨德森（Bruce Henderson）之手。②

以上三个网络并不一定是相互抵触的。它们在绝大多数的商业企业中保持互动，有时相互抵触，有时在磨合中并存，有时协调一致。三者的互动产生出新的实践。例如，新形式的经营指标最初的兴起就可以被看成是这些最具重大意义的实践之一，它们可以被看成是簿记文化向人文主义网络的发展，例如，"审计文化"的兴起。③ 然而，它们同样也可以被视为人文主义的形式向簿记网络的散播，但是，它们更有可能被看成是一种混合物。因此，所谓平衡记分卡方式④，通过强调"更加柔性"的价值，如领导力、人力资源管理、商业流程管理、客户和市场导向以及信息利用率与质量等一整套商业成功的指标，而对标准的金融经营指标进行补充。反过来，这些柔性的指标会进一步被拆分为更细致的标准，比如，在一家英国的金融服务机构：

　　　　记分卡在每个部门的台式电脑上都有展示。每个部门的管理者只

---

　　①　Heelas，1996；Brown，1997.
　　②　O'Shea and Madigan，1997.
　　③　Power，1997；Strathern，1997.
　　④　Kaplan and Norton，1996.

能看到自己部门的信息，每个区域或地区的管理者也只能看到相关区域或地区的信息等。标题屏幕浓缩展示着每一个区域的数据。例如，客户服务调查包含了 50 项内容，但是，这些被压缩成了区区 5 点。然而，剩下的内容可能再需要 70 个屏幕才能将数据完全展现出来。[1]

如果整体要正常运行的话，那么每一个部分都必须是有效的。它们必须与"一个'明确的目标'保持一致，以积极的、最好是带着感情的方式进行书面表达，创造一个正面的形象"[2]。另外一个例子是"关系软件"的兴起——这些系统不断地提取客户的个人信息，因此，它们能够支持个体间更高层次的互动。这个例子可以从两个方面进行解读：作为簿记文化向人文主义网络的发展，或者相反，更有可能，这又是一个混合体。

三、"现在，似乎任何人都可以拿着电脑写出一本商务书并赚几个钱，这的确是我所希望的"：反思性的资本主义

本章的关键点是，资本主义的理论是一种具有实践倾向的理论。但是，有趣的是，在过去的差不多 30 年内，资本主义商业已经逐渐发生了一种更为反思性的、虚拟的转向，这并不是一个整体性的转向，它主要集中于一些更大型的公司和那些更具活力的中小型企业中，但是，它的存在却是无可置疑的。

然而，保持谨慎是必要的。第一，我将要描述的内容绝大部分都已经直接地存在于实践理论中了。因此，对反思性资本主义的各种实践有着如

---

[1] van de Vliet，1997，p. 80.

[2] van de Vliet，1997，p. 80.

此重要意义的研讨班也是对先前实践的延伸。同样，那些在商界流传甚广
的许多成套的指导性书籍，事实上仅仅是公司流程和指南的进一步发展。
第二，反思性理论和实践性理论依然保持着紧密的关联。尽管，反思性转
向的话语通常处于最高层次，但是在实际中它不得不与实践理论重新建立
联系，如果它想带来巨大商业利润的话，换言之，反思性理论有可能在最
初就被商品化，它必须能够顶住严峻的市场考验。

　　反思转向以有广泛来源的管理理论为基础。首先，管理理论本身显然
有着长久的历史。譬如，在世纪之交，美国已经有了系统化管理的运动，
稍后一些，有泰勒（F. W. Taylor）的科学化管理。《管理评论》（Manage-
ment Review）创立于 1918 年，《哈佛商业评论》创立于 1922 年，美国管理
协会则创立于 1925 年。到第一次世界大战结束，前身是一家工程类企业的
里特管理咨询公司在其服务项目中增添了管理咨询。麦肯锡于 1925 年创办
了自己的咨询公司。

　　然而，管理理论可能是在第二次世界大战之后形成的，经过一系列包
括组织理论、经济学、实际商业操作（尤其是对一些成功案例的研究和使
用）在内的研究，稍后的其他一些"更为柔性"的灵感来源于社会学和心理
学，所有这些庞大、兼收并蓄的知识综合体的内在结合，形成了自身的理
论。现在，最明显的表现就是"商业潮流"[1]。过去的商业潮流包括目标、
质量研讨小组、即时生产理论，最近的包括商业过程的重构[2]和核心竞争
力[3]。最新的潮流包括诸如平衡记分卡制度[4]、基业长青[5]，最特别的是知
识资本[6]等观念。比如，1997 年至少两本有着一模一样名字的书面世——

90

----

① Huczynski, 1993；Shapiro, 1995；Thrift, 1997a.
② Hammer and Champy, 1993；Coulson-Thomas, 1997.
③ Hamel and Prahalad, 1994.
④ Kaplan and Norton, 1996.
⑤ de Geuss, 1997.
⑥ Nonaka and Takeuchi, 1995.

《智力资本》[①]，它们都是通过创造当下的潮流而开启当下的，它们是：

> 已经得到尝试和验证的准则的一部分。这些准则都源自麦肯锡的兼职顾问汤姆·彼得斯(Tom Peters)，《追求卓越》(*In Search of Excellence*)一书使之名利双收，这本书在它出版的大约15年间成为最成功的商业书籍。它获胜的方法是：从《哈佛商业评论》中摘一篇文章，将之扩张成一本书，自费出版使之成为一本畅销书，通过一家咨询公司将它所有有价值的思想推向市场。[②]

尽管潮流周而复始犹如四季交替，这只是反思性商业知识系统的最为可见的一部分，更多的知识主要通过咨询师、持续的课程和研讨班进行传播。

85　　这一自己创生的系统是如何产生的呢？有四个不同的原因。第一个原因是一些连锁的公共性机构。我在别处曾对之进行过详细的探讨，它首先由商学院组成，当然，商学院已经存在了一段时间了。例如，最早的沃顿商学院于1881年成立于宾夕法尼亚大学，芝加哥大学和加利福尼亚大学也都在1899年成立了商业本科学院，纽约大学、达特茅斯学院和哈佛大学也在随后的10年内纷纷建立自己的商学院[③]。但是，它们的盛世直到20世纪60年代才到来。最近，美国每年又有超过7.5万学生被授予MBA学位，是1960年学生数的15倍。每年，全球有25万人参加MBA课程的考试——GMAT。[④] 商学院以三种方式生产着新的，更具反思性的知识。第一，它系统化并重新生产了现存的商业知识。例如，案例学习法作为对商业进行反思

---

① Stewart，1997；Edvinsson and Malone，1997.

② O'Shea and Madigan，1997，p.189.

③ Mark，1987；Micklethwait and Wooldridge，1996.

④ Micklethwait and Wooldridge，1996.

的方式曾经一度在哈佛商学院受到追捧。第二，它对现存的学术知识进行新的合成并将之吸纳入商业贸易中。比如，组织理论进入商业实践中的主要渠道为，经由诸如《管理科学季刊》（*Administrative Science Quarterly*）等杂志进入商学院和商界之中。第三，它通过生产出不同的交易模式以及未知的知识而生产出新的知识来。例如，与已经有过商业经验且更为成熟的MBA学生的近距离接触意味着学术知识要接受考验。

另一种设施就是管理咨询机构。从 20 世纪 60 年代起，正如商学院一样，管理咨询机构呈大规模增长之势。这些机构积极地交换着反思性的知识，且这一趋势越来越显著。例如，安达信会计师事务所 1996 年的总收入是 5.3 亿美元，全球约有 3.8 万咨询顾问，它在自己拥有的"大学"为成千上万的学员提供培训，并逐渐开始举办会议和录像会议。伊利诺伊州圣查尔斯市的一所先前女子学校，现在已经成为安达信的咨询学院。由于安达信看好信息化空间会不断增长，其咨询顾问通过整合企业商业知识所在的全球知识共享网络计算机通信系统进行交流。现在，它已经在其科技中心帕罗奥多附近建立"思想领导力"中心。但是，问题依然存在：

> 无论咨询顾问销售的产品是什么——裁员、增长或别的——这些产品事实上都是观念。问题在于，咨询所销售的观念并不一定是新的，当然也不总是前沿性的。咨询是一个特殊的行业，因为它的知识的建立以客户的实际经验为代价。从一个更严格的角度看，毫不夸张地说，咨询公司通过吸取客户的经验对之进行整合，并以其他形式重新销售给别的客户（有时也并不进行深度的包装）来获得巨大的利润。①

最后一种设施就是管理学大师。尽管他们先前也存在，彼得·德鲁克

86

---

①　O'Shea and Madigan，1997，p. 13.

(Peter Drucker)就是一例。但是，直到 20 世纪 80 年代初期，这些大师们才在汤姆·彼得斯的新的高效能管理理论的引导下逐渐形成。[1] 现在，许多咨询顾问都拥有自己的非常成功的咨询公司[2]。管理学大师最集中地体现着管理学的潮流，他们的使命就是生产，以及更重要的是，通过有效的方式启发读者来传播这些潮流。

第二个原因是媒体的发展。反思性商业理论的增长与媒体有着直接的关联，管理学已经变成一种文化产业。尤其是，商业潮流依赖着媒体的活力，潮流只有找到自己的拥护者才能蓬勃发展。[3] 当然，这一点在很早以前已经达成了共识。但是，它与媒体的重要关联却是在彼得斯和沃特曼的《追寻卓越》畅销之后才建立。该书出版于1982年，此书对市场的潜力进行了描述。从那时起，每年都有大批的管理学书籍、磁带和录像带面市。

> 1991 年麦格劳—希尔出版社出版了 25 本商业书籍；1996 年则是 110 本……据估计，哈佛商学院出版社在过去的四年内出版量翻了一倍。英国仅 1996 年一年就出版了 2931 本书籍，而 1975 年则出版了区区 771 本。[4]

在专业人员代笔的情况下，这些书籍可以将管理与人们生活的方方面面关联起来，从爵士乐[5]到黑客[6]，无所不包。

商业媒体有自身的制度结构。它由许许多多不同的机构共同构成。首先有各种各样的出版机构，包括商业专栏和商业期刊，其次还有书籍的出

---

① Micklethwait and Wooldridge，1996.
② e. g. Michael Porter's，Monitor.
③ Jackson，1997.
④ Crainer，1997b，p. 38.
⑤ Kao，1997.
⑥ Phillips，1997.

版发行。最后还有无线电广播、电视节目和录像。管理学理论的迅猛发展
离不开与媒体的紧密关联。例如，荣登畅销书榜首的那些书籍，或者作为
管理学大师的主体性展现，或者得到管理咨询顾问的热捧。这些管理学大
师和咨询顾问通常就是这些书籍的作者，或者是合著者之一。同样，期刊
的数量也越来越多，以帮助管理咨询师们推销自己的观点。还有另外一些
机构由媒体咨询顾问和出版商构成，他们与媒体互动以图向之销售自身观
点。对于这些机构而言，1980 年贝恩咨询公司与出版商的合作是一个具有
标志性意义的事件，咨询顾问对出版业保持冷漠态度的最后一道堡垒也被
攻破了。尽管贝恩咨询公司在迫不得已的情况下承认了媒体报道对于他们
业绩的必要性，这一必要性却经由一些管理咨询顾问的传播而受到了广泛
的重视："美世咨询的罗伯特·杜波夫（Robert Duboff）说，'十年之前，如
果我建议做广告，我会被射死；五年前，我会被鞭子抽'。"[1]最终，商业观
念找到了它的拥护者，关于它们我们却知之甚少[2]，但是，它们为数众多
且发展迅速，对于这一点我们不必怀疑。

　　第三个原因是商业实践的增长，以及一些旧的实践形式的转型。有三
种实践形式尤为突出。其一是人力资源的全部领域。从 20 世纪 70 年代起，
人力资源管理就已经成为绝大多数公司的主要部门。另一个是市场营销的
增长，同时增长的计算机和心理学为之注入了动力。尤其是，消费心理学
在 20 世纪四五十年代的兴起使得营销越来越带有一种心理学特征[3]。最后
一个实践形式是对领导力、通信和其他"柔性技巧"兴趣的增长，例如，现
今有一种对情感和情感领导力的极大的兴趣。[4]

　　第四个原因就是动力问题。一旦系统成为自创性的，它就获得自我前

87

---

① 　Wooldridge，1997，p. 16.

② 　Thrift，1997a.

③ 　Miller and Rose，1997.

④ 　Cooper and Sawaf，1997.

进的动力。譬如，越来越多的商业人士在诸如商学院等机构接受教育，这些机构传授反思性的管理理论，并因此提供了现成的拥护者。再者，当这些商业人士被委以重任时他们可能需要这些技能，并因此将具有反思性理论的有经验的候选者推入系统之中。同样，日益增多的管理者们进入管理咨询企业工作，无论如何，"对管理学理论有兴趣的老板，无论是在商学院还是在咨询公司工作过，比那些没有此种经历的人更愿意听取咨询师的建议"①。

四、"好观念都有翅膀"：反思性资本主义的全球化

有一点可以肯定的是，这些机构设施，以及使之得以运转的管理学观念，正在迅速地全球化。我们有必要对反思性的资本主义是如何散播至全球的，进行一些细节性的考察，为了达到这一目的，我将以亚洲为例。

当然，亚洲有非常不同的商业传统，这一点不容忽视。它的贸易网络几千年来有着广阔的空间布局，它的理论网络也已经存在了几百年了，主要是以算盘和土生土长的簿记的使用为基础，对此直到最近才有比较全面的研究。② 亚洲各国的经济伦理（诸如"合理性"）各有差异，但与西方国家不同，它们在更大程度上都依赖于家庭。正如卡里尔③、古迪④以及其他一些学者所指出的，这一描述通常被看成是东方和西方的差异性标志（也作为集体主义和资本主义的个体主义的概念相区分的例子）。

但是，如果亚洲的商业历史是有别于西方的，我们应当记住这只是一个相对的判断。亚洲也同世界的其他区域一同分享着它的经济历史，它从

---

① Wooldridge，1997，p. 4.
② Goody，1996.
③ Carrier，1995.
④ Goody，1996.

来都不是一个封闭的经济领域。因此，毫无疑问，亚洲也被拖拽进了反思性的资本主义实践中。物理和电子通信的大规模增长，以及因之而生的普遍互联性是这一实践的有力支撑；经济成功带来的问题，比如，商业组织规模的不断扩大，家族企业对于成功管理的需要[①]，管理者的普遍缺乏，都使得亚洲企业主要通过在亚洲重建反思性资本主义的机构来进入这一实践。

在亚洲，商学院是一个相当新的发明，最早可以追溯至 20 世纪 60 年代或 70 年代晚期。许多亚洲人仍然求学于亚洲以外的商学院；的确，最近亚洲的商学院已经无法满足 MBA 的急速上升的需求。但是，亚洲现在也拥有不少商学院，而且这一数字还在一直攀升，越来越多的亚洲人进入这些学院学习深造。许多商学院都是严重超编的，尽管学院的收费通常远高于当地的平均收入，例如，1996 年，印度有 4 万名学生参加了 6 所印度管理学院的入学考试，但是仅仅有 1000 人被录取。同年，中国有 4000 名候选者申请了上海的中欧国际商学院一个为期 20 个月的 MBA 课程，但是最终仅有 65 位被录取。[②]

管理咨询业是亚洲另一个重要的机构设施。直至最近，该行业在亚洲的拓展都是相当偶然的。例如，麦肯锡就在最近才在曼谷开设了一个办公室，然而，

> 波士顿咨询公司在东京的办公室要早于在伦敦的办公室，这是因为其中一个合伙人詹姆斯对日本颇有好感。博思艾伦咨询公司在 20 世纪 80 年代初就到了印度尼西亚，因为该国家最大的银行之一——印度尼西亚国家银行——的负责人曾到过该咨询公司在纽约的办公室，并

---

① 　Dumaine，1997；Hiscock，1997a；1997b.
② 　Micklethwait and Wooldridge，1996.

邀请他们为他工作。①

然而，绝大部分管理咨询公司都有亚洲拓展的计划，对某些国家的拓展要远早于另外一些国家（例如，日本的市场渗透能力仍然比较落后），但是，这些拓展计划也被一系列的问题困扰。第一，对于那些总是担心财源外流的家族企业控制着的市场而言，建立无形的产品是有难度的。那些"企业总部的先驱们，雇佣当地人，创建一个遥远的分部，并使之可以自负盈亏"，这可能需要十年甚至更久的时间。② 第二，当高素质的人才紧缺的时候，招募和保留员工就变得很困难。同样，由于管理咨询公司雇佣并培训当地的青年才俊，这些人才的市场价值毫无疑问会得到提升，留住他们就变得更加困难。第三，在西方和本土的员工之间保持平衡是必需的。然而，管理咨询公司所强调的多元文化并非易事：许多来自正在崛起的市场的客户宁愿听取外国人的建议，尤其是那些"中国的家族企业，他们更愿意相信有着灰白头发的西方人，而不相信刚从商学院毕业的中国 MBA 学生"③。第四，咨询顾问也很难公开这些家族企业的活动：许多亚洲的客户不愿意让他们的名字在公司公开出现。

然而，尽管有着重重困难，管理咨询公司在亚洲依然增长迅速。比如，安达信在亚洲有 4000 名雇员，麦肯锡在印度的办公室是该公司全球增长最迅猛的分部。④

管理学大师在亚洲的影响力也在不断提升，的确，对于他们中的许多人而言，亚洲是他们最重要的也是经常往来的地点之一，奈斯比特的《亚洲大趋势》（*Megatrends Asia*）一书就是代表。有一些超级大师会定期访问

---

① Wooldridge，1997，p. 6.
② Wooldridge ，1997，p. 6.
③ Wooldridge，1997，p. 6.
④ Micklethwait and Wooldridge，1996.

亚洲，比如，汤姆·彼得斯最近以每天（通常是 7 小时）9.5 美元的收费在亚洲开设研讨班，包括印度在内。[①]

> 对于许多西方的管理学大师来说，亚洲演讲之旅的诱惑正如音乐的多样性对于先前的摇滚歌星一样。他们收益可观，一期研讨班 2.5 万美元，听众为数众多又相对没有鉴别力，同时，他们还有可能寻得一两则亚洲的趣闻逸事，以备回国之后作为其课程的谈资。[②]

接下来就是亚洲广大的商业媒体。除了商业导向的报纸之外，该区域还拥有一套范围广且活跃的杂志商号，例如，《亚洲企业》，同时西方的商号也在此地有巨大的市场。

随后，商业观念在亚洲已经得到了广泛的传播，其中三种观念最为突出。第一种观念是，标准的自我完善观念，它强调领导力、自我规训以及其他技巧。这一类的书籍明显畅销。例如，张瑞敏，中国海尔集团的总裁及执行官，该企业在中国、马来西亚、印度尼西亚和菲律宾的公司共拥有 13000 名雇员，主要生产家用器具。海尔集团以其扩张性的管理方式著称，张瑞敏本人也因此成为中国为数不多的知名管理者之一，[③] 他告诉《金融时报》的记者：

> 他对美式商业思维有着浓厚的兴趣，作为西方商业书籍的热心读者，张先生刚刚读完了彼得·圣吉的《第五项修炼》（*The Fifth Discipline*），他对书中所谓"以培养人才为目的的商业"的观点颇为赞赏。

---

①　Crainer，1997a.
②　Micklethwait and Wooldridge，1996，p. 57.
③　The Economist，20 December 1997，p. 119.

　　第二种观念是商业潮流和时尚。例如，商业流程重组的圣经《重构公司》在全球范围内销量达 1.7 亿册，其中亚洲销量 500 万册。有少数一些公司参考了本书的方法，其中不乏亚洲的例子。

90　　　第三种观念是地方性的，以亚洲，尤其是日本的经验为基础。[①] 同时，这些观念催生出本土的管理学大师，日本最著名的有大前研一（Kenichi Ohmae），他曾在麦肯锡工作，以及最近的野中郁次郎（Ikujiro Nonaka），他与竹内弘高（Hirotaka Takeuchi）合著的《知识创新型企业》（*The Knowledge-Creating Company*）也是该领域的畅销书之一，以及现在在欧洲工商管理学院任教的韩国管理学大师伟灿（Chan Kim）。

　　这三种观念给亚洲的管理者们带来的影响或许还有争议，但是，它们已经开始产生影响这一点却是不容置疑的，例如：

　　　　1995 年对广大泛亚洲商业人士的调查表示，几乎一半的参与者都买过近两年之内西方管理学作者的著作，尽管，同样令人惊讶的是，差不多同样数量的人承认他们至今仍未读完。[②]

　　结果，这些观念已经逐渐地不再被看成是纯粹西方的文化形式了。随着反思性资本主义的机构设施在全球经济增长的诸多地区，尤其是亚洲地区的拓展，这些观念同时在世界进行着更新和生产。

五、结语

　　总之，反思性理论已经融入商业世界之中，并制造出一种先前并不存在的虚拟领域，这一领域不同于实践性的商业理论，但却是它的补充。然

[①]　Hampden-Turner and Trompenaars，1997；Chin-Ning，1996.

[②]　Micklethwait and Wooldridge，1996，p. 57.

而，与散播于人类生活其他领域的虚拟主义相比，资本主义的虚拟环境主要有两个方面的区别。第一，如上文所指出的，它总是与实践理论紧密相关。结构性的原因决定了反思性管理理论必须是脚踏实地的，尽管它现在也在形成着自己的机构设施。第二，与第一点相关，反思性商业知识是施为性的。所有知识都内在地包含着体现性表演的倾向，在特定的语境中这一倾向是知识以及知识所蕴含的信仰的一部分。因此，比如，科学家在他的实验室中，学者在他的讲台上，等等。但是，反思性商业知识具有一种特殊的表演特征。首先，它以对沟通和陈述的具体技巧的培训为基础。这种培训几乎遍布商业生活的所有方面，[①] 以这一点为基础，其体现性的表演倾向对商业知识的交流传播起着越来越关键的作用。无论是由管理学大师或是知名度远不及他们的人主办的管理学研讨班，都是商业生活的基本组成部分。在全球许多地方，无论何时，这些研究性的互动活动都正在进行着。[②] 其次，与其他形式的虚拟知识相比，管理学理论更加依赖表演和书本知识的积累，这二者并不是相互排斥的，相反它们都是生产和通信链条的一部分。最后，管理学理论本身强调将其体现性的表演倾向看成是商业日益强大的"人力资本"的重要方面：这一实体的表达潜力必须被加以利用，因此，社会关系的发展过程必须被作为商业资源而独立地利用，反之，这意味着对自身以及他与他者通过身体相互关联的能力给予更多的关注。

换言之，毋庸置疑的是，现在某种与虚拟资本主义同源的东西已经存在，也许它开始首次生产出一种资本主义的"国际性语言"，然而，商业的实践秩序依然是这一虚拟主义不可动摇的基础。

91

---

① 　du Gay，1996；Kerfoot and Knights，1996.
② 　Thrift，1997a.

第五章

危机边缘的文化：在全球范围内重建资本主义的精神

你的管理者从哪里来？来自那些要人吗？……管理型人才正处于匮乏的状态……我们必须开始进行尝试。最简单的事情莫过于给空白的大脑灌输知识使之接受教育，这一点我们已经做了。接下来是较困难的一步：让那些有知识、擅于计算的头脑变得更擅于创新，更具创造力，这并非易事。这需要转变思维模式以及采取一套不同的价值观。①

一、引言

资本主义的发展过程中始终伴随着一种现象，即商业机构总是影响着人们对商业实践的认知，它们不仅传授知识，而且试图对之进行编码和改进，并因此产生新的行为模式。然而，自20世纪60年代起，这一过程随着商业知识机构相互结成一个正式运行的"资本主义文化回路"而开始加

---

① Lee Kuan Yew, quoted in Hamlin, 2002.

速。① 资本的文化回路能够带来持续的语言和实践上的改变，以强大的力量塑造着人们的工作生活，并且，它有可能带来一种更广泛的文化模式，以此来影响人们生活的其他各个方面。的确，毫不夸张地说，马克思列宁主义曾经在世界广大范围内对人类的经济、社会和文化等领域进行全方位的改造，现在已经传递给了文化回路。这些瞬息万变的意识形态的产物就是资本主义的代表。

然而，我们不能停留于此。因为这个世界的语言和实践的原则正在逐渐与国家行动交织在一起，产生着新的政府行为，并更新着对合格公民的定义。换句话说，与管理者和劳动者相称的那种主体地位现在正在逐渐等同于公民的主体地位（也许还包括其他行动者，如移民劳工）。在这些原则更容易被付诸实践的世界性城市组成的网络中，这一点更是如此。②

反之，我们也开始看到今天全球性公司是如何发挥其威力的。通过资本文化回路的转译，国家政策的话语风格与企业的话语风格越来越趋近一致，它们共同的期待就是这个世界如何以及在何种条件下能够展开自身。然而对此，我们应当持更为谨慎的态度。资本文化回路的相关成果倾向于将这个世界看成是变化迅速的、不确定的、难以预测的，总是处于危机的边缘的，这种思维结构对于统治权而言是一个不小的挑战。

那些作为对资本主义文化回路的弥补的各种"计算"中心（如果"计算"这个词最为恰切的话），也许最应该被看成是政府权力移动的聚集，这一权力通过严格的短暂性描述和归因而得到增强。它是一系列永恒变动的事物的聚集（经过文化回路语言和实践的影响而筛选出的事件的原材料是其沃土），并持续地产生着新的变动。

我们想在德勒兹的意义上使用"聚集"这个词，以表示我们不希望将这些计算中心看成是同质的和紧密交织的结构，或者甚至看成是松散连接的

94

---

① Thrift, 1997a; 1997b; 1999b; 2002.

② Olds, 2001.

构造，而是将之看成能够对特定的人口、领土、情绪、事件等轻易地产生影响的"功能"。因此，它们不会被看成是主体，而被看成是"某些在发生的事物"①。"聚集"不同于结构之处在于聚集由共同发挥作用的"共生性因素"组成，这些元素之间也许迥然不同（但是，却拥有"便利协议"），它们同其他聚集体共同进化，并最终变成为双方所共建的某种形式。因此，它们并不是在某种严格因果模式的影响下发挥作用的。

"聚集"概念的变化转而为空间留出了相当大的余地。"聚集"的运作方式会根据当地的环境变化而产生巨大的差异，这不是因为这一概念的主导性结构能够不断地适应特定的环境，而是因为这些表现本身就是"聚集"的组成部分。事实上，资本的文化回路使得适用于不同环境的知识能够更加畅通无阻（也更加迅速）地进行传播，对于先前受限于某一个地方的知识而言，它拥有更大的话语权，它正在适应这种由数不清的地点和特殊的路径所组成的传播方式。

在本章中，我们将集中关注其中一个地方，它曾经试图将自己塑造成商业知识的一个"世界性的校舍"，即新加坡，一个拥有3900万人口的城市国家，一个资本主义文化回路和国家共同企业利益快速发展的实验室。但是，尽管新加坡是一个非常极端的案例，它所开辟的轨迹——朝向一种充满活力的乌托邦——却是许多西方国家和一些亚洲国家（例如，印度和马来西亚），在很大程度上想要竞相模仿的对象。在这个国家，政府通过游说使人民成为它的优质资产——一种反思性知识类型的人民宝藏（在矿藏的意义上），因此积累也就成为生活的重要内容。

95   因此，包括引言在内本章共分为五个部分。在第二个部分，我们将继续对资本的文化回路进行探讨，主要聚焦于作为这一回路的关键节点的商学院所扮演的角色。第三部分，我们将新加坡看成是一系列已经在文化回

---

①　Deleuze and Parnet，1987，pp. 51-52.

路中进行传播的观念试验场，在某种程度上，它也是这些观念的源头。第四部分关注的是资本的文化回路与国家之间的现实的协调过程，在这一过程中，从1998—2000年，新加坡正式建立了一系列的世界级顶尖的商学院。最后，对于新加坡的管理经验的未来方向，我们提出了一些推论。因为，本章对这一问题的思考旨在一个更宏大的目标——为将新加坡转型成为"企业的生态系统"打下基础，这不仅仅是为了新加坡，而且是为了整个亚太地区。[①]

二、资本的文化回路

这个世界的界限也许是由境遇性的行动、不断学习的经验和应激性的制度回应所组成的，它处于持续的变动中，但是，这并不意味着它不能被结合为一个整体。从20世纪60年代起，一个令人印象深刻的将之集合在一起的方式就是一系列产生和散播商业知识的机构之间的连接。尤其是从三种不同的机构（管理咨询机构、管理学大师，特别是商学院）连接中所产生的回路。这三种机构永恒地处于媒体的包围中，且媒体本身就是这一文化回路的重要组成部分。

管理咨询师起源于19世纪晚期20世纪早期，然而直到20世纪60年代，随着贝恩、麦肯锡等公司开始融合成巨型的咨询公司，管理咨询师才真正流行起来。他们凭借自己汲取观念并将之付诸实践的能力（知识再从实践中返回理论）而成为重要的知识生产者和传播者。

商业知识、管理学大师和几乎所有管理咨询师的雄心都是管理咨询公司的推动力量。管理学大师们将商业知识作为他们自身的各个部分进行打包，[②] 尽管他们在20世纪80年代之前已经存在，但是直到彼得斯与沃特

---

① ERC，2002b.
② Micklethwait and Wooldridge，1996.

曼的《追寻卓越》问世，他们才迎来了繁荣的时期。用彼得斯的话就是"一把 20 年前就发射了的禅宗枪"。管理学大师们通常将表现特殊的经商之道具体呈现出来，他们一方面传授新知识，同时对那些听众们已经知道但是需要被表达出来并进行确认的知识，给予确认。逐渐地，管理学大师们也传达一些道德规范："他们不仅告诉管理者们应该如何管理企业，同时也告诉他们怎样才能成为生活充实、幸福和拥有道德自觉性的公民。"①

然而，现今生产和散播管理学知识的首要渠道却是商学院。尽管那一小部分优秀的商学院于 19 世纪末 20 世纪初形成于美国，但它的迅速发展却在那之后的 20 世纪 40 年代，以 MBA 课程的发展为基础。在世界的其他地区经过了一段时间的缓慢发展，直到 20 世纪的五六十年代，商学院才首先在欧洲随后在亚洲创立并蓬勃发展起来。现在，每年数十亿美元的收益，使得商学院成为全球广大商业教育领域最明显的标志。

商业知识的生产者必然对新知识有一种渴望，因此，正是对新知识的不断传递保持了体系的运转，这意味着管理大师们拥有一个知识的中央系统，可以根据各地的具体情况而利用，并在全球范围内移动变化。因此，如"复杂性理论"②或者"实践的共同体"③等观念，可以与那些既定的资源相结合，这些资源为了稳定起见通常驻守着世界的特定方面。但是，由于绝大部分商业知识拥有明显的普遍化倾向，商学院往往会设计出针对实际企业策略的丰富的研究案例，这些案例通常强调企业和市场流程中社会空间的维度。案例分析方法是许多商学院最常用的方法，在顶尖的商学院如哈佛商学院、毅伟商学院、达顿商学院，以及法国的欧洲工商管理学院，它们共同设计出超过 1.5 万个案例，现今，这些案例在商学院的教室和企业培训中心广为流传。基于商学院与企业之间的相互依赖关系，相对而言，

---

①   ten Bos，2000，p. 22.

②   Thrift，1999b.

③   Vann and Bowker，2001.

与绝大多数的社会学家相比，全球经济商学院的教师是更首要的"改变者和塑造者"①。

商学院所追求的知识必然是广泛的知识，包括所有类型的功能性知识——从会计学和金融学的准则到逻辑学，也包括组织和策略方面的知识，甚至还包括一些主题化的知识——例如，如何成为一个"全球性的领导者"②。但是，无论哪一种，它实际上所追求的是一种通过对现状的批判来不断适应现实的过程。③ 资本的文化回路所产生的反馈路径旨在为危机的边缘状态——"混乱的边缘"创造一种动态的平衡。

媒体能够来回穿行于这套行动和观念之中，并以自己特殊的方式传递、放大并生产着商业知识。通过广泛的现成的各式各样的公共和特殊媒体路径，以及广大的公共和特殊媒体中间商——他们试图将自身的观念通过上述媒体路径进行传播——媒体促进观念的生产。《金融时报》等期刊也通过它们的常规调查和排行榜来对机构的行为产生多方面的影响。此外，商业知识也通过各种会议、研讨班和论坛等被不间断地生产出来，因为聚会本身日益成为一种宣传的方式和自售自卖的商品。

通过这些组成资本文化回路的不同类型的机构，零散的知识被聚拢并集中起来，实践知识和技巧（包括如领导力在内的柔性技巧）被进行编码，烦冗杂乱的信息被切割和简化，大量的数据被转变为易操作的微小数字。但是，有三点必须进行说明。第一，我们的意思并不是说这样产生的知识多多少少是不真实的，比如，它总是被"潮流"包围，千方百计想要获得那种被研究的客观性学术知识和随偶然性不断变化的管理学知识之间的硬性、明确的界限在很早以前就已经打破了，打破这一界限的是相对主义者和准相对主义者对知识采取的外在化的态度，以及学术与商业知识之间的

97

---

① Dicken，1998.
② Roberts，2002.
③ Boltanski and Chiapello，1999.

不断渗透的过程。但是，第二，这也不意味着管理学知识是中性的。这种工具化的商品化过程催生了管理学知识，与之相伴的是一系列高度政治化的、令人无可置疑的价值观，[①] 这些价值观隐藏在新自由主义的政治中并被散播至世界各处。第三，学术和管理学的知识越来越分享着共同的价值观：将世界看成是处于不断翻转的、时不时地处于危机边缘的；将幻想看成是构成知识的一个关键因素；认为知识的使命在于对诸事件的偶然性进行推敲。

对于管理学知识，我们想要强调的一个因素是，它不断地尝试去生产新的、更适合的主体——我们也许可以称这种主体为"灵魂体"——以使之适合于现在的，特别是未来的积累体系。为了追求表现效果，劳动者和管理者都必须被重新塑造，当然，这种工程并不是什么新鲜事。泰勒和另外一些人曾筹划过对身体方面的改造，他们相信通过这种方式在 19 世纪末就能产生出更好的劳动者。同样，到 20 世纪中叶，人们开始期待管理者们能够以更好的方式展现自身，成为更优秀的领导。然而最近，如此明确地将管理学知识作为中心的"灵魂体"不断突显，呈现出一种紧急的态势，这一方面是人力资源部门不断增长的权力推动所致，另一方面是由于与这一现象相关的知识和实践的增长所致。尤其是，我们可以看到，人们对生产"知识渊博的"主体的努力所投射的巨大关注——利用隐性知识制造实践的共同体使人们在活动中不断学习，带着情感工作并充分地发挥情感的作用，理解琐事所表现出来的时间和空间等。换言之，资本的文化回路正在开始生产出一系列"对灵魂进行治理"[②] 的部分连贯的实践。这一回路是工具性的，它所生产出的主体，一边将世界看成是不确定、充满风险的，一边又能够以营利的方式、通过使用特定的强有力的机构带给世界安定。这些机构无不是充满创造力的、具有创业精神的和营利性的。

---

① Vann and Bowker, 2001; Dezalay and Garth, 2002a.
② Rose, 1999.

三、国家及国际校舍

当然，生产灵活又具有上进心的主体也能够给其他组织带来利益，而不仅仅是给国家。正如前文反复提到的，现今随着国家与跨国企业的利益趋于一致，该兴趣也开始大肆发展起来了。它们通过强调生产适合于经济发展的主体的能力，将自身重新描述成经济发展的担保人，企业成为新的作为供给方的国家的特征与目标。今天几乎所有西方国家都接受了现代性的那套修辞和标准，它的基础是将公民塑造成积极地寻求生产的角色，非常类似于积极态度的矿藏资源。这套修辞以一些关键的管理学隐喻为基础——全球化、知识、学习、网络、灵活性、信息技术和紧迫性——这些都应该被整合进那种新的拥有强大意志的主体中，他们的辛劳将给国家的经济竞争注入动力，也将带来更加充满活力的公民。

许多亚洲国家都带着美好意愿将知识经济的修辞学引进本国。因此，除了看似产生这一修辞学的明显经济优势之外，知识经济的修辞学尊重并缩小种族差异，并提供一套无威胁（或者让人挑不出毛病）的民族主义的叙述。[①] 也许在这些国家之中最热衷的参与者就是那个家长制的但最终成为实用主义国家的新加坡[②]，一个独立于1965年的城市国家。的确，有观点认为，新加坡已经使有基础的管理学理论成为现实，那些大型书店中密集成排的管理学书籍中所包含的幻想已经体现在该国家的公民和"拥有专业的技术"移民者身上，这种观点也不无道理。在新加坡，积累通常被看成是一生的工作和一种对自身生产的热情（对消费的热情——新加坡人被看成是"专业消费者"）。

在外界的影响下，新加坡适时地调整其经济政策。在这一过程中，这

---

① Bunnell，2002.

② Low，1999.

个"现代的集权国家"奉行着一种独立后"生存第一"的话语：包括现实中的和人为的对国家领土狭小和对马来西亚、中国香港及近期与中国不可避免的竞争等的频繁的隐喻；传统地理优势的日渐丧失（如港口）、自然资源的缺乏，以及因此产生的对其人民的依赖。1997—1998 年的亚洲经济危机似乎验证了这些担忧。在此次危机中，尽管新加坡仅处于危机的边缘，但是其增长率从 1997 年的 8％ 跌落为 1998 年的 1.5％。新加坡政府采取的措施也在人们的意料之中，削减了 15％ 的工资，工业资产租赁减少了 30％，放宽对金融领域的限制（允许更多的外资银行在国内银行业进行投资）。然而，尤其是在稍后的信息技术工业的衰退以及对全球经济不景气预期的共同作用下，这次危机促使新加坡的长期策略发生转变。

新加坡政府担负着重振经济领域的重任。自 1959 年起，人民行动党领导下的新加坡政府是一个依靠技术统治的"柔性专制主义"政府，贸易及工业部是经济管理最重要的正式机构。该部仅有一个行政部门——新加坡统计局——及 9 个法定委员会（半独立的资源丰富机构）在该部门的管辖范围下制定政策和程序。其中最重要的三个法定委员会是：

（1）新加坡经济发展委员会；

（2）新加坡生产标准委员会；

（3）新加坡贸易发展委员会。

新加坡的经济发展委员会[①]成立于 1961 年，负责新加坡经济发展策略的制定和执行。[②] 由于资源和人工相对富裕，它经常会受到资本的文化回路中的管理学大师和咨询师们——如汤姆·彼得斯，加里·哈默尔（Gary Hamel）和迈克尔·波特（后者从 1986 年始在经济发展委员会就职，2001年荣获"新加坡的商业之友"称号）——定期的光顾。

经济发展委员会是新加坡境内经济转型的主要塑造者和协调者，其中

---

① http：//www.sedb.com.

② Schein，1996；Low，1999；Chan，2002.

几个精选的委员会以一次性或特别报告的形式发挥着重要的指导作用。作为塑造者，他负责新加坡有经济竞争力的委员会在 1998 年发表关于亚洲危机的报告；作为协调者，经济评论委员会①是新加坡本土的国家网络和私人部门的代表，主要任务在于对经济和社会的结构转型提供建议。最新一届的经济评论委员会是由原总理吴作栋（Goh Chok Tong）于 2001 年 10 月创建的，旨在"对我们的发展策略进行深入地考察，并形成经济重构的蓝图，以使我们能够安然度过目前的衰退"。该委员会的组成：九位政府或政府职能机构的成员、两位联合国代表以及九位私人部门代表[包括欧洲工商管理学院新加坡分校的校长阿尔努·德·梅耶尔（Arnoud De Meyer）]。阿尔努·德·梅耶尔同时也在经济评论委员会的下属服务性产业委员会任职。

现在的经济评论委员会在 2001 年被赋予相对新的指令，在 20 世纪 80 年代中期，创建经济评论委员会的最初目的是使服务部门能像制造业一样高效，从而使经济发展更加多样化，于是在一个城市国家内发动了"双引擎"②。这一服务导向的计划随后便同"知识经济"的隐喻融为一体，后者自 90 年代起开始在全球范围内进行传播。正如科艾（Coe）和凯利（Kelly）在谈到新加坡的案例时所说的，"知识经济"的说法首先出现在 1994 年总理的演讲中。③ 到 1998 年，这一短语已经开始在一定的范围内流传。一年之后，它已经广泛流传起来，"看起来已经成为新加坡所有部长、官员和媒体评论员的日常用语"④。

与将新加坡转型为一个"充满活力的、稳健的，以知识为动力的全球产业中心"的目标相一致，经济发展委员会也公布了与之相应的详细的"工

100

---

① 　http：//www.erc.gov.sg.

② 　ERC，2002a.

③ 　Coe and Kelly，2000.

④ 　Coe and Kelly，2000，p. 418；Coe and Kelly，2002.

业 21 条"策略，作为该策略的结果，新加坡将有能力发展：

> 以技术、创新和能力为核心的制造业和服务业。同时我们也希望在观念、人才、资源、资本和市场等方面成为中心。要成为国际的中心并参与国际化的竞争，我们需要有世界级的能力和国际性的影响力。我们的目标是使新加坡在知识型活动的竞争中处于领导中心的地位，并成为企业总部的可选地。
>
> 知识经济将更加倚重科技、创新和各种能够创造财富并提升生活质量的能力。为了知识经济的繁荣，我们需要一种能够鼓励创新和拼搏精神的文化，以及一种勇于改变和冒险的态度。[①]

正如这段引文和本章开篇处引述的李光耀的评论，新策略包含了要建构一个由一系列变化组成的集合，其中尤为重要的是主流文化的改变。而文化方面的改变意味着对新加坡劳动力的价值提升，使之通过不间断的学习而具有更高的知识水平和拼搏精神。

"工业 21 条"策略的一个重要部分就是创建"世界级的"教育部门，在引进"国外人才"的同时，将新加坡的教育机构推向国际竞争（因此促进它们提升自我），并创建一个多元化的国际教育中心以吸引亚洲地区的学生。根据这一构想，这些教育机构能够在某种程度上生产并散播知识，为新加坡本土和外国企业、新加坡本国的国家机构，以及亚洲东南部、东部和南亚地区的企业和国家提供支持。

关键在于，教育策略在很大程度上关涉资本的文化回路中的核心机构，如商学院等。教育中心在理论上应该成为一系列产业聚集群的中心，并通过其他一些相关产业，如医药、工程和应用科学等发挥作用。

---

① http：//www.sedb.com，accessed 20 May 2001.

到 2008 年年底吸引 10 个世界级的教育机构，在新加坡或独立或以与当地的机构合作的方式创办新的教育机构、一系列大型的企业培训公司，这对于教育机构的升级有着重要意义。事实上，到 2002 年年中，这一目标已经基本实现，8 个主要的教育机构都已经签署了协议（见表 5.1），其中三个是西方顶尖的商学院。

表 5.1 优秀的外国大学在新加坡的创立，依据创立时间排列（到 2003 年 8 月止）

约翰霍普金斯大学，其三个医学分部建立于 1998 年 1 月：约翰霍普金斯新加坡生物医学中心、约翰霍普金斯新加坡附属部门和约翰霍普金斯大学医院国际医学中心。这些机构促进了同新加坡学术和医疗机构的协同研究与教育。①

约翰霍普金斯大学的皮博迪学院也同新加坡国立大学合作创建了新加坡音乐学院（现在被称为杨秀桃音乐学院），协议签订于 2001 年。②

麻省理工学院，新加坡麻省理工学院成立于 1998 年 11 月，当地的合作院校有新加坡国立大学和南洋理工大学，研究主要集中于高级工程和应用计算机领域。第一期合作一直延续至 2005 年，大约有 100 名教授和 250 名研究生，这些研究生都被授予麻省理工学院的证书。新一期的合作将从 2005 年开办至 2010 年，学员将被颁发麻省理工学院的学位。③

佐治亚理工学院，其亚太物流研究中心成立于 1999 年。该中心是新加坡国立大学和佐治亚理工大学的合作项目。该中心专门培训以信息和决策技术为中心的国际物流行业，它促进了研究能力、双学位以及专业性教育的发展。④

宾夕法尼亚大学—新加坡管理大学，于 2000 年正式成立。沃顿商学院的教师在该校组织结构的形成和课程设置上起着引导作用。该校的研究中心在 2000 年拥有在校生306 名，2001 年 800 名，2003 年 1600 名，预计最终注册学生人数将超过 9000 名（6000名本科生和 3000 名研究生）。一个耗资 6.5 亿美元的校园目前正在新加坡市中心进行修建。⑤

---

① http：//www. jhs. com. sg.
② http：//music. nus. edu. sg/index. htm.
③ http：//web. mit. edu/sma.
④ http：//www. tliap. nus. edu. sg.
⑤ http：//www. smu. edu. sg.

欧洲工商管理学院，法国顶尖的商学院，2000 年 1 月在新加坡建立了它的第二个校园。该校区耗资 4 千万美元兴建了一个教学楼，为新加坡当地的教师、欧洲校区的访问教师提供全职或兼职课程以及管理研讨班。2003 年 2 月该校区共招募 MBA 学生255 名。就在当月欧洲工商管理学院决定开展第二个阶段的课程时，它将该校区的规模扩展至原来的两倍。①

102　　芝加哥大学，其商业研究院于 2000 年 7 月创建了新加坡校区，提供每期可容纳 84人的亚洲 EMBA 课程。该课程与芝加哥校区和巴塞罗那校区保持一致，任课教师也都来自芝加哥。②

埃因霍芬理工大学，其技术研究所创建于 2001 年 5 月，由新加坡国立大学和埃因霍芬理工大学共同管理。该研究所提供各种课程和项目，以图在基础工程概念和产品设计与发展等两方面保持平衡。无论在荷兰还是新加坡，埃因霍芬理工大学都与飞利浦公司有着密切的关联。③

慕尼黑工业大学，与新加坡国立大学于 2002 年共同开设了一个工业化学专业的联合硕士学位，2003 年末开设工业和金融数学专业的联合理工硕士，除了上述几个专业，新加坡的德国科学技术研究院还与之协同开设了管理培训和合同研究等专业，其中不乏大量的专业人士参与。④

斯坦福大学，其和南洋理工大学于 2003 年 2 月签署了学术合作备忘录，将在环境工程领域提供联合硕士课程。斯坦福新加坡合作教育课程始于 2003 年 6 月，将同时包括远程教育和面对面交流等不同的形式。⑤

康奈尔大学，与南洋理工大学于 2003 年 2 月签署了学术合作备忘录，康奈尔大学酒店管理学院和新加坡的国际酒店管理学院一同创建了康奈尔南洋商学院酒店管理专业。该学院于 2004 年成立，在提供研究生学位的同时也促进亚洲酒店行业的研究。⑥

杜克大学医学中心，与新加坡国立大学于 2003 年 6 月签署了学术合作备忘录，于

---

①　http：//www. insead. edu/campuses/asia _ campus/index. htm.
②　http：//gsb. uchicago. edu.
③　http：//www. dti. nus. edu. sg.
④　http：//www. gist-singapore. com.
⑤　http：//www. ntu. edu. sg/CEE/ssp/Index. htm.
⑥　http：//www. hotelschool. cornell. edu.

2006 年在新加坡创建一个医学研究院。①

　　斯德哥尔摩的卡罗林斯卡医学院，与新加坡国立大学于 2003 年 7 月签署了备忘录，双方将开设干细胞研究、组织工程学和生物工程学三个领域的博士课程。②

　　印度理工学院，于 2003 年 5 月正式通过了 2004 年创建新加坡校区的决定。该校在孟买、金奈、新德里、卡拉格普尔、坎普尔和洛基等多个城市都有校区。最近又与新加坡经济发展委员会进一步确定了具体的合作形式。

　　这一令人震惊的发展趋势依然可能持续下去：2003 年 8 月新加坡贸易 　　103
和工业部长发表声明说，一所外国大学即将在下一年内被获准，在新加坡
建立面积巨大的分校，提供从人文到工程等广泛领域的课程。这还不包括
许多公司在新加坡设立的培训机构，有专门培训金融管理和金融专家的成
立于 1997 年的纽约金融学院、摩托罗拉大学东南亚分校、英国大东电报公
司、花旗银行、荷兰银行、意法半导体公司、朗讯科技公司等。

　　总而言之，在新加坡政府看来，这些顶尖的高等教育机构在重塑当地
公民，从而在重塑其经济的方面发挥着十分重要的作用。同时，对于将新
加坡作为临时平台的 7.5 万—10 万名技术移民而言，这也是难得的机会。
问题的关键就是这个虚拟回路的创造：吸引拥有国际性人才的"最顶尖大
学"；这些人才创造出知识和拥有知识的主体；这些主体通过他们的行动
和网络，创造出能够激活基于知识工程的专业性工作。如尚达曼（Tharman
Shanmugaratnam）所说，政府正式试图创造"一个新的新加坡人种"：

　　　　我们拥有一个高效的机构和可信度很高的政府。强大的金融系统
　　和社会是我们行动的基础。现在我们所期盼的是，新加坡人民能够成
　　为更加坚强的个体，他们能够以一种国际性的视野和具体的实践经验

————————————

　　① 　http：//medschool. duke. edu.
　　② 　http：//info. ki. se/index _ en. html.

更好地适应这个商业社会。①

　　最后，当地政府认为，顶尖的商学院能够为新加坡提供与跨国企业有着密切关联的珍贵的"国际人才"。

四、协商中的国际校舍

　　然而，这些表面的事实掩盖了新加坡政府在建立这些联盟的最初过程中所获得的国际教育利益。因此在这个部分，我们将通过关注芝加哥大学商业研究院、欧洲工商管理学院，以及沃顿商学院与新加坡政府签订合作策略，来对联盟的产生过程进行探讨。该部分内容，绝大部分基于与一些人的谈话，他们都与新加坡的新商学院和新加坡国立大学有关联，或者包括从 1997 年到 2003 年在新加坡生活和有工作经验的人。

　　为了适应这些教育机构以塑造新的主体，并同时将新加坡打造成国际商业教育基地这两个目的，新加坡政府的工作重点不得不进行一些巨大的调整。

104　　首要的改变就是加强新加坡与国外大学的联系。既然教育可以被看成是一种"服务"，那么，把为"外国"消费者提供的教育服务概括为四个模式或途径将是有帮助的②：（1）跨国界的供给（如远程教育）；（2）境外消费（如国外学生在美国求学）；（3）商业资助（如对已经成立的校区进行资助，或通过联合经营的形式）；（4）亲身出席（如教师亲自到境外授课）。到了 20 世纪 90 年代中期，新加坡已经成功地实现前两种教育服务模式了。但是，从 20 世纪 90 年代中期到后期，当新加坡开始正式允许并鼓励外国学校在这个城市国家建立相对深入的商业合作的时候，变化就开始了。然而，这一

---

①　Straits Times，17 March 2002，p. 18.

②　Kemp，2000.

变化只是有选择地适用于那些被认为是"世界级的"西方学校。

"商业资助"给新加坡的教育模式带来的影响是第二种改变，一种历史理性的新的联盟降低了长期占据主导地位的英式教育模式，取而代之的是美式模式。

　　克里斯·奥尔兹(Kris Olds)：我不太确定，来自不同地方的学校是否有着不同的倾向呢？

　　江莉莉(Lily Kong)：我觉得这很有意思，因为当我们提到标杆管理的问题时，大概在三四年前，我们说的是要向英国研究评估考核系统的评估和标杆管理模式看齐。当时的副总理满怀信心地将之全面引入教育领域。我想大概是在1998年左右，它发生了非常明确又显著的向北美，尤其是向美国模式的转变，那时也曾有一种说法是要打造东方的哈佛，这不是泛指北美或者美国，而是特指哈佛大学。我们现在仿效的当然更为多元化，也更实际，但是，它当然在很大程度上依然是美国的类型。

新加坡高等教育系统正在发生的这种具有历史地理性的快速的重构，是由副总理兼国防部长陈庆炎(Tony Tan)推动的。

　　江莉莉：有一种公认的看法是，副总理陈庆炎对北美的教育系统非常了解，部分原因在于他儿子在波士顿留学，这可能影响了他对高等教育系统的看法。

沃顿商学院的贾尼丝·贝拉丝(Janice Bellace)佐证了她的观点。然而，陈庆炎绝不可能是新加坡唯一一位青睐美国教育系统的政要，资政李光耀

也曾推动美国模式以发展一种更具"企业性质的文化"，

105 　　　李光耀：英国和美国的价值观之间有着非常巨大的差异。美国是一个尚待开发的社会，总体而言，美国之前和现在都不存在阶级障碍，大家都歌颂着财富，每个人都想变得富有，也都正在努力，到处都有一种想要创办新公司和财富的急迫感。在创新和创建新的公司，并将新发现或新发明进行商业化运作以产生新的财富方面，美国是最具活力的社会。美国社会永远都在前进和变化中。在它的引导下，这个世界被专利包围起来，它还争先恐后地生产新的事物，或以更低的成本、更快的速度将事情完成得更好，同时生产率也在不断地提升。新的事物在美国畅销以后也会在全球推广。

　　　自 20 世纪 80 年代起美国在工业上大大落后于日本和德国，而此后的十年间其令人惊叹的复兴过程使我完全懂得了美国所谓"创业精神"的含义。然而，对于每一个美国的成功企业家而言，他们中的许多人都曾经拼搏过、失败过。有相当一部分人不停地尝试，直到取得成功。还有相当一部分成功人士，他们继续创造并建立新的连锁企业。美国那些优异的公司就是这样创建的，这也正是一个充满活力的经济所必需的精神。

有必要结合当时的历史情景中对以上两位公认的伟大人物进行评价：20 世纪末到 21 世纪初，美国的大学在全世界许多国家产生了越来越大的影响力。

因此，很显然，通过那些精选出来的美国人促进"创业精神"产生的方式，这一贴近美国的举动在某种程度上也是一种提升新加坡经济在环太平洋地区的知名度的努力。对于很多美国人而言，特别是对于那些顶尖商学院的教师来说，新加坡在他们的地理学想象中并不存在，或者，新加坡被很随意地看成是亚洲式专制主义的温床。

　　　　贾尼丝·贝拉丝：我想强调的是几乎没有人去过新加坡。沃顿的很多教师都去了香港，一些人到过中国。20世纪80年代后，每个人都想方设法地去了日本。但是，新加坡大家却从来没有去过。因此，对于沃顿的绝大部分教师而言，它完全不为人所知。大家反复地问："新加坡是什么样子？"在最初的两年中，最大的挑战在于怎样让沃顿的人走出去，哪怕仅仅是去访问一下。如你所料，基本上所有出去的人都感到非常惊喜。第一个惊讶之处就是它和香港不同。许多人没有料到，这里盛行着英语，这里有多么现代和繁荣。第二点是，你可以引用这段，新加坡不是一个警察国家。对于很多沃顿教员而言，他们对新加坡的印象都是基于类似《经济学家》上面的文章。我的那些同事，不明白《经济学家》杂志称新加坡是"保姆式的国家"的含义，有些误认为它就像前共产主义东欧国家一样。我让他们想一想英国的保姆是如何和孩子互动的，她教导孩子们要自我约束并提升自己。也许在美国，如果政府长篇大论要人们好好说英语，这听起来非常奇怪，但是对于新加坡人来说，总理这么说是非常自然的事情，而且，如果这对于新加坡的经济生命非常重要的话，他们甚至认为这是政府应该做的。一旦沃顿的教员参观并经历了新加坡人的生活，他们就会真正懂得什么是"保姆式的国家"。

106

　　第三个改变是关于外国教师演讲自由方面的。新加坡政府严格控制的一些规则现在需要进行一些修改——也仅仅是一些而已——为了应对学术界的担忧：

　　　　阿尔努·德·梅耶尔（Arnoud de Meyer）：我并不想指责他们，

但是他们一点也不关心那些发表在没人看的杂志上的研究成果。他们只在乎那些在新加坡畅销的非学术类杂志。更进一步说，有三个领域我们必须加以关注。第一，我们不能卷入任何会造成种族和宗教紧张的活动中，一旦我们这样做了，我们很快就会垮掉。第二，尽管他们并没有这么说，但是我知道，新加坡有两个穆斯林的邻居，我们必须要小心，我们不能冒犯他们。第三，他们大致的意思是，如果我们卷入地方政治中，我们最好收拾包袱走人……我们的教师表示：我们对以上两点没有异议，我们不会制造种族和宗教的紧张，也不会冒犯邻国，我们对地方政治也不感兴趣，因为新加坡太小激发不起我们的兴趣。因此，我们算是同意了，我们可以遵守这些规则。

　　克里斯·奥尔兹：这是一个书面的协议，还是仅仅一个口头谅解？

　　阿尔努·德·梅耶尔：这是一个口头谅解；我们没有形成文字，但是，它贯穿了我们谈话的始终。

　　梅耶尔的说法与贝拉丝和芝加哥大学商业研究所主任加里·哈马达（Gary Hamada）[1]的说法是一致的。也就是说，新加坡政府比较明确地表示了，与本土的大学和教师的政策相比，国外的教师将获得更多的自由。然而，由于新加坡国内的和宗教方面的一些顾虑，有些特殊的问题还是高度敏感的。政府的立场的确使这三个西方商学院不得不考虑，他们是否可以根据自己的学术自由政策来教学和研究。结论是，他们可以在这样一个相对更加专制的政治环境中以自己的方式开展工作。

　　这三方面重心的改变——国外大学在新加坡更深入地合作、一种不同的教育模式以及相对更加宽松的学术环境——为西方顶尖大学的结构体系在全球范围的延伸打下基础。但是，在新加坡国内获得的优先权显然并不

---

　　[1]　Boruk, 1999.

足以吸引已经迈开全球化脚步的那些顶尖大学。同时还有发展型国家的政府所提供的权力和能力（比如，有针对性的财政补贴），尽管其中带有一些官僚主义的固执和说服的成分，例如，经济发展委员会在吸引处于研发核心地区（比如，波士顿）的顶尖大学方面发挥着重要作用。然而，与新加坡惯于应对的跨国企业相比，大学相对没有那么等级化，正如经济发展委员会的服务发展部门的主任谭志明（Tan Chek Ming）所言："大家必须全部同意，只要有一个人不同意，那么就无法达成一致意见。"在这种情况下：

> 经济发展委员会团队的成员都像导游一样接待来新加坡访问的外国教员。期间最重要的事往往是这些教师和内阁总理陈庆炎——即副总理，他负责审核大学教育——教育部长张志贤（Teo Chee Hean）以及贸易与工业部长杨荣文（George Yeo）之间的会议。
>
> 谭志明强调说，这些会议是非常重要的，因为它们在给新加坡引进享有盛誉的大学时，也给那些访问者发出一种强烈的政治意向和承诺的信号。团队成员同时也是房产经纪人，他们在新加坡四处巡视，为这些国外的大学寻找合适的建筑位置，他们还为新加坡建立健全商场方面的法律和金融相关业务提供咨询服务。①

为了吸引那些商学院，经济发展委员会充分展示了它的国家化特征，使用可见的财政和别的形式的物质资源作为鼓励。例如，欧洲工商管理学院就曾在四年多的时间里共获得 1000 万美元的研究基金，加上软贷款（借贷国可用本国货币偿还的贷款）、享有折扣的土地价格（约为市场价格的 1/3）、更容易获得工作许可、住房准入，等等。芝加哥大学商业研究所通过将陈旭年故居改造成现在他们自己的"校园"获得了相当于 700 万美元的补

---

① Straits Times，24 June 2001，p. R1.

贴，最后，新加坡政府成功地资助了沃顿商学院在新加坡管理大学的分院，在研究项目、研讨班和奖学金等方面提供现金和非现金的支持。

这些形式的物质支持显然是非常重要的，在这 3 个商学院能够利用必要的精神和物质资源，在空间中建构出复杂的制度结构之前，这些短期长期的财政资助都是需要的。然而，还有一些额外的因素促使资本的文化回路进入新加坡的空间之中：这个城市国家在亚洲的战略性地理位置（以高效一流的樟宜机场为支撑，到 3 个校区中的任何一个打车只需要 20~30 分钟），对于那些侨民而言这保障了"有品质的生活"，许多校友都是新加坡人，促进跨国企业在新加坡的大量涌现。所有这些因素放在一起通常被看成是一种"国际感"或一种真正的"世界性特征"——全球化城市的特征[①]。如欧洲工商管理学院的阿尔努·德·梅耶尔所说：

我们设计了一份商业计划并最终选择了新加坡，因为它有着出众的政府对商业的支持，对于我们而言，这就是"国际感"。我经常说，你可能会这么理解，新加坡比中国香港更国际化。我记得我曾经带着两队教师和主要管理人员去中国香港、吉隆坡和新加坡访问。在走访每个城市的时候，我都会带他们走出城中心商业区。在新加坡，我带他们去参观了兀兰市组屋（公租房）的环境。我们的教员和管理者们中的一些有可能会住在这些地方，或者住在海外经济特区，而不得不与这些地方打交道。我记得当时有一个同事说了这样一段有趣的话，她说当她在中国香港的时候，在城市的外围，她觉得自己仅处于一个中国城市。当她去吉隆坡，她在街上看到印度人、马来人、中国人和白种人，但是这些人并不相互交往。可是，在新加坡的兀兰，她却看到这些人相互往来。事实上，所有的出租车司机都懂英语。这可能就是

---

① Olds, 2001; Sassen, 2001.

我们觉得在这里比较舒服的原因之一，都是如此这般的细节。

在所有情况下，选择的过程都是比较成系统的：

　　我在 1995 年 6 月开始对欧洲工商管理学院亚洲校区的可行性进行考察。1996 年，在工作之余我走访了亚洲的 11 个城市。那时候，学校的董事会给我施加了很大压力，催促我尽快完成。我们根据 6 个标准来对每个可能的地点进行考察。最开始，我们希望能够在亚洲安置我们的教员，因为亚欧中心已经开始接纳和送返教员。对于欧洲工商学院而言，建立一个亚洲校区的另外目的是使我们的教员得到发展。将亚洲校区的建立和教员的发展进一步连接在一起的想法使我们和芝加哥大学以及沃顿商学院区别开来。我们的首要标准就是这些教师们的生活质量，第二个标准与良好的通信设备有关。在我们法国校区和未来的亚洲校区之间必须有一个时区的重叠，考虑到一年中部分时间有 8 个小时的时差，时区的差异有效地排除了日本，换句话说，时区的重叠会导致在日本建立分校变得非常的麻烦。第三，我们需要一个拥有"国际化"吸引力的地方，第四，我们想挑选一个还拥有其他优秀大学的地方。我们认为，即便我们有 50 个教师在新加坡，这依然是个很小的团体，我们希望能和其他学者进行互动，这个地方应该拥有大量的流动人口，这样也会有人来访问我们。第五，我们希望选择的地方，当地的政府和商界也都能给予支持；可能还有第六个因素，即当地的"中立性质"，尽管这实质上是一个事后的评价。例如，吉隆坡就没有新加坡那么中立；同样，中国的上海也没有新加坡中立。花费其实并不在我们的决策范围，说它不相关是愚蠢的，但是它并不是一个主要因素。当我们制定出这五到六条标准，并将我所考察的 11 个城市与之相对比时，大约有 8 个城市很快就被排除了。上海由于某种非市场性的原因被排除，布达佩斯过于偏远通信不便，东京和大阪也很快落选。总之，将这些原则应用到这些潜在的城市上时，很多城市立刻被排除掉了，就剩下吉隆坡、中国香港和新加坡。但是，对于每一个城市，我们都考虑了三种发展模式。这里在新加坡，我们可以免费拥有独立的校园，在吉隆坡，我们考虑和一些大型企业联合经营；在中国香港，我们或者独自拥有免费的校园，可以获得少量的补贴，或者与一个现存的商学院联合经营。

如梅耶尔在上文最后几句话所指出的，进入新加坡这个空间的形式是多种多样的，新加坡政府允许不同的商学院选择各自的进入模式（相比于那些迫使它们从事联合经营的国家——马来西亚正是这样要求的）。尽管这三个学院（沃顿商学院、欧洲工商学院和芝加哥大学）都同时在全球范围内扩展它们的商业教育和研究项目，欧洲工商学院选择的是一个相对高风险的新的生产战略，建立一个拥有自身优先性和研究计划的全新分校（与面积较大的枫丹白露校区相比）。在风险等级的另一端是沃顿，它是通过对当地供应者提供思想影响来完成的。通过与新加坡政府合作来建立新加坡管理大学，沃顿的绝大部分风险都分担给当地政府了。最终，芝加哥的分校是介于二者之间的，它在寻找一种能够将它的现成品更加有效地输出的方式。它已经在欧洲的巴塞罗那建了一个新的附属校区，并有意在亚太地区复制这一模式。

这三种不同的模式，一方面受到了金融风险的影响，同时也受到了那些已经发展并散播的商业知识的不同程度的影响。欧洲工商学院对于商业知识看得更加异质化和制度主义，这种知识形式需要较深的地理知识和网络，比如亚洲。相比之下，芝加哥大学则拥有基于经济、统计学和行为科学的，非常明确、固定和普遍的模式。

芝加哥大学的巴贝斯（Beth Bader）说，当我们计划在巴塞罗那和新加坡建立两个国际性的校区时，我们希望提供和我们在芝加哥一样的教育成果。由于我们教师的质量与我们 MBA 课程的质量是一体的，我们认为，确保在巴塞罗那、新加坡和芝加哥提供同样质量的课程的唯一办法就是，由同样的教师来担任三地的授课任务，因此，我们芝加哥的主要任课教师分别到巴塞罗那和新加坡一周的时间去教授这些课程。每一位教师每学期去两次，每次上一周的课，而不是像我们在芝加哥校区的全日制课程一样——超过十周以上每周两次 90 分钟的课程，现在很明显，这个模式的局限在于我们不能迅速地扩展。我们在 EMBA 项目的三个方向每年各招收 84 名学生，由于师资的限制，我们没有任何扩大现在项目的规模的计划，也不打算建立另外的校区。

如巴贝斯所言，芝加哥大学通过一个普遍的项目为学生提供培训，并不需要在有着重大差异的地点之间做出解释。芝加哥大学商业研究所的副主任加里·伊品（Gary Eppen）说得更为直接："需求弧线在台湾并没有下滑，但是，它在全世界都在下滑了。"芝加哥大学商业研究所教授说，"你在各处都可以使用基础的概念"[1]。　　　110

五、结语

本章描述了资本的文化回路是如何与国家建立联盟，并因此日益卷入全球地缘政治干预中的。这些干预产生了新的统治形式，给予知识和进取主体的大规模生产以特权，这些主体能够同时最优化他们同自身和工作之间的关系。我们特别关注了新加坡，新知识引入新加坡的目的在于创造出

---

① 　Dolven，2000，p. 49.

"一种新的类型的新加坡人"，他们将更具进取精神，与世界的关联更紧密，且如政府所希望的那样，依然致力于为"我们最好的家园"而努力。此外，这些新的政府策略旨在使本土的和专业性的移民能够通过一个持续的"提升"过程来规训自身，并鼓励本土大学重构，同时将新加坡"打造"成适合于"国际性人才"的中心。

就新加坡而言，引进资本文化回路的策略同政府一起，作为一个相对不松散和机会主义的集合，很显然希望成为"重建新加坡"的关键因素。它的成功将使新加坡从东南亚地区脱颖而出，使之踏上自身国际化的运转轨道。

> 梅耶尔说：新加坡以及周边地区（包括马来西亚的新山市和印度尼西亚的巴淡岛）的地理优势正在被削弱，新加坡正受到来自中国、越南和印度部分地区的挑战。换言之，地理上的邻近性已经不如曾经那样有价值，有什么来代替这一点呢？就新加坡政府而言，一个策略正在形成中——将新加坡"迁出该地区"。因此，我看到，发展模式主要集中于使新加坡重塑为连接东京、旧金山和慕尼黑的卓越中心，而不是成为其所在区域的服务中心。这是个好主意吗？我不确定，我很难判断，但是，我的确看到了这一政策的进展，很明显这是一个很大的赌注，也是政府管理所追求的顶峰。

当然，正如梅耶尔所说，任何政策都是有风险的。其中一个风险就是，这一吸引资本的文化回路策略可能太过成功，某一种或另外一种新的形式的教育机构不断堆积可能会超出新加坡将之传递出去的能力。确实，2002 年 9 月，经济评论委员会建议新加坡成为另外"100 万自费的国际学生和 100 万国际企业管理者培训"的"国际性校舍"①——这一政策无论对国家还是对资本的文化回路而言都是一种挑战，说得委婉一点的话。另一个风险是，对国外大学的学术自由的非正式协议将受到检验，正如在新加坡的那些外国媒体时不时会受到检验一样。再者，这个小岛国的经济部门之间可能会出现冲突，这也是风险之一：一个是为员工提供服务的服务性部门，对生活质量有着较高的要求，与之相对的是另外一个迅速增长的化学药品部门，它日渐排放越来越多的有害物质到沿海的大气层中。面对上述任何一种情况，这些精英商学院都可能会搬到更好的地方去，此时这一亚洲猛虎就会发现自己处于骑虎难下的境地——猛虎可能会像那些曾经陈旧的管理观念一样被抛弃。可以肯定的是，这一系列集合（与"将具有读写和计算能力的大脑变得更具创造力和生产性"相关）的未来和可行性都要被充分地进行检验。

112

---

①　ERC，2002b.

第二部分

新经济

第六章

是激情而非财富使商业值得追求：解密一种新的市场文化

一、引言

在本章中，我想对那种被称为"新经济"的经济形式的产生过程进行考察。这种形式是由一些利益相关者发明的，它通过产生新的行为方式来证明自身的存在，这是一个典型的编造事实以迷惑大众的案例，[①] 编造这一新的经济形式是一项极其艰巨的工作，巨大的投入未必带来任何回报，但它的确奏效了，一方面是因为各种类型的利益相关者有权力去定义这些事实的组成部分；另一方面是因为一些利益相关者拥有教育那些可以以自身态度来影响世界的团体的能力，还因为它们提供了衡量那些具有确证意义的行为尺度，把它当成真的一样去行动，新的规则制定出来就带着"真理的不可动摇性"。[②]

同样令人惊叹的是这一正在成形的庞然大物的形成过程是如此不受约

112

---

① Callon，1998.

② Callon，1998，p. 47.

束。在很长一段时间内，新经济只不过是一个聚集了一些关系的标示而已——信息技术、创新、商业革命的初期，然而，这一光谱式的集合却可以不断壮大并且形成一种框架。

总之，不同的修辞和框架产生了具有差异性后果的实践和知识，但是，这不是一种机械的因果性。相反，新经济具有表演的合法性，它是知识和权力的新的联盟，通过"在不同的评价体系之间的转换和需要表演不同的挑战之间的更迭"[1]，这一知识和权力的联盟被中产阶级的管理者吸纳，并对这一团体和他们的欲求产生影响。这种新的自由连接的管理叙事显然不可能持续，正如我们将看到的，因为它的存在依赖于相当额度的财政补贴，然而，它已经变换出一种不受时代约束的新的商业交往形式。这种新的形式的各种因素都将继续下去，如新的财产形式、新种类的"表达性组织"[2]、新技术的遗赠——其中某些最重要的影响尚未显现出来。

本章正是按照这几个部分展开的。在"新经济"部分中，我将会简要概述，"新经济"的概念是如何被那些利益相关者作为一种新的制度和意识形态的运算建构出来的，如同建构资本的文化回路一样。在"管理的主体：一种激情"部分，我将说明新经济是通过什么方式体现在商业中心的。我认为，最重要的是，它包含了对商业的一种浪漫激情：因此，柯米萨（Komisar）有句名言，"是激情，而非财富，使得商业值得追求"[3]。换言之，新经济是一次大规模的行动，如果成功的话，它将带来一种新的市场文化——或者是对旧文化在精神上的更新。在"金融"部分，我将说明我们应该警惕这种试图创建一种"信念资本主义"的努力。具体而言，新经济由金融资本构建而成——风险资本、股东的盛行以及财富的分配。我的观点是，新的市场文化更应该被理解为一种为了保证资产不断升值而采用的华

---

① McKenzie，2001，p. 19.

② Schulz et al.，2000.

③ Komisar，2000，p. 93.

丽修辞。换言之，新市场文化在充满激情的表演背后是另一种拥有自身度量学的精于计算的力量，它能够在生产出这一文化的同时对之进行规训。然后，我将会讨论通常被看成是新经济核心的信息与通信技术，我旨在表明，许多信息与通信技术方面的新发展都是在资本的文化回路的修辞推动和金融资本投资的必然作用下，所共同催生的技术性急行军式的结果，在很大程度上，信息与通信技术在新的市场文化中进行更新。最后，对新经济遗赠的考察将作为本章的结尾。我认为，新经济将被证明会比有些评论家，如弗兰克[①]所希冀的持续时间更为长久。

二、新经济

现在，新经济的观念已经稳固下来，信息与通信技术正在浮现的影响所产生的强烈非通胀性的增长，以及经济活动相关领域的重建，都是新经济的组成部分。所有其他特征都可以，也通常被看成是与以下核心定义相关联的。例如，小型高科技公司不断成长，可塑性强且具有越发重要的高技术人才，进取精神突显，以及风险资本集中性强。对评论者而言，制造宏大的修辞，诸如商业循环的死亡或几乎无限的增长等，几乎是他们的第二天性。貌似可以肯定的是，新经济不仅是一种描述，同时，它也是对普通未来的构想，比如，现在所有的国家、城市和地区都期许能够成为新经济的一部分。

然而，这一观念来源于何处，谁是它的最初版本？"新经济"作为一种　　114
描述最先出现于 20 世纪 80 年代。那时还没有形成一种清晰的经济模式。向前发展是必然的，这项工作主要完成于 20 世纪 90 年代（尽管，新经济的谱系当然可以被追溯至 20 世纪 60 年代）。在媒体、学界，最重要的是人们

---

①　Frank，2000.

在自己家里，随着个人电脑以及相应因特网和万维网的出现，这一经济模式被持续了下来，因此，万维网于 1993 年 11 月首次问世，Mosaic 浏览器则于 1994 年 2 月开始面向公众。然而，相当数量的人们直到 1997 年才对网络有所了解，并非完全巧合的是，同期纳斯达克股指加速上涨和未知领域市盈率不断变动。

看起来可以肯定的是，直到 20 世纪 90 年代中期，新经济已经以稳定的修辞形式在商业和政府工作中被普遍应用，并渗透到通俗文化之中。事实上，新经济已经成为一种标志，它凝聚了一种新版本的资本主义所能拥有的吸引力和奖赏。

因此，一个平淡无奇的短语如何成为资本主义的关键词，以至于到了 20 世纪 90 年代末《金融时报》也宣称自己是"新经济的报刊"？我认为，新经济的优势和扩散的速度是现存五种类型的利益相关者助推的结果。对于它们而言，最重要的无疑就是那个曾被我称为"资本的文化回路"的机制，这个回路，自 20 世纪 60 年代开始出现，就成为商界精英们生产和传播知识的机器。[1]

与新经济有关的三个主要知识生产者分别是商学院、管理咨询师和管理学大师。商学院首先成立于 19 世纪末至 20 世纪初的美国，然而，除了一小撮精英之外，商学院在美国的主要扩张阶段要晚许多，在 MBA 课程的支持下才于 20 世纪 40 年代开始盛行起来。在世界上的其他地区，商学院建立得非常缓慢，但是在 20 世纪 50—60 年代，商学院在欧洲，随后在亚洲，开始开设并扩展开来。今天，商学院是广阔的国际管理教育市场的王冠上璀璨的明珠，其产生的价值约占国际管理教育市场每年逾 120 亿美元总产值的 1/4。[2]

管理咨询师也可以追溯至 19 世纪末 20 世纪初。管理咨询师们通常被

---

① Thrift，1997a；1997b；1999a；1999b.

② Crainer and Dearlove，1998.

看作未被承认的立法者，他们给商业提供广泛的建议，以至于在一个案例结束之后他们简直已经成为公司的一部分。无论怎样，可以肯定的是，他们是重要的生产者和商业知识的传播者，他们能够提取观念并将它们转译至实践中，同时在实践中总结新的观念。[①]　正如我们在第四章中探讨的：　　115

> 无论产品是什么——裁员、增长或别的——咨询顾问销售的都是观念。问题在于，咨询所销售的观念并不一定是新的，当然也不总是前沿性的。咨询是一个特殊的行业，因为它的知识的建立是以客户的实际经验为代价的，从一个更严格的角度来看，毫不夸张地说，咨询公司通过吸取客户的经验对之进行整合，并以其他形式重新销售给别的客户（有时也并不进行深度的包装）来获得巨大的利润。[②]

最后，管理学大师大致是 20 世纪晚期的一种现象，由各种类型的学者、咨询师和商界管理者组成，他们的理念已经成为他们自身独特的标志。尽管存在着一种谱系，现代管理学大师主要起源于彼得斯和沃特曼合著并于 1982 年出版的《追求卓越》一书。大师们侧重于发展适用于管理的普遍模式，并出于修辞的考虑而降低不同境遇的影响。

商业知识的生产者对新知识必然抱着一种如饥似渴的态度，这正可以使他们所从属的那个机器正常运转起来，因此，他们并不仅仅从自己的内在生产出知识来，他们同时也不断地猎取外界新的知识，适应并引进这些知识。于是，几乎人类方方面面的知识都可以被吸纳进来，且很大一部分管理学大师们已经开始这样做了。[③]

这些生产者创造一系列不同种类的商业知识。严格地说，这种知识拥

---

① Micklethwait and Wooldridge，1996；Clark，2001.
② O'Shea and Madigan，1997，p. 13.
③ Thrift，1999a.

有三种功能。第一，它为商业人士的生活提供了一种普遍的准则——这样做，不能那样做——即某种商业的绝对命令。第二，它作为一种启蒙书，指导管理者们如何达到既定目标。第三，它拥有聚集知识的功能——关涉到商业实践如何开展。换言之，被生产出来的是一个无限的、坚韧的和持续不断地对现状的批判。①

这三种生产者如果抛开他们与媒体的共生关系就无法以现有的方式生存，因为媒体宣传并散播着他们的产品。具体而言，我们可以从四个方面来考察媒体的作用。第一，通过标准媒体的生产，如书籍、杂志、报纸、互联网，以及电视来考察媒体的作用。记者作为商业观念转译者的重要性，以及媒介作为展示这些知识的生产者的思想平台的作用，都在这些媒体的应用中得到了进一步强化。② 第二，从专业化的商业媒体规模的不断扩大来考察媒体的作用。从专业的工业杂志到能与《哈佛商业评论》一争高下的新咨询类杂志［如《策略与商业》(*Strategy and Business*)］，自 20 世纪 90 年代中期起，一系列新经济杂志纷纷面市，无论是印刷本还是网络形式［例如，《英文虎报》(*The Standard*)］。首次出版于 1995 年的《快速公司》(*Fast Company*)所提供的模式被证明是非常有影响力的，并引发了一大批杂志争相效仿③的结果，《快速公司》的模式又被复制回主流的商业杂志之中，如《财富》。第三，媒体的中间环节的发展——出版商、广告咨询师、设计咨询师、广告代理机构，等等——这些开始变得越来越重要，因为商业观念越来越像品牌。第四，各种会议、研讨会、实验室等的持续发展使得面对面的聚会被重构，这些活动既是新的商业知识的传播者，也是动力燃料。

没有文化回路新经济不可能腾飞。然而，并非只有这一类利益相关者，政府也是其中之一。到 20 世纪 90 年代中期，世界各地的政府都紧抓

116

---

①   Boltanski and Chiapello，1999.

②   Furusten，1999.

③   e. g. Business 2. 0，Red Herring，e-Business，Revolution，The International Standard.

住新经济的观念，并试图通过一系列的报告将之内化。尤为活跃的是一些政府间的组织，如经济合作发展组织和欧盟，对于它们而言，新经济不仅提供了一种证明其自身存在的方式，同时也是一种新的认证方式①。各国政府都积极参与旨在以某种方式为未来作准备并创建新经济——它实则已经存在。"无重量的"新经济对于政府的吸引有许多原因：与商业日益接近的关系、政府工作中对新经济观念的使用、一种迫切的危机感、政府干预的新理由、对青春活力的追索，等等。通常被看成为管理者们议会②的年度达沃斯世界经济论坛是一个典型。我们希望信息技术能使资本主义这一猛兽被赋予一丝人性化的色彩。

另外一类相关者是非商学院的教师，尤其是经济学家。最初，经济学家比较难以接受新经济，尽管他们的观点（例如，内生性生长）时常被新经济大师们引用③。然而，到了20世纪90年代末，许多经济学家开始认真研究起新经济来，并通过经验性的学习和详细阐述来为之提供确证，从而成为重要的立法者④。也就是说，经济学家们开始生产出一套知识系统，它可以作为更一般也更变化多端的商业知识的严格证明。在他们的手中，新经济获得了重量。

此外，还有另外一类相关者，即管理者本身。管理者们通过各种方式为新经济带来越来越多的追随者。对于经验丰富的管理者而言，他们应该与新经济保持关联。对于尚且欠缺经验的管理者而言，他们应成为新经济的一部分。新经济除了纸上谈兵之外，还要真刀真枪地做。它既为生产商业财富提供修辞框架，也为商业行为及管理本身提供观念来源。

还有最后一类相关者，就是信息与通信技术本身。信息与通信技术现

---

① European Union，1997；Anderson，2000.

② Lapham，1999；Thrift，1997a.

③ Romer，1990.

④ Quah's 1997 weightless economy.

在已经勉强算是拥有了自己的机构。该机构可以分为四个独立的方向。第一，就是沉没成本。大笔资金已经拨给了信息与通信技术部门，尽管最初这笔钱的使用效率是非常低的，但是它必须被花费掉。信息与通信技术的许多成果都出自这些大量的，甚至过度的经费，它将世界引导至一个特殊的方向上。第二，它产生了对此种使用的期待，附带着它自身的道德观："好"公司拥有并使用信息与通信技术。第三，它提供了对世界的新的理解方式，尽管通常并非如人们最初所期盼的。① 第四，软件行为的规则被制定出来，信息化的形式等同于墙和路障、道路和通行税、交叉路口和十字路口等形式，它们拥有同等效力。

这五类利益相关者提供的动力为人们的行动和期望提供了一种框架、一套新的市场规则和尺度。同样重要的是，这一框架的建立也依赖于对外界的洞察。相比之下，"旧经济"就是重工业的、官僚主义的、普遍缺乏进取心和经济活力的。这一对立面是至关重要的，因为它提供了经济的负面，即事情不能也不可能成为那面镜子。

三、管理的主体：一种激情

"新经济"仅仅作为一种框架是没有问题的，但是，它同时暗示了某种程度地参与尚且是(或者不足以成为)一种姿态的新经济。然而，真正有效的社会运动需要创造背景，一个人们习以为常的世界承载着对新经济的设想。在这个部分，我将会指出这必然意味着提供一种使之具体化的表演政治。管理学必须令人信服地通过新的方式体现出来。

因此，新经济到底需要一种什么类型的管理主体呢？对于这一点，资本的文化回路是非常清楚的，它的各种观念正随着商业活动在世界范围内

---

① Brown et al.，2001，on groupware.

逐渐展开。管理主体正在通过三种方式被塑造着。

第一，管理主体在诸多方面都需要付出更多："我们所有人都能做得更多、实现更多、贡献更多，也能为别人付出更多。"①管理的主体需要更好地利用自身，这就意味着更努力地工作和更频繁的奔波。

因此，第二，这一主体必须是充满激情的。管理者们要一直以积极的态度追寻自己的愿景和目标，要一直警惕"原地踏步"。但是，这就要求他们能够驾驭自己的情绪，而不仅仅是认知能力，以设计好相关的环节去吸引他人。

第三，管理主体必须有更好的适应能力。这些主体们要不断地学习以至于这些企业能够更快地学习，现今，比竞争对手更快的学习速度是企业的主要竞争优势，② 然而，这是一种特殊形式的学习，它是以突发性的生产为基础，而不是常规性的再生产。因此，它必然是不受常规限制的："如果我们相信，企业员工是通过参与到创造性的实践中来为企业的目标做出贡献的，且这些实践不能被制度化的过程完全利用，那么我们就应该尽可能少发号施令，过多的指令会挫伤这种创造力，从而降低实践的效果。"③必须以新的方式进行学习，以保证创造力的最大化。这种持续的创造性的学习有几个特征。首先，一般来讲，它并非天才个体所为，而是出自集体的努力。其次，学习是在实践中进行的，在解决问题的过程中收获知识。再次，我们认为它是"顽皮的"。它包含了持续的文化成型过程，因为它是为意外而进行的准备，所以这个过程更容易在有可操作的解决方法的情境下出现。最后，管理主体必须要具备很强的参与意识。他们必须说服力强且能够发号施令，同时他们要参与到"灵魂"的建设中，④ 这意味着，

118

---

① Lewin and Regine，1999，p. 268.
② de Geuss，1997；Senge et al.，1999.
③ Wenger，1999，p. 10.
④ Lewin and Regine，1999.

他们要通过精心地经营人际关系而给团队树立一种目标感和拥有共同所有权。管理主体要对组织的社会动力保持敏感，并进行持续不断的调整而非对之进行官僚式的控制。[1] 管理主体可以顺其自然，必要的时候对之进行小范围但却更加行之有效的干涉，沉重的官僚之手被"变革推动者"的轻轻触摸取代。

生产适应上述要求的管理主体，隐含着一整套能够达到上述目标的自我管理技巧。但是，这并没有如大家所担心的那样出现问题，这一现象有三个原因。第一，至少在某种程度上，它仅仅是浪漫美国式的个人主义漫长演变的另一个阶段，因此，它早已经在文化上与其核心部分协调一致。同时，又是那种由无限的可能性、自我实现的个人、创业的活力，和其他那些在新经济的著作中盛行的修辞，以及那些随着形势的发展又被重新兴起的对特殊生活方式的颂扬等构成的开放领域。事实是否如此，或者新经济实质上是不是一个尼采式的个体主义的平台，我们此处暂且不论。第二，这也是对自身以及与之相关的修辞的治疗模式：对于情感、良好的沟通能力、心理学知识等的强调[2]。多种治疗模式变得如此盛行以至于它们已经作为普通文化基础的一部分而发挥影响：

> 社会机制不再像从前那样具有约束力并决定个体自身了。生活中越来越多的领域（假期、信仰、性别认同等）都变得具有选择性，可以由个体自己来决定。治疗学的思想也因此体现在显著的自我指认中。[3]

119　　　第三，在很长一段时间内，管理学思想的存在以生产越来越多开放的个体为基础，这些个体能够发展出一系列的软技巧，如直觉、领导力和其

---

① Deleuze, 1990a.
② Rose, 1999.
③ Nolan, 1998, p. 9.

他管理方式。在某种程度上，这一运动最初是作为对泰勒主义集权式工厂的回应，但是，它逐渐获得了自己的发展动力，这一点在克莱纳的著作中有着翔实的记载[1]，并且与英国的埃默里和特里斯特在20世纪40年代的研究同美国国家训练实验室在50年代的研究相一致。对于勒温和利皮特（Ron Lippitt）而言，解决企业发展问题的方法在于增加管理者的可信度，通过改变他们的内在竞争力以最终改变其行为，以至于他们可以在决策过程中有所改变，更加民主，更少地采用从上至下的模式。到了60年代，这种想法被其他一些思潮（如反主流文化和一种正在形成的新时代传统）标准化，甚至被格式化，其后果就是产生了一系列为生产更好的管理者而改变其表现方式的技术。

因此，到了20世纪90年代，大量关于管理主体的不断被验证的研究开始出现、成熟并被应用于新经济之上。此类研究引发了三种尤为值得关注的技术。第一种是组织性的，它由能够将各种主体连接成同盟的技术构成，特别是，最初的结盟被看作通过团队和项目来完成的。的确，这两个词的使用变得如此广泛，以至于估计，在2000年的《财富》排行前2000的公司中有80％的公司，其一半的员工都是以团队形式工作的：

> 为了适应这一潮流，美国劳工部建议学校开始训练学生诸如团队协作和项目管理等能力。科学家、工程师、技师，诸如此类，都开始逐渐将自己看成是处于每个项目中，而非公司中。基于此种组织形式，今天的企业已经学会了忍受，即使在他们的IT部门发生每年平均20％的熟练工的流动。[2]

无论此种做法是否有效，事实是，团队和项目在今天被看作资本主义

---

[1] Kleiner，1996.
[2] Flores and Gray，2000，pp. 24-25.

的主体们能够并肩进行创造的主要方式。目的在于，在协商好的时段内，人们能够一起从事生产并推进某个特定的创造性项目，这就要求设计快速的团队启动方法，它将建立信任和新的观念以及严谨的时间管理。于是，在世界范围内，办公室被重新设计以配合这种工作方式。"蜂巢"和"细胞"正在被"俱乐部"和"私室"的环境取代。①

　　第二种技术是鼓舞性的，同时要求对活动进行精心设计，这使得企业能够在更大的范围内展开互动。现今存在着一系列的互动形式，从会议和研讨会到课程和进修班，它们的目的部分在于传播信息，但同时也有助于保持目前的士气。许多活动都是经过精心设计的，其中有一小部分还大量使用了总结性的肢体技巧，从表演（如戏剧、舞蹈、歌剧）、身体控制技巧（如合气道或者亚历山大疗法）到各种形式的常规活动（尤其是在新时代思潮的各种变形中）。

　　最后一种技术就是意识形态。每个组织都必须拥有使组织得以维系的叙事形式，尤其是当企业不得不在不同的项目之间跳转的时候，因为此时企业员工很可能被分散至多个地域，也可能会有很大的人员流动，因此，关于企业的传奇故事、企业的网站等诸如此类就成为一种时尚；也因此，在一个不同的层面上，新经济的图解——那种休闲的时尚形式，那些影响力远播在外的地点如硅谷，那些术语性修辞（从网站的设计到它们的同类印刷品）——统统被铺天盖地的商业书籍、杂志和电视节目囊括在内，它们都在不停地讲述着一些案例，那些有可能会成为和已经成为新经济的一部分案例。

　　在每一个案例中我们看到的都是，那些试图通过改变时空来对身体进行改变的尝试。从现代公司的奇思妙想到各种活动中被支配的他者，再到那些图解形式，我们看到的都是那些通过改变主体的生活方式而对作为背

---

① Duffy, 1997.

景的时空进行改变的尝试①：

> 通过对空间的改变，通过对人们惯常的空间感的改变，人们进入一种在精神上对空间的不断革新的对话之中。因为，我们并没有改变具体的地点，我们改变的是我们的本性。②

改变自身互动的频率，并因此改变时空；改变时空，并因此改变自身互动的性质，这个过程给可能性留下空间，这也是德勒兹所谓的虚拟性——它是各种事物聚集成的世界，是流通和多样性，是一个新的相互连接的综合体。正在建立的是一个新的工作体系，它不仅包含互动的个体，更包含各种内在关联的集合：

> 一个集合由许多因素构成，这些因素或者是生产性的，神经生物学的，与萌芽期、家庭、大众媒体等相连。集合的概念吸收了某些超现实主义的画家和雕塑家组合成的艺术品。最明显的例子就是毕加索于1942年创作的那个著名的《公牛头》：在这个艺术品中，一个自行车的车把放置在象征着公牛头的车座上。在这些相互独立的元素的基础上——相互异质的元素依照它们间的相互关系而安放——一个集合带给了它的组成要素以生命，并产生对现实的新的理解。③

然而，当然，这一管理者人为的过程拥有明显的副作用，因为，新经济的传奇也带有排斥性。当工作的激情和浪漫不得不以7天24小时的计时为基础时，当"今天的工作一半是工作，一半是享乐"（其一是因为"我们全

121

---

① Thrift，2000b.
② Bachelard，1966，p. 15.
③ Elkaim，1997，p. xvi.

部的生命时间都耗费在工作场所"①)时，在这种情况下，那些还肩负着其他责任的人很难抽出时间来娱乐，特别是当谈及女性的价值时，事实上，女性在新经济中的影响力越来越小。因此，在1986年，女性占据了美国科技部门的劳动力比率的40%；而1999年，她们只占到29%的比率；再者，与2000年《财富》500强的企业中女性董事占11%的比率相比，新经济类型的公司中女性只占据3%的董事席位。其中一个原因是女性缺乏相关的教育背景：在美国，计算机科学专业的毕业生中只有29%是女性；另一个原因是，无论在美国、英国或是其他一些国家，管理类工作的工作时间都普遍且显著地延长了。② 的确，一项对网络公司的调查显示，"工作时间延长了，出差的任务也更繁重了，在家的时间变得更有效率。在尚缺乏支撑性基础设施的情况下，新经济类型的公司日益和先前的公司形成对比"③，在新经济的别的部门中，弹性工作安排非常普遍。还有一个原因是，新经济的超资本主义传奇符合某种男性角色的模式。沉溺于自身创作的艺术家成为企业家所寻求的那种概念——它构成了新经济的灵魂：

　　媒体神化了沉睡在昏暗的房车或办公室地板上的企业家的故事，他们在电脑前一直工作到凌晨，时而忘记吃饭或洗澡，他们穿着邋遢，喝着啤酒，享受着他们仅有的一点休闲时光，终于有一天，他们成了亿万富翁。这其中有多少真实成分，多少是神话，已经无关紧要了，关键在于它已经成为新经济的形象，而这一形象却是很多女性不愿意扮演的，因为她们不愿意将自身安置于这种文化中，很多女性可能就选择了逃避这一行业。④

---

① Bronson, 1999, p. xxxiv.
② Massey, 1995；Schor, 1993.
③ Skapinker, 2000, p. 23.
④ Griffith, 2000, p. 12.

四、金融

许多在新经济的公司工作的人都相信，除了商业之外他们还有更多收获。对于他们来说，新经济"主要不是一种金融制度，而是一种创新制度，正如绘画和雕刻一样，商界可以成为个体表现自身及其艺术气质的平台。其核心更像一块画布而非一个计算表格"[①]。然而，还存在其他理解新经济及其修辞主张的方式，金融不被看成是不利于激情的，相反它被看成是新经济激情的核心，商业的传教士变成了金融的雇佣兵。从另一个角度看，新经济可以被看成走向金融市场的跳板，它为后者提供了原始的叙述材料并滋养了一个投机的资产价格泡沫，而这一资产泡沫正是以不断扩大的金融支持者为前提的。

按照这种思路，新经济可能真正起源于美国互联网浏览器公司——Netscape 公司，它现在已经是美国在线服务公司的一部分——它于 1995年 8 月 9 日首次公开募股，以 28 美元一股开盘，该公司的股指价格在一天之内就翻了一倍，并在后期持续上涨，这种由互联网引起的迷乱一直持续了 5 年时间。这种将金融看成是新经济的主要激情来源的说法很受追捧，毕竟，新经济许多关键的革新很明显都发生在金融领域，尤其是那些能够专门资助技术革新的风险投资公司，其首次公开募股不断增长（它为一般而言持有股票期权的管理者和成员提供了迫切需要，为企业的扩展谋得了资金，使投资者能够尽快地兑换现金而不必等上十年或二十年之久）；股票期权日益成为公司福利；富有进取精神的员工组成的劳动力市场愿意也能够迎接挑战，它形成了一种"灵活的攻击力"，持续地朝着那些极有可能获得成功的项目发动攻击。[②]

122

[①]　Komisar，2000，p. 55.
[②]　Mandel，2000.

因此，这种金融学的解读在新经济的框架周围形成了一个新的框架；新经济变成了一个精彩的演出，它的剧本（在大量的道具和演技协助下）深得金融支持者的喜爱，以至于他们愿意支付不断上涨的门票费用。换言之，新经济变成了既可以推升股指价格也可以扩大股票所有权的重要场所。

当然，金融领域存在着强烈的对经济资产股权的需求，但是这种需求主要存在于一个相对较小的圈子中，这个圈子由公司的投资人和少数的个人投资者组成。然而，在20世纪的最后20年里，随着直接或间接的投资者数量的增长，这一需求开始普遍起来。主要由四个方面的原因导致了投资者数量的激增。第一，最重要的是，养老基金和其他企业的投资者不断增长。[1] 养老基金现在已经占据美国经济的许多关键部门，几乎占据了英国和荷兰经济的半壁江山，实际上，养老基金（占据了超过40%的风险资本资金）大大增加了股票经济中的非直接投资。第二，新的总投资工具不断增长。其中影响力最大的无疑是公共基金（在英国是单位信托基金），从20世纪80年代早期起，公共基金在美国获得了巨大的增长，以至于到了1998年几乎每个家庭都拥有两个股票账户[2]，这些基金能够大幅增值的部分原因与第三种因素有关——单个股民的选择。[3] 在美国，这种固定缴费的养老金计划发挥着巨大的推动作用，它使得员工们可以把自己的养老金缴款存入一个延迟税收的退休账户中，他们就可以对这些账户的投资进行控制，将它们投入股票、债券和货币市场的账户中。此外，单个股民的数量在没有养老金的助推下依然保持着快速增长。第四，员工股票期权不断增长，以及私有化和其他方式推动的股票所有权不断增长。经过了20世纪80年代和90年代的发展，员工持股变得更为普及。

---

① Clark，2000.

② Shiller，2000.

③ Martin and Turner，2000.

金融媒体越来越广泛地被应用于推动股民数量的增长和股民选择的增多，无论是直接的还是间接的，这意味着，像新经济这样的叙事可以发展得更加深入、更有影响力。金融媒体可以从四个方面获得其权威性。第一，媒体的建构性角色。对于今天的绝大部分股民而言，媒体代表着市场信息的主要来源，商业报道的范围扩展的极其迅速，且绝大多数都是为了迎合股民的需要，典型的代表就是美国诸多广播电台的成功，例如，美国全国广播公司财经频道、金融频道等，它们全天无休地播放着商业讯息，绝大部分都是针对投资者的，它们的事迹在美国如此广为流传以至于：

> 传统的经纪公司认为，有必要让财经频道在他们经纪人的电脑屏幕下方的角落里持续播放。许多客户会在听到网上有什么消息的第一时间打电话进行询问，这样可以使得经纪人（他们往往忙得没时间看电视）不致看起来落伍。[1]

对这一新的媒介领域的一种尤为重要的补充就是广告：我们需要对目前的金融广告的规模做一些了解，且不说它的影响力（这一点尚存争议），单是它创建一个新的背景，就使得投资成为一种普通行为的能力很强。

第二，与权威性相关的方面是金融素养的增长。这一点非常显著。希勒注意到[2]，纽约证券交易所 1954 年的调查显示，只有 20% 的美国公众对于什么是股票有所了解。今天，这对于许许多多的人而言仅仅是基础知识，然而，金融学方面素养的增长所带来的影响还有待进一步发现。"在我看来，可能有一天公众对于金融事务的了解程度并不比专家更少"[3]，这一点已经越来越成为现实。

---

①　Shiller，2000，p. 29.
②　Shiller，2000，p. 33.
③　Lewis，2001，p. 33.

　　美国彭博新闻社曾针对什么是现在所谓"耳语数字"现象展开过研究。研究表明，耳语数字指由业余的网站推出的数字，平均有21％的错误率，而华尔街的专业预言者的错误率却是44％。今天，业余人士可以在市场中保持一种平衡的力量是因为，平均而言，他们的精准率是专家的两倍，如果不考虑专家们对整个金融系统的操控的话。大公司将信息直接递送到专家手中，而业余人士则依靠雷达来辨识道路。①

　　第三，与权威性相关的方面是金融建议的普遍增长，从那些著名的媒体分析师给出的意见，如玛丽·米克（Mary Meeker），到经纪服务公司，再到个人财务顾问给出众多金融建议，这些建议产生出一种代理性的金融素养，它完全是针对股权推广的。

　　第四，事实上，商业利益日渐与股东的情绪挂起钩来。② 随着一些实践性评价标准的出现，如股东价值，一个公司的股票价格已经成为衡量其商业成功与否的关键性标志。于是，这些新的授权过程导致了新经济叙事的一天天的延续，以至于现在公共关系已经变成经济生活中一个重要方面——从IPO到股东情绪的管理——因此，经济生活与带有时尚、明星和最受喜爱的股票媒体工业日趋一致。

　　这一改变的重要性不应该被低估。正如库尔茨（Kurtz）所说：

　　　　十年前，华尔街沉浮录的读者是有限的，主要由富有的投资商和过度活跃的贸易商组成。然而，随着电视直播的全覆盖和强大到可以影响躁动不安的市场的二手报道的突现，通信革命很快改变了这一情景。这些强大的媒体设备拥有一种使那些记者、曾经默默无闻的市场权威和新的广播电视主管持续地受到关注的能力。现在，财经频道对

---

①　Bloomsberg News Service，2001，p. 33.

②　Williams，2000.

于金融世界的重要性就像美国有线电视新闻网对于政客和外交官，正如泰德·透纳的网络，即便仅仅是在播报信息，它也拥有改变事件的能力。这是美国新的国民娱乐，参与这项娱乐活动的主要是位高权重的玩家和教练们，他们的看法透露着诱人的可能性——普通的股迷们能在市场繁荣时共享财富的可能性。[1]

因此，诸如那些金融类的记者，他们不再仅限于报道，他们也是参与游戏的人（只不过他们的错误不会引来真正的惩罚）：

> 金融行业的专家们进入某种新的奇怪的上层空间中，他们理所当然地认为，"金融市场"是一群人竭尽全力想要进入美国全国广播公司财经频道和金融频道、《华尔街日报》"股问天下"节目和英国《金融时报》的列辛顿专栏，在那他们可以将自身狭隘的利益进一步推进。[2]

用金融机器来运行新经济的叙事，对于许多参与者而言有着巨大的益处：它增加了特定股权的价值（比如，获利的管理者们的收入与股票价值紧密相关），它证实了分析师的价值，也使得媒体明星名副其实，它表现了系统作为一个整体的价值等。特别是，如果这个金融机器能够改变新经济所关注的投资策略，那么这一新的叙事将牢牢附着于金融机器之上。到了 20 世纪 90 年代，对高科技股和像纳斯达克这样的市场的痴迷，新经济自身就变成了一种投资策略。换言之，新经济的叙事起到了作用，以至于它开始重新描述市场的基本法则了。

此种策略蕴含了对股份如此强烈的需求，以至于在一段时间内，新经

125

---

①　Kurtz，2000，p. xxvii.

②　Lewis，2001，p. 33.

济成为一种不可抵制的力量。例如，在英国，尽管许多基金管理公司①试图不卷入技术的泡沫中，却依然遭遇惨痛。养老基金也让它们吃了闭门羹，指标化的增加强化了整体的效果，使得忽视科技股几乎不可能了。②正如曼德尔所说的，新经济事实上吸引着所有类型的投资者进行风险投资。③ 从这个角度看，它可以被看成是推动创新的唯一方式；或者，还有另外一种完全不同的理解方式，它诱使投资者背上债务。应该谨记的是，在 2000 年前的 5 年间，商人和消费者的债务累计共达 4 万亿美元④，美国2000 年的储蓄率仅有 0.8％，是 67 年来的最低值。如此看来，新经济基本等同于垃圾债务类的金融工具。

随着新经济的最典型代表——科技力量的增长，新经济的叙事为互联网的发展增添了一臂之力。互联网作为一种有着积极意义的技术，让人们感觉到通过它可以掌握自己的生活（尤其是在股票投资方面）：

互联网带来的那种逼真而直接的个人感受，使人相信它也应该有着巨大的经济意义。想象互联网技术所带来的先进成果，要比想象造船技术或材料科学的新成果容易得多，因为我们中的绝大部分人对这些领域知之甚少。

美国公司在 1994 年收益增幅惊人，依照标准普尔的混合实际收益，该年的收益达 36％，接下来的两年间实际收益分别有 8％和 10％的增长，大体而言，这与互联网的诞生同时发生是一种巧合，但事实上，却与此并无任何关系。相反，有分析家称，这一时期收益的增长得益于从 1990 年到 1991 年的缓慢恢复过程，美元的虚弱、外国对美

---

① e. g. Foreign and Colonial and Philips and Drew.
② The Economist/，21 October 2000，p. 145.
③ Mandel ，2000.
④ Mandel ，2000.

国资本和技术输出的强烈需求，以及美国公司削减成本的意愿。互联网并没有带来收益的增长：幼小的互联网公司还没有赚大钱的能力，他们现在也仍然没有。然而，利润增长的现象与像互联网这样的新技术的出现在时间上的一致性，很容易带给公众一种印象，即这二者之间有什么关联……

然而，对于股票市场而言，重要的不是互联网那令人难以辨识的革新，而是这种革新给公众带来的印象。公众的反应被互联网所宣传的直觉性的似真性所左右，这种似真性在根本上又受制于人们想到那些例子或论据时的容易程度。如果我们经常上网，那么，这些例子就会很容易出现在脑海中。①

结果，此种印象产生了一些反作用。例如，管理者们开始思考如何使他们的企业加入高估值的策略中去，而极少关心这会引起怎样的长期后果。

然而这些后果却非常清晰。据估计，从 1995 年至 2000 年，大约 1500 亿美元风险资本和公开发行的股票被募集来以支持新经济的叙事，这构成了某些部门的主要收入和盈利的来源，即本章提到的那些部门。② 尤其是，巨额资金以咨询费（特别像高德纳咨询公司，弗雷斯特研究公司和丘比特传播公司等专业类的咨询公司）、公关费等形式流入资本的文化回路之中。最显著的就是由公共资金转变为媒体收益的那部分：广告代理费、电视、网络、无线电台、户外看板、报纸和杂志等。其余的盈利部门还包括金融相关部门、投资银行、风险投资家和其他一些投资者（尤其是那些体制内的投资者，如养老金等）。利益受损的是那些购进股票但没有能够在合适的时间抛出的人：公共基金、养老金、一些企业投资者，不可避免的还有

① Shiller，2000，pp. 20-21.
② Tomkins，2000.

大批的普通投资者，尤其是年轻的初入市者。

通过揭示这个新的世界，"新经济"的世界，我们知道了资金是如何获得并花费掉的——巨额资金从何处而来，如何投资以获得更多，以及如何再次支付出去。难怪刘易斯曾论述说，硅谷曾经是"资本主义用巨额资金进行的一个小实验"[1]。然而，与新的商业印象和敏锐度、新的做事方式、新的资本主义的运行方式相比，上面我们所描述的内容并不是什么新鲜事。[2]

新经济形势下股市的繁荣对于财富的分配产生着重要的影响，这一点不容否认。值得重申一下的是，例如，从 20 世纪 80 年代开始，美国的金融财富从 70 亿美元增加至 320 亿美元，但是，这些增长的财富并没有被平均分配。再比如，2000 年约占总人口的 1% 的那 270 万最富有的美国人所获得的税后收入的总和相当于，处于最底层的那 1 亿人税后收入的总和（与此同时，最贫穷的那 1/5 家庭年收入平均为 8800 美元，与 70 年代相比呈下滑趋势）。更需要指出的是，自克林顿政府上台之后（几乎与新经济的增长同时），最富有的 1/5 的家庭收入增幅是中间 1/5 家庭的两倍。

但并不止这些，这些数据不包括延迟的收入、股票期权等，这些最终几乎都被最上层的 1/5 家庭收入囊中。最为显著的是，这些并不包括股票投资组合带来的价值的增长。据估计，85% 的股票收益都归最上层的 10% 的盈利者所有，超过 40% 归最顶尖的 1% 的人所有。[3]

因此，新经济的叙事在全球收益颇丰。然而，如果对柯米萨的话稍作修改，那就是，激情产生了金融并使得商业变得吸引人，激情之旅到此为止，因为经济的故事通常被证明是关于所有权的，这个故事也不例外。正如上述数据所显示的，新经济这副年轻的面孔掩盖的是依然处于倒退中的

---

① Lewis，1999，p. 254.

② Spinosa et al.，1997；Flores，2000；Flores and Gray，2000.

③ Reich，2000.

社会关系。新经济以与先前的经济形式相同的代价建立起新的关联，从这 127
个角度看，它是以民主甚至美学冲动为伪装方式的一种精英的经济原则。①

五、创建一种新的市场文化

接下来，我们来探讨信息与通信技术。基于以上探讨，你们认为，什
么是新经济的核心部分呢？第一点，文化回路及紧随其后的金融资本所释
放出来的用于信息与通信技术的巨额费用是新经济的前提条件。这笔投资
的规模不容小觑，它所产生的效果我们最好称为强迫性的科技进步。第二
点，文化回路同时也产生出一个持续不断的科技批判过程。② 因此，不断
的交流使得创新所蕴含的机遇和问题都得到了及时反馈，而速度较之前大
为提升。特别是，文化回路能够非常迅速地生产出两种重要的技术反馈形
式，这二者的结合带来了专业技术知识的更大范围的传播——这样算是专
业技术知识。第一种技术可以跟踪并对新科技对企业的适用情况进行评
估。第二种技术可以对消费者的反馈进行跟踪和评估（这部分因为有一些
消费者本身就是生产者）。反之，这个持续的技术批判进程意味着，信息
与通信技术的技术变革可能与文化工业的变革相似，它包含建构性的功能
和形式的迅速变革而不仅仅是作为一种副产品，对生产者和消费者而言它
意味着同等的竞争压力。第三点要说明的是，这意味着，科技的含义被重
新定义了。科技正逐渐被看成是一种更为广泛的知识的一个子集，这部分
要归因于管理学的思维潮流，即将科技等同于知识或信息资本。③ 从更大
范围上看，信息与通信技术日益被看成是文化和软件，软件工程则获得了
真正的支配性地位。因此，作为信息与通信技术行业一部分的那种简单科

---

① Gregory，1997.
② Boltanski and Chiapello，1999.
③ Burton-Jones，2000.

技决定论，变得更加精致也更容易受到其文化内涵的影响。紧接着就是第四点，信息与通信技术带来了新的特权群体，他们对这个被文化回路零售并广泛传播的新文化类型拥有所有权。这些"波西米亚中产阶级"①将"时尚看成是资本主义的正式版本"②，这种风格部分表现着信息与通信技术的现状、实质及其内涵。当然，现实中有表现信息与通信技术的类型，从虚幻的概念设计师到努力拼搏的企业家。但是，他们都适合布波族（bobos）的类型（融合布尔乔亚和波西米亚的新中产阶级），即这些人一边锱铢必较地盘算着，一边又从心底对这个世界心满意足。

　　上述的结论是，新经济的成功得益于它能够揭示并展开一种新的市场文化，这种文化作为一种框架使得科技能够不断地进行调整，并因此从有利于许多利益相关者的角度不断地被重新定义。换言之，这一文化的胜利是重新描述的结果，这种新的描述提供了一种最为开放的理解世界的方式，作为正在生成的事物的集合，它使可能性事物成为现实，因此赋予商业新的形式。从某种意义上说，这是欧美文化的基本信条在商业上成功的重申，即在技术条件允许的情况下，一切皆有可能。③但是，如果情况真的是这样，那么，我们就要通过更有效的方式来保持这种新陈述的效力，因为股权的重新分配会带来世界观的新变化。

六、尖叫的"山姆大叔"

　　现在一切都已经结束了。新经济已经焦头烂额，被制止，甚至被驱逐，其修辞的和金融的动力都已经消逝了。黄金时代已经变得黯淡无光④：

---

① Brooks，2000；see also A. W. Frank，1997；T. Frank，2000.
② Frank，1997，p. 224.
③ Strathern，1999.
④ Remnick，2000.

似乎也就是在昨天，华尔街的股权分析师几乎是异口同声地宣布这个新的经济范式：那些旧的权益估值模式、那些对于收益的担心（眼前的和可预期的）以及经济周期纷纷过时，网络效力、资金消耗率和全球化规模越来越流行。谨慎被遗忘，小心变成了一种新的鲁莽，现今，正如那些受人尊敬的人所言，唯一的危险是你在市场之外。

多亏了那些精明的建议（纳斯达克一直在5000点左右徘徊）。多亏了所有那些"繁忙的""持有""增持"等关于股票的建议，那些去年值100美元的股票，今年仅值1.5美元了。[①]

因此，到处都能看到新经济处于严重衰退的表现。例如，2001年2月作为新经济的领头羊的思科系统，在6年间首次未能达到它的盈利预期，存货不断增加，企业开始削减在信息及通信技术方面的花费。摩根士丹利的主席玛丽·米克（Mary Meeker），曾在1999年获得1500万美元的收益，当Priceline的股票达每股165美元，Healtheon/WebMD达105美元的时候，她告诉人们要买进；当这两家公司的股票崩溃的时候，她却默不作声了。

不出意料的是，那些对新经济大肆宣传的人开始担忧接下来将发生什么，以及他们如何存活下来。新经济的一个关键修辞阵地，商业杂志《快速公司》表达了所有的担忧。[②]"承受互联网风暴""这是网络的关键时刻""新经济的行动II"，以及"如何在下一个经济形式中获胜"等署名报道，表现了一种日渐忧虑的心理状态（将杂志的一半规模用于广告的做法已经不再流行，贝塔斯曼集团——如果它之前也算是一家公司的话，那么它就是一家老式的经贸类公司——取而代之，这一过程展示出一种强迫性的商业模式）。与此同时，诸如fuckedcompany.com等网站对于每天失业情况的统

---

① 　The Economist，6 January 2001.

② 　Thrift，2000b.

计，也表现着新经济的衰退带来的影响：失去工作、失去希望、失去激情。现在，所有研究都是针对商业基础的：可持续的商业、良好的管理、民众对产品的接受程度，等等。[①]

对于新经济持冷嘲热讽的怀疑态度是很容易的。正如我在无数管理学书籍或文章中看到的，对于不可避免的改变、对持续实验的希望、对创造性必要性的质疑等，让大家在这些方面保持沉默是困难的。这非常类似于弗兰克"咒语的时代"[②]。然而，我认为，重要的是不能对之采取如此消极的态度，弗兰克关于"企业之爱的悠长假期"[③]的精彩辩论，是如此期望能够打消所有认为新实践可能从资本主义的狂乱试验中产生出来的想法。[④]但是，新经济的因素会继续存在，将之像一种话语一样简单地抹去其实是对话语重要性的误解。首先，有一点无法确定的是，过去五年内科技与新工业组织形式的广泛应用，在现有的劳动和资本条件下没有带来产量的增长。其次，全球性的软件已经在极大程度上改变着空间的距离。正如钱德勒和科尔塔多[⑤]所言，软件从根本上而言是与过去的巨大断裂，这不仅表现在它作用于经济的方式上，还在于它的出售方式，以及它本身的内容上。相对于过去的一切，它都是崭新的。最为重要的是，尽管新经济在许多方面的投入都将被抹掉，其诸多实践和产品都将延续至新的经济形式中，从新的财产形式[⑥]到新的企业组织的"表现形式"[⑦]。尤其值得注意的是，席卷北美和欧洲部分地区的不同寻常的投资浪潮所产生的一系列创新给我们带来的影响，将在很长一段时间内伴随我们左右，诸如无线通信技术。无处不在的计算机和一些特定的新类型软件程序等创新，对我们日常

---

① Anders，2001.

② Frank，2000.

③ Frank，2000，p. 356.

④ Thrift，2001b.

⑤ Chandler and Cortado，2000.

⑥ Rifkin，2000.

⑦ Schulz et al.，2000.

生活的深刻改变，我认为，将会最终带来对欧美社会和文化结构的一些巨大改变，这也是新经济的追随者一直以来的预言。[①] 新经济尽管让"山姆大叔"痛声尖叫，但是，它的遗赠并非都是苦涩的。

①　French and Thrift，2001；Thrift，2001b。

第七章

新经济的表演文化

一、引言

　　本章试图对现代西方一些商业活动提供一种症候式的解读。[1] 我想说明的是，西方资本主义正在发生着一些新的变化，尽管毫无疑问，这些并不会如它的忠诚拥护者所宣称的那样是全新的，但是，也并非与寻常的商业没有任何区别。那些新的事物正在为沃尔特·本雅明曾经预言的时代做着准备，在那个时代中突发性将成为主导原则。

　　随着时代的发展，那些生存于永久突发性状态中的企业总是处于混沌的边缘，因此，企业不必再担心受到官僚式的控制。的确，具备各种培训知识的工作者、拥有评估能力的团队、担负各种项目任务的组织、对信息技术的更好应用以及扁平化了的阶层，这些因素足以使组织变得更加灵活并以有秩序的方式和充分敏捷的反应速度去适应预期中的意外，企业也因

---

　　① Thrift，1996a；1997a；1999a；1999b。

此变得更加敏捷和灵活，① 它们也将一直生存于一片混沌不清的变化中。

这种向突发性原则的转变需要新的规则和管理技巧。"顺从的职员"已经一去不返，代替它的新的主体位置必须被创造出来。管理者必须成为"变化的推动者"，依靠新的规则和技术的教养成为最灵敏的和最优秀的。

很明显，我们需要谨慎一点。首先，大部分商业活动是以许多世纪前就已经存在的实践方式的延续和不断重复为前提的，诸如复式簿记、货品计价和归档等，这些实践方式的改变比那些想要相信我们生活在一个全新世界中，所愿意或想要承认的慢得多。其次，到目前为止我的研究所利用的分析从根本上而言都是修辞性的。"尽管我们也看到一些大胆的企业采用了新的管理方式，绝大部分企业仍继续依靠拥有诸多等级的阶层化管理方式，这是一个世纪前的机械运作方式。"②

那么，新的持久的突发性话语是如何获得如此多的关注的呢？我认为，最能够表现它的特征的词是"样式"，这个词恰切地表达出一种意图或一种调整而非对实践的全方位改变，尽管如此，它却未能表现出细节。当然，样式是现今社会科学和人文科学的关键词之一，它暗示了一种理解和控制一系列实践的关于契约类型转变的需要。一般而言，样式是使不同的事物具有意义并受到关注的方式："样式决定着事物如何以自身的方式呈现出来"③，样式也因此包含着新的隐喻、故事、概念、认知和影响；同时，它还包含着相当的模糊性。的确，这种模糊性是样式权力的关键部分。

131

在本章，我将要论述的是新的样式以新的方式影响着管理者。最明显的，我们所看到的是那种逐渐展开的能够适应持久突发性规则的新的"敏捷的"主体位置，此项任务包含对管理主体的前所未有的更多、更直接的

---

① Illinitch et al.，1998.

② Colvin，2000，p. F5.

③ Spinosa et al.，1997，p. 20.

操控。更进一步，也更为关键的是，它意味着更具张力的新空间形式的生产，在这样的空间中新类型的管理主体被孕育并获得承认。换言之，一个明确的地理学机器的建构是此项任务的基础。

本章也因此分为三个部分。在第一部分（第二小节）中，我将勾勒出现代的管理者们面对的一些压力，这些压力将产生一种以创造最具创新精神的"敏捷的"主体为核心的新管理思想。在第二部分（第三小节）中，我将转到对那些新的主体得以被设计、被视觉化、被具体化和被传播的具有张力的各种类型的空间进行探讨。在最后一部分中，我将以对这种新生的管理思想的生存能力和对潜在活力的思考来结束本章。敏捷的主体，我认为，可能实质上是仅在一些特定的条件下才能够存在的脆弱的主体。

然而，在我开始按照这个顺序展开论述之前，我想就方法论谈几点。首先，如上文所述，这是一种概要性的解读，因此，它的目的不在于形成严谨的研究成果。其次，这不同于任何陈词旧说。它以一系列不同的研究策略为基础：阅读管理者们的读物，浏览千差万别的商业网站，与大量不低于五年从业经验的管理者和管理咨询师进行对话，对包括管理者和管理咨询师在内的观众进行展示等。最后，本章的形式和风格意在模仿快速变化的新话语，该话语的目的在于，通过行动而非仅是对现存可能性的反思来产生影响，① 从某种程度来说，我希望这些能够对未来产生一些影响。

二、实践中的管理者

什么是新管理方式的强制性基础？我认为，时间可以算是。当然，自工业革命始，时间就成为资本主义的口号，但是，作为现代经济基础的时间是一种尤为精细计算的时间，它来自两个相互关联的发展成果。

---

① Bourdieu, 2000.

　　第一种就是对短期金融表现的度量给予越来越多的关注。例如，"股
东价值"的度量标准的出现，该术语于 20 世纪 80 年代由美国管理咨询师提
出，它不仅象征着更广阔领域财务可见度的构建——通过对增加利润施加
更进一步的压力，同时也是公司管理的新的激励方式。① 结果，这种类型
的度量标准孕育了其他度量标准，并使得越来越多的商业部门的财务状况
变得越来越透明，并因此成为一种审核其他商业部门是否也同样运行的方
式——至少是依照财务的尺度。其他度量标准的出现（讽刺的是，通常是
为了否定和阻挡诸如股东价值等财务度量标准而出现的）试图总结和量化
所有种类的非财务指标，如市场份额、质量，以及所谓"平衡记分卡"方
式②。这些度量标准的广泛应用带来的最终结果是，包括工作者和管理者
在内的所有人都发现自己置身于一个全景式的（或至少是部分地置身于）时
间区间日益缩短的世界中。换言之，管理者们也成为鲍尔所谓"审计爆
炸"③（一种对持续表演进行审查的导向的兴起）的一部分。

　　第二种新的发展成果是商业活动的全方位加速，尽管这并非主要因为
对信息科技的越来越多的应用。特别是，生产和消费的加速意味着企业不
得不更频繁地生产新的产品。它意味着企业不得不压缩产品的发展周期，
尤其是通过所谓"并行工程"——同时表演着具有时间先后次序的活动。④
它还意味着企业更贴近于商界中主要的行动者（竞争者、供应商和消费
者），并对他们进行更快的反馈。

　　对于商业活动所有方面的不间断度量的强调以及商业实践的不断加
速，使得商业组织和管理者处于与日俱增的压力之中。由于产品和服务的
再生产过程变得受制于苛刻的规则，因此，持续地按照这些不可避免的自

---

① 　Froud et al. , 2000；Lazonick and O'Sullivan，2000；Williams，2000.
② 　Kaplan and Norton，1996.
③ 　Power，1997.
④ 　Fine，1998.

我强化的规则来行动就会变成一种压力，因为企业之间竞争的成功与否似乎越来越依赖于是否能够顺利地适应这些规则。

因此，管理者必须要学会在这样一个更快速和更不稳定的世界中进行管理，在这个世界中，一切优势都是暂时的；在这种情况下，依靠长期策略的官僚组织显然无法适应环境变化。引用一位众所周知的管理学大师的话，巨人必须学会跳舞①，没有任何地方比快速和持续的创新更能体现对这种舞蹈原则的需求，在这种情况下，知识被看成是一种独立的资源绝非巧合。知识成为一种资产类型，商业必须促进、存储、管理，并持续地对这一知识产生影响，以图使创新之流源源不断。② 劳动分工中的新的管理类位置——如知识主管——已经出现了，这就是对这一观点认可的表现。

于是，与日俱增的创新压力导致了对创造力的极大重视。在修辞学时代：

> 创新达到了史无前例的规模。团队的人数越来越少，取得的成果却越来越大……一种清醒的观点是：你的优秀只等同于你上次的一个好主意，任何创新的半衰期都在缩短。人们、团队和公司都感觉到了那种生产新产品、新服务和新的商业模式的急迫性。一轮成功创新的嘉奖又是什么呢？这只会为回顾自己的成功并开展新一轮的创新带来更大的压力。③

当然，创新一直都是商业组织的实践和自我形象的一个重要部分，然而，我们现在看到的是对能够导致创新的创造力的极大关注，尤其是通过避免信息处理的黑箱模式而支持一种被克罗（Krogh）和鲁斯（Roos）称为强调"创造性的"知识模式。因此，创造力本身就具有了价值。

---

① Kanter，1992.
② Thrift，1997a；1997b；1999b.
③ Muoio，2000，p. 152.

一方面是缩短周期的残酷压力；另一方面是对创造力施加的残酷压力。管理者们必须在这个一切优势都完全是暂时的且更加不稳定的世界中学会如何进行管理，同时，他们还要服从审计的严苛规则。

在这种情况下，那种试图生产出新的"敏捷的"在商海中游刃有余的主体的努力，尤为引人注目。福柯精炼的"治理术"依然是我们理解这个过程的最好方式。[①] 在这些研究中，福柯致力于权力的实践形式——著名的"行为管理"——所有那些去塑形、引导并转化他者行为的实践形式，包括个体可能被要求去控制自己的激情，控制自身等。换言之，福柯想要关注的是理论、计划、策略和技术"行为管理"的形成：

> 管理就是要对行动采取措施。这就要求我们去理解那些要进行管理的区域或实体的动力机制：要管理一个对象必须对这些力量产生影响，并将之工具化，以便能够按照预期的方向就行动、过程和结果进行塑造。因此，对人类实施管理是以承认被管理人的自由为条件的。管理人类并不是要限制他们的行动能力，而是要认可它并利用它为自己的目的服务。[②]

134

如果"治理术"被看成是统治的现代版本，那么，日趋合理的管理就意味着根据管理所施加于其上的对象之内在具体的特性进行管理。也就是说：

> 管理的行为与思想的行为有着不可避免的关联。因此，人类史中每一个特定时期能够形成思想的和不能形成思想的都是管理行为的可能性的和限制性的条件。因此，分析管理的历史就要求关注那些认定特定事物为真的条件，并根据这些特定事物去言说和行动。[③]

---

① Foucault, 1991；Dean, 1999.

② Rose, 1999, p. 4.

③ Rose, 1999, p. 8.

管理的另外一个重要因素是空间。为什么呢？因为管理必须使管理所施展于其中的空间变得清晰可见。并且，这不是一个简单地看的问题；空间必须被以新的方式呈现和表明。这些用于管理的空间：

> 并不是为了对抗经验而制造的，相反，它们是新类型的经验可能性的条件，它们产生出新的知觉形式，赋予知觉对象以情感、危险、机遇、特点和魅力。通过特定的技术途径，一种新的观察方式被建构起来，它将"把对生活的认知与认知的对象相关联，将生活的情感与引起这些情感的因素相连"[①]。

这一立场意味着，我的兴趣并不在于此种类型的管理[②]，而在于空间如何能够产生认同的效果，以及空间是如何被当成——引用福柯那句耳熟能详的术语——"自我的技术"的。换句话说，我感兴趣的是，空间如何能够通过"特殊伦理形式的铭文，自我管理和自我描述的词汇，以及行为与身体的技能形式"，生产出集体性的主体和认同。[③] 这意味着我并不认为管理者是不知疲惫的雄蜂，恰恰相反，它们就像我们一样，也是（日益受到控制的）环境的产物。现今，这种观点通常聚集在"施为性"的旗帜下，而该术语通常被看成是时间化了的规则和对规范的不断引述。[④] 我想说明的是，"实践"因为它们所嵌入空间的存在，并通过它们发挥作用的空间，而拥有了可以被反复引述的力量。正如我在别处所说的[⑤]，这种观点与目前占主导地位的以社会符号的含义（及一种相应的认知策略）为基础的施为性的模式背道而驰，因为这种观点为不可呈现的品质提供了更多空间。这些

---

① Rose，1999，p. 32.

② Knights and Willmott，1999.

③ Rose，1999，p. 47.

④ Butler，1990；1993.

⑤ Thrift，2000a；2000c.

无法呈现的品质不仅是主体化空间的关键部分，也使得引述性的力量中一些更为积极和肯定的方面能够被知晓和被利用。[1] 这样一种改变也引起了向教会式的规训模式的转变，这种模式是现代社会的典型代表，它给予了自我调节的主体以更广阔的空间。管理者的世界正在进行着这种改变，他们正被困于永无休止的培训中，与此同时，他们的想象力也必须要因此保持活跃的状态。这一改变的性别化维度，我希望，是非常明显的。[2]

短暂的浏览使我们能够厘清剩下的章节布局。现在我想要对一系列程序展开考察，这些程序展示并评估了创造新的"敏捷的"拥有管理学治理术的主体所必需的新条件。我以一种相当连贯的方式称这些程序为视界（sight）、援引（cite）和基地（site）。我采用这些词的目的在于准确地表现这些程序与新空间生产的密切关联。这些是与旧的空间相比更为活跃、更具有施为性的空间，有助于创造性的生产。[3] 因此，视界即新的视觉化的空间，援引即新的体现性的空间，基地即新的传播空间。

我想通过对另外四点的论证来结束本节。第一，绝大部分新空间的产生都得益于信息技术的出现。信息科技在许多方面都起着关键性的作用。一方面，它是新经济的主要产物之一；另一方面，它也是新经济的主要代表之一。信息技术象征着年轻、速度、激情、繁忙，并因之有着恰当的装备而对现代管理者具有关键性的意义——掌上电脑，便携的、移动的、受欢迎的软件，网站等。然而并不仅限于这些，信息技术的无处不在——日用计算机设备的蓬勃发展的生态学——意味着信息技术逐渐成为用知识进行存储和工作的方式、一种新的表达媒介、一种新的身体形象的改变，以及一种新的生产地理学的方式等所有这些变化的基础。

例如，就可视化的新的空间而言，我们将会看到——尽管多半是通过

---

[1]　McNay，1999.

[2]　Wajcman，1998.

[3]　Thrift，2000a；2000c.

简单的机械决定论而将技术的特征与主体直接对应的——它已经成为一种向新的管理主体致意的方式（"网络化的自身""越来越快速""变得数字化"等）。然而，我们也应该看到，它同时也被作为一种风格的黏合剂，将各种新类型的境况聚集于一处。就新施为性、体现性的空间而言，计算机软件就是这种类型的具体化的一部分；就商业传播的空间而言，信息技术是一个关键的中介环节，它也拥有自己的声音。

第二，认为我将在下文中详细描述的治理术工程是可以从总体上进行把握的，显然是非常荒唐的。这种治理术在范围上很明显局限于某些西方国民经济的特定部分。它在美国是相当普遍的（尤其是像加利福尼亚州等有着悠久的自我管理规划的历史地区①），然而，通常作为"新经济"或"知识经济"的关键要素，这种治理术也以飞快的速度遍布欧洲②。同样，这项工程在特定的行业中更为普遍，特别是那些将自身定义为"快速"的行业，比如，就制造业而言，法恩（Fine）曾以"时钟时间"③为标准来对该行业内的公司进行分类，这看起来是个非常合适的指示器，于是，一个类似的分类标准也被制定出来，并应用于处于领先地位的广告或管理咨询公司的服务业之中，相比于规模较小的公司，该项工程更容易出现在大型企业中，小型的服务类公司更依赖于项目工作。④ 同时，这种治理术的工程最容易出现在高素质的管理者聚集的地方，特别是那些与塑造自身有着紧密关联的行业（如人力资源管理）。⑤ 但是，它不能被简单地等同于任何管理学的专业化，的确，这将会导致误解：该项工程所关注的是许多管理者们所希望获得的生存状态。比如，作为一个头重脚轻的官僚机构的管理者是非常令人沮丧的，此项工程提供了批判现实和展开行动的动力来源。

① Kleiner，1996.
② Business Week，31 January 2000.
③ Fine，1998.
④ Grabher，2000.
⑤ Thrift，1997a；1997b；1999b.

　　第三，管理者们对以下我将要描述的实践行为通常是持嘲笑和怀疑态度的，如露西·凯拉韦（Lucy Kellaway）[1]和呆伯特（Dilbert）[2]等专业的批判者为此提供了佐证。管理者们通常这样描述他们对培训的看法——"有 1/10 是值得做的，但是你不知道是哪 1/10"——这表达了除最坚定的支持者之外的所有人的看法。然而，这并不意味着这些实践就没有任何意义。的确，其中一些有着自身独立的价值。[3] 即便它们的作用是微小的，它们仍然可以发挥自身的影响。受挫的管理者可以凭借它们在墨守成规的组织中开展变革。雄心勃勃的管理者可以将它们作为事业发展的平台。急躁的管理者可以依靠它们为自己的跳槽或自立门户进行辩护。它们也可以帮助正在经历人生危机的管理者们开拓出一片天空。换言之，管理者们可以在诸多方面受益。

　　第四，此处所勾勒的治理术的工程依然是新生的，依然踟蹰着。它还没有赢得普遍的认可，还有可能失败。"敏捷的"主体，正如我将在本章的最后一部分所言的，可能会被证实为是脆弱的主体，他们只有付出特定的代价才能够维持，而这些代价最终可能变得过于昂贵而无法承受。

三、表演中的管理者

1. 视界（发现真理）

　　重塑商业的主体使之能够从新的角度观察新事物，这需要相当的勇气：呈现商业力量和认同新的方式正在被生产出来，这些新的方式将以不同的角度看待世界。商业杂志通常承担着这种再塑造的任务。当《财富》于 1930 年开始在美国发行的时候，它意在描述美国商业的自我形象。亨利·R. 卢斯（Henry R. Luce）在对该杂志的介绍中说，"有哪一种出版物能够

137

---

[1] 　Lucy Kellaway，2000.

[2] 　Adams，1996.

[3] 　Martin，1994.

描述出现代商业的所有方面的英雄事迹，或者能够成功地表现出那种挑战性的人格、重要的趋势以及这种极为激动人心的商业文化所带来的持续感觉？"[1]因此，卢斯的《财富》杂志价格不菲，且刊载有高质量的报道和照片；作者和编辑甚至发明出如"企业故事"和顶尖企业的历史等新的报道形式。《财富》为商业如何看待自己定下了基调。这个世界是严谨的、男性化的和"商业式的"，身着西服套装，背后是紧凑的办公室和董事会会议室，管理者们已经将一切掌握手中，掌控商业需要冷静的头脑和严谨的态度，穿着精干，双臂合抱，从正面或者下方拍摄出来的面部效果都是必要的。

然而，从 20 世纪 80 年代起，这种塑造商业的方式已经处于危机之中。我猜测，从 80 年代的金融市场开始，年轻商业人士不再希望仅仅被看成是一种商业形象的代表，这种趋势在一些徒有其表的商业杂志中仍在继续（例如，在英国，《商业》杂志现在已经不存在了）。他们希望被看成是文化的代表，这种塑造商业的新的方式正逐渐形成。一种新的商业杂志类型已经开始出现，其中最为突出的是《快速公司》。它于 1995 年创建于美国，出版于波士顿，但是它在美国各地都有一些办公室，该杂志目前每年发行 10次。《快速公司》是"商业革新的手册"："它还不仅仅是一本杂志；它还是一场变革……"事实上，它是一个文化武器，通过聚焦于对"新经济"——始终不懈的改变、高科技以及作为一种生活方式的适应，这些都是新经济的前提——的思考以改变商业的自我形象，这个宣言既是一个符号，也具有充实的内容。

对《快速公司》杂志的症候式的解读揭示出五个方面的意义。第一，它试图生产出一种新的"虚拟"修辞，旨在将新经济的价值视觉化。为了达到该目的，它绝大部分版式都以模仿速度和改变视觉设备为基础，例如，模仿高科技的图片设计（看似电脑屏幕的像素化的页面）并能够进行持续的适

---

① Hugh, 2000, p. 8.

应的图片设计，例如，通过扫描、植入和将各种形象混合在一起。绝大多数仅用于社交形象，这些象征性名字用来进行对话或交谈，但是它们几乎或根本就不具备任何含义，例如，控制面板、框架装置、规则和主题图案，很明显它们意在模仿电脑屏幕。因此，一个封面设计师声称："即便我不是在电脑上操作，人们也会认为我是，因为我的艺术风格非常硬朗，我使用了大量的明快又简单的色彩。"[①]第二，该杂志是高度形象化的。它是用来浏览的，上面很多文章都被分割成了片段——这要求相当高的与电脑设计相关的视觉认知能力[②]。第三，该杂志以对商业人士的半自然状态的描述为基础。他们经常拍摄一些身着校园风服饰的行动中的商业人士（尽管也不乏对身着西服的人士的重点拍摄）。数不清的特色人物传记（意图为那些在新经济中工作的人士树立榜样）强化了上述对商业民主风格的描绘。第四，强调的重点是年轻。即便商业主体已经年过五旬，他们通常以年轻人的方式来装扮自己，同时也被按照这种方式进行描述：跑步、跳高，极少保持原地不动。第五，该杂志假设了一群"像我们"一样积极的读者，能够对它的文章进行反馈。它拥有一个大型的网站，支持在线的民意调查，还有一个被称为"公司之友"的、超过 1.8 万名会员的读者网，交流就是一切。

我们是否可以将《快速公司》看成是一项文化工程？显然，它试图生产出一种以新经济观念为基础的新的社区，以体现特殊的价值观并产生新的基本叙事："你已经跟我一样"或"你可以成为像我一样的人"。然而，我认为，远远不止这些简单的模仿。它可以被看成是一种有利于促进商业文化资本运转的方式，商业开始变得时尚、年轻、性感、体贴和有趣，商业不仅存在于工作中，还体现在大众文化中，这何以可能？我认为这首先必须被看成是对商业文化资本的促进。在所有针对发达国家在经济、社会和文

---

① Fast Company，December 1998，p. 18.
② Stafford，1994；1996；Cubitt，1998；Wood，1998.

化资本的分配研究中①，管理者们都被看成高度占有经济资本但在文化资本的占有上却少之又少。但是现在，这种状况正在发生变化。首先，这是因为有着更好教育背景的新生代的管理者们——他们身上带有他们所属的阶级和时代的文化热点，并且他们急于获得这些方面所带来的尊重——已经开始出现。其次，还因为商业无论是在大家眼中，还是在它自身看来都已经今非昔比。作为一种知识类型的商业，它成为那些更新速度日益增快的"创造性"行业的主要文化基地，比如，流行音乐或电影，这些已经成为最显著的案例。最后，它的变化是通过诸如《快速公司》等项目的办公地点所提供的聚集点和传播渠道而进行的。

2. 援引（表现真理）

2000 年 2 月，在黑潭市附近的卢比豪度假村场地上的一个大帐篷里，40 位来自阿斯达——英国第三大零售商——的管理者们，被要求表现松鼠的精神（使工作更有价值）、海狸的方式（控制追求目标的过程）、鹅的天赋（鼓励他人）。这是美国一家名为"共好"的公司独有的管理培训系统，② 该系统显然是以美国本土的习惯为基础的，其设计是为了激励管理者：

> 阿斯达的苏·牛顿说："我们为管理者们设计出了一个为期三天的活动，它可以在所有同事之间展开。我们的目的在于使这个活动成为令人难忘的经历——其中关于动机、团队协作和领导方面值得学习的课程。"③

也许这有点异乎寻常，但是，却不再是引人注目的。因为在过去的 10 年间，管理培训——现在在世界范围内产生着约 2.5 亿美元的交易——已

---

① Bourdieu，1984；Lamont，1992.

② Blanchard and Bowles，1998.

③ Steiner and White，2000，p. 1.

经发生了显著的施为性转向，这一转向以对培训活动更为详细的设计为基础。以阿斯达的活动为例：

> 此项活动包括40名管理者，在一个建造的像林地的大帐篷中每周举行两次。地板上覆盖着棕垫，一条小溪从中穿过流向一个湖的模型中，湖中有海狸模型在修建着水坝。

> 塑料鹅悬挂在 V 形的天花板上，松鼠模型散布在画好的树上。团队成员们在仿制的小木屋中进行讨论以创造出阿斯达所谓"一种粗糙但完备的感觉"。成员们必须一同准备晚餐以促进团队协作。

> 当大家团坐在仿制的篝火面前，管理者们必须通过讲故事的形式来表达自己的管理方式，这些方式"共好"公司在回到文明世界后就可以被付诸实践。(规定禁止讲述真实的事情)[①]

为什么要这样表演？我认为，这些活动应该被看成是现在在商业中正被使用的，使不可见者变得可见的另一种方式，就此案例而言，这是身体的援引能力，这种动机来自何处呢？有两种主要的实践来源促成了这种转变。[②] 首先，伦敦的塔维斯托克中心于 20 世纪四五十年代所进行的实验，以及国家培训联盟于 50 年代在美国的实验，各种 60 年代的反文化的实验等，所有这些实验产生的管理培训类的活动是其首要来源。这些实践现在主要体现在一系列对管理主体进行影响的实践中，这些实践活动从各种形式的交友小组到拓展训练课程。其次，由管理学对个体各方面展开的研究(尤其是人类关系的研究)所产生的多样化成果组成这些研究，这些研究可以细化到管理类的交谈、含糊的言辞、文化差异、情感投资，甚至是小幽

---

① Steiner and White，2000，p. 1.
② Thrift，1997b；1999a.

默①。这些都以各种各样的方式成为现实中管理实践的一部分，尤其是通过大量的大众化书籍、培训，以及例如，现在流行的情感思考方式。②

这些实践作用于管理者的身体，形成了一系列强调援引能力的实践，尤其是那种将身体作为组织学习过程的关键因素加以利用的实践，这种学习过程可以通过积极参与到更具强度的互动实践中而产生更"理想的"（例如，更具有生产性的、更具价值的）商业活动。对于这种经验型学习的研究可以追溯至 20 世纪 70 年代③，在 20 世纪 90 年代之后已经取得了很大的影响，④ 换言之，关键点在于要释放管理者的身体所蕴含的潜能，尤其是创造的潜能。

然而，这个过程想要进行的前提是身体必须成为可见的，只有这样它才能够被施加影响。各种使得身体变得可见的方式的关键之处在于，它不能以过度规定的方式发生，比如，通常应用于劳动者身上的各种形式的限制，必须是以一种利用相对开放的互动而产生的参与性的方式：

> 如果我们相信，在组织中人们以创造性的实践参与到对组织目标的追求中，且这种实践是不可能完全被制度化的过程所把握的，那么，考虑到过多的控制会挫伤这种能够使实践变得高效的创造力，我们会减少指令。我们需要确认，我们要使组织成为那样的社区，即随着这些实践的发展会变得越来越成功的社区。我们要重视社区建设工作的意义，还要确保参与者能够享用他们学习时所必需的资源，以便充分利用他们自身的学习能力去采取行动和做出决定。⑤

---

① Hatch and Ehrlich，1993.
② Marcus，1998.
③ Argyris and Schon，1974；1978.
④ Argyris，1991；Senge，1990；Senge et al. ，1999.
⑤ Wenger，1999，p. 10.

如果这个社区建设的过程是成功的，那么一个致力于创新的组织就会形成，尤其是，这将释放管理者的想象力和创造力。

有许多可供选择的可以对管理者的想象力施加影响的方案。[①]　然而，几乎所有方案都要生产出"严肃的游戏"[②]的空间，即通过部分地控制灵感的产生过程来生产创新，这个想法使管理者们要为"意外做准备"，无论是在对意料之外的事件的开放度和适应性上，还是在预见异常事件的能力上：

> 创新需要即兴发挥。它不在于严格地遵循"游戏规则"，而在于严格地接受挑战并改写它们……与其说创新是创造者思想的产物，倒不如说是他们行动的副产品……
>
> 严肃游戏的实质是面对不确定性的挑战和兴奋感，严肃的游戏以创造新的价值方式面对未知数并即兴发挥，任何使人们能够提高他们自己进行严肃地面对不确定性的工具、科技、技能或玩具，一定都可以提高创新的质量。[③]

然而，为意外做准备并非易事，大致而言，这需要具备三种品质。第一种是文化的。[④]　所有成功的学习和活动都需要通过培养哈默尔和普拉哈拉德（Prahalad）所谓战略意图和使命感——"在建立方向感的同时也为员工创造意义"[⑤]——的方式来吸引激情和公司"全部大脑"的所有感官。第二种是创新型团队的建立。团队的整体要大于它们各部分的总和，因为它们能够通过各种类型的技巧——如对一个问题展开集体自由的探讨、角色表

141

---

① Clegg and Birch，1999.

② Schrage，2000.

③ Schrage，2000，pp. 1-2.

④ Arbile，1998.

⑤ Hamel and Prahalad，1994，p. 134.

演、有目的的转换比喻、经历震惊、标杆管理等——有效地利用团队产生的事务性知识[①]。第三种是设计出有利于团队进行创新的思考空间。简单说来，这可以是一个具有高度可塑性和适应性的，可以提供大量选择和感官刺激的空间；或者，它也可以指那种高度细化的产生创新的方式。[②]

以上这三种品质事实上都需要通过设计出明确的值得记忆的活动[③]而获得一种"承载"知识的能力，这些活动最重要的是能够带来激情。基于这些要求，难怪很多商业组织开始尝试着从作为建设社区、协调创造力以及搞活空间的知识和技术宝库的表演艺术中汲取灵感，以赋予社区、创造力和空间以生命力。[④] 以下四个例子就足以说明这种趋势。

第一个例子来自不断增强的通过"战略性的故事"来产生归属感的欲望。企业正在被建构成带有自身的叙事社区。例如，耐克公司拥有一个始于 20 世纪 70 年代讲故事的项目，许多资深管理者将大量的时间投入该项目上。该项目最开始以一小时课程的形式面向所有的新员工。现在，这一任职培训持续两天时间，公司设想将这一过程延至一周并在"耐克大学"进行。故事讲述者的演讲的中心在于创新和继承：

> 当耐克的领导们讲述鲍尔曼（Bowerman）教练在决定给他的团队配备更好的跑鞋，并跑回自己的工作室将橡胶注入家用华夫饼烘烤模的故事的时候，他们不仅是在讲述耐克著名的"铁模鞋底"是如何诞生的，也是在讲关于创新的故事……"每个公司都有自己的历史"，43 岁的培训师兼故事叙述者皮尔森（Dave Pearson）说。"但是我们拥有的却不仅仅是历史，我们有自身的传统，至今它依然发挥着影响。如果我

---

① Leonard and Rayport，1997；Leonard and Strauss，1997；Leonard and Swap，1999；Lester et al.，1998.

② Leonard and Swap，1999，Chapter 5.

③ Pine and Gilmore，1999.

④ Thrift，2000a；2000c.

们能够说服人们相信这些，他们就不会仅仅将耐克公司看成是一个工作的场所。"①

绝大部分现代公司的故事讲述都受到"作为剧院的计算机"运动的启发②，"数字化讲故事"的潮流也加强了这种趋势：

> 57 岁的达纳·温斯洛·阿奇利（Dana Winslow Atchley），利用现代化的工具——计算机、扫描仪和录像机——改进了古老的讲故事方式。他帮助这些公司去获取它们的文化产品，去呈现它们吸引人的故事，并将这些故事加工得更加引人注目和使人兴奋……
>
> 数字化叙事不仅仅是一种技术。实际上，它已经成为发生于艺术家和商人之间的一种运动。普华永道律师事务所 53 岁的比尔（Bill Dauphinois）是发起这一运动的人之一。他使用这一方式来向会计和咨询团队的成员讲授关于普华永道的品牌。他搜集了关于普华永道的创始人、资助人以及客户的故事，并将这些故事做成数字视频，将它们储存在电脑上。现在，他带着这些表现公司核心价值观的视频故事四处旅行，传播给各处的员工。
>
> "品牌的建立依靠故事，"他说，"认同的故事——我们是谁，我们从何处来——是最有效的故事。这是将这些故事带入生活中的最有力的方式。"③

第二个案例是通过使用艺术风格来放大新的想法以促进公司的价值观的交流和创造。例如，目前相当流行的是将各种不同的戏剧种类应用到现

142

---

① Ransdell，2000，pp. 45-46.
② Laurel，1993.
③ Pink，1999，p. 32.

实商业环境中，比如，站台剧、婚配剧、即兴剧和街道剧等。以惠普实验室国家人事部经理的芭芭拉·渥芙（Barbara Waugh）为例，她将"读者剧"当作一个体现不同选择和对战略进行解释的整体，同时应用到实验室和公司中。例如，在一出由员工主演的面向其他同事的剧中，关涉的问题是，是否要将福利延伸至男女同性恋员工的长期伴侣。该剧以戏剧化的方式展现了人们的偏见和所面临的困境，这使得高层管理者们推翻了最初的（消极的）决定。戏剧使管理者们亲身体会到那些尴尬的经验，而这些却是员工们先前曾普遍反映过的问题。[1] 在另外一出戏剧中，她的目的在于创造出一种新的公司研究方式：

> 她最不愿意使用的就是PPT，因此，她将自己的经验与街道剧相结合并创造出一出关于惠普实验室的"戏剧"，而不是创建一系列的PPT幻灯片。她将通过调查得来的片段变成对话，并招募管理者们充当员工，新入职的员工扮演管理者。一个班的人来出演30位高层管理者。"在演出的结尾，管理者们默不作声，"渥芙回忆说，"然后，他们开始鼓掌。这太令人兴奋了。他们真的明白了，他们最终理解了。"[2]

第三个案例是让真正的艺术团体来培训并协助员工对现实情境进行创造。例如，在英国，有大约80个由表演者、舞蹈者、艺术家、音乐家等组成的团队投身该领域中，它们展现真实的场景并在关键的时候停止征求反馈，或者激发更具创造力的思维方式。

> 公司开始对以更富创造力的方式建设团队产生兴趣，这种方式具有更小的威胁也更令人愉快，没有更多的规矩和冷酷的繁文缛节。当

---

[1]　Leonard and Swap，1999，p. 70.

[2]　Mieszkowski，1998，p. 152.

涉及发挥员工最大的潜力的时候，我们要向能够生产出新的灵感来源的艺术致敬。

玛莎百货、塞恩斯伯里超市以及联合道麦克公司，正在将这种新的方式应用到英国公司的管理培训中。位于华威市的欧斯福德公司，开办了一个塞恩斯伯里超市的实验室，以研究仅凭身体语言能够达到的交流程度。一个名为"交易秘密"的巡演剧团，在塞恩斯伯里超市开办一系列的传媒工作室并共同完成了电影《第十二夜》的全国巡演。员工们对首次出演莎士比亚戏剧（这本身也是非常了不起的）的激动程度与他们对游戏和活动的热衷程度成正比。

格洛斯特郡的"灵与肉"乐团，通过教授员工里约热内卢狂欢节风格的莎莎舞打击乐，使他们和谐一致地手舞足蹈，天生没有乐感的员工最终变成了随着韵律舞动的狂人，这有助于增强他们的自信并教会他们如何协作……

它们的客户包括城市商业银行、辉瑞、维珍和奥尔普莱斯。布拉泽顿（Brotherton）说："这对于建立自信和团队合作是非常有益的。障碍解除了，人们脱掉鞋袜开始跳舞。他们对彼此有了更多的了解。"

然而，正是同艺术一道，管理学理论才真正成为自己……伦敦的"现场艺术"公司使参与者在歌剧、戏剧、马戏表演和电影等演员和技术人员的帮助下，成功举办了自己的演出。

英国的一个商业咨询团队去里斯本进行了一次"亲密"之旅，他们要在一周内创造出一部完整的歌剧，相对于寻常团队建设的游戏而言，这是一次令人耳目一新的改变，效果是令人激动的。一个参与者说："在这两天之内你忘记了绝大部分的会议。我们会完完整整地记住这次休假直到我们 85 岁。"

商业赞助艺术委员会的项目主管蒂姆（Tim Stocki）报道了对这种培训需求的稳步上升趋势。"这一领域正在增长"，他说，"在很多年内对员工的要求都是思维严谨、关注底线，现在则要鼓励他们进行侧面思维和创造性思维。艺术是这方面的典范。"[1]

我想要集中精力进行探讨的是第四个案例，用戏剧性的手法来取代墨守成规的方式，并因此产生更多创造性的成果。许多用来创造戏剧的创造力技巧，现在都被用以商业培训，只需列举少数一些案例就足够了。首先，创造性公司的一个最典型的例子是伦敦广告代理公司圣路加[2]。作为一个定位于伦敦主流的广告公司之外的合作公司，该公司重组自身以便能够最大限度地提升创造力，并开始着手打破固定的模式，比如，精细设计的活动日程表（周一例会、股东日、圣路加日）。该公司现在已经如此成功以至于某些商业巡演要在它的办公室附近进行。或者以弗吉尼亚州里士满市的一个叫作"娱乐"市场营销机构，一个传递"创造性的概念"的小型公司为例，该公司大约30%的收益来自教授其他公司如何更具创造力：

房间中大约有20个员工等待着被指导去构思自己的超级英雄，为这些英雄们创造环境，拟定他们的超能力，并发明克拉克肯特式的多变的自我……这些员工并不是在游手好闲、浪费光阴，他们也没有怪异的举动，他们在马上就要来临的截止日期前为一个重要的客户积极地工作着。但是，他们试图发挥出更多的创造力，这意味着，他们坚持认为，他们不能坐在无聊的办公室里、单调的会议室里，期待着除了乏味的想法以外还会有更多的收获。

"娱乐"公司无可争议的娱乐性工作场所影响着公司整体追求创造力的方式……当你将工作变成了激励人们成为自己、享受娱乐并尝试

---

① McKee，1999，pp. 26-27.

② Law，1999；Lewin and Regine，1999.

冒险的场所时，你就能够释放出他们的创造力。①

或者以史密斯（Rob Smith）从卡雷拉多州的艾斯蒂斯帕克镇出发的"思维的远征"为例：

> 一次以富有创造性的方式解决户外所遇到的挑战性的远征——这类似于一个针对思想的户外拓展训练营。"这是一个强化的非学习性过程，"史密斯解释说，"他们每天都很紧张、充实并被施加了苛刻的要求。没有排定的进餐时间，没有排定的休息。我们特意设计这个远征以便将人们从他们的'懒惰地带'——这是一种精神和肉体的正常状态——拽出来，因此，他们可以开始独立思考，来探索他们未知的，并发现完成任务的关键性问题的答案。"②

或者，以艾合买提的公司为例，它坐落于印第安人部落，通过仪式和礼节来传授"创造性的发展"。该机构将印第安精神传统的"大地智慧"与作为一种生产"可持续性文化转变"的学习型组织的原则相结合。

然而，我想要关注的是名为"商业发展联盟"的工作。该联盟是一个创建于 1989 年总值 3000 万美元的咨询机构，目前约有 150 家合伙公司，办公地点从加利福尼亚州的阿拉梅达、智利的圣地亚哥、墨西哥的科洛尼亚波朗科到德国的法兰克福，它的咨询业务遍布美国、加拿大、墨西哥、智利、爱尔兰、意大利和瑞士。从某种程度来说，该公司是怪异的，然而，它也是某种行为方式的典型代表，并因为它特别钟情于将特定种类的学术知识转换成实践而使人着迷。

该公司以独具魅力且极其吸引人的费尔南多·弗洛雷斯（Fernando

---

①　Dahle，2000，p. 170.
②　Muoio，2000，p. 152.

Flores)的形象为其基础。在非常早的一段时期内，萨尔瓦多·阿连德(Salvador Allende)任命弗洛雷斯掌管智利政府所拥有的公司。在很短的时间内，他成为经济部长，然后是财政部长，在此期间，他在将控制论应用到实际经济管理问题的大规模工程上发挥着重要作用。

　　在阿连德政府倒台之后，他被捕入狱许多年。被释放之后，他于1976年移居美国，并在加州大学伯克利分校攻读了一个博士课程，该课程覆盖了几个领域——哲学、计算机、运筹学和管理。尤其是，他利用海德格尔的著作以及奥斯汀和塞尔的言语行为理论，将语言理解成是一种构成性的媒介，将交流作为一种承诺行动的结构。[①] 除了"发送信息""撰写报告""做出承诺"以外[②]：

　　　　从海德格尔那里弗洛雷斯明白了，语言不仅传递信息而且表达承诺，人们通过比较评价和许诺而采取行动。他总结道，如果计算机能够记录并处理承诺，而不是简单地传递信息，那么它会更高效。[③]

　　按照这种想法，弗洛雷斯于1979年完成了他的学位论文，并开始了多变的职业生涯，包括开创一系列软件和咨询公司。他还完成了一本关于软件设计的重要且颇具影响力的书籍[④]，该书认为计算机在本质上是关于交流而不是计算的："计算机不仅是依靠语言来设计的，而且它们本身就是语言的配件。它们不仅反映我们对语言的理解，同时当我们在语言中进行自我创造的时候还创造出说与听的新的可能性。"[⑤]很显然，弗洛雷斯已经将培训看成是达成这一计划的补充因素，因为"通过设计来完全避免崩溃

145

[①]　Flores，1998.

[②]　Winograd and Flores，1987，p. 171.

[③]　Rubin，1999，p. 199，my emphasis.

[④]　Winograd and Flores，1987.

[⑤]　Winograd and Flores，1987，p. 79.

是不可能的。能够被设计的是为那些生活在特殊故障区域的人提供的帮助，这些帮助包括培训"。这些培训致力于教授在日复一日的工作中的人如何实现许诺和承诺："如何培训人们提升自己与他者合作的效率，这个关于'为行动而沟通'的培训为人们揭示了他们的语言行为是如何参与到一个人类承诺的网络之中的。"①

弗洛雷斯的观点在他最近的一本书中表达的非常充分，这本书是与查尔斯·斯宾诺莎(一位莎士比亚研究专家及商业发展协会的副主席)和一位享有盛名的哲学家休伯特·德莱弗斯（Hubert Dreyfus)合著的。② 对于这些作者而言，创新不可能被还原为一系列稳定且规则的程序，一种能够应对世界上的各种事实系统性的方法。相反，创新是通过培养人对异常情况的敏感度而打开人类行为性的空间，它是一种有目的的改变我们观察和理解问题的尝试，也因此改变了事实本身，于是，创新是"为了改变敏感度，而不是知识"③。

该书还"综合"评述弗洛雷斯转向的方法：

我们的代表……最初是国家经济计划执行部门的领导，他认为，一个处于他的位置上的人首先要考虑的是确保他的办公室能够生产出对经济最有效的模型，以便使之能够指导社会中的每一个经济机构来提高效率和功能。尽管他的任务是一边开发模型一边去评估其他人开发出来的模型，但是他几乎没有时间去完成此项工作。相反，他总是在交谈，他解释这个解释那个，跟这个人交谈跟那个人交谈，让 A 与 B 相接触，召开记者招待会，等等。对他而言，他看似没有做什么实质性的工作，如果我们将工作看成是执行某项任务以生产出特定的产

①　Winograd and Flores，1987，p. 179.
②　Spinosa et al.，1997.
③　Spinosa，1997，p. 39.

品的话，那他的确没有做什么。然而，这位企业家没有简单地让自己受限于这个事实，即他所从事的与他认为他应该从事的是有差异的。相反，在作为异类的生活中他保持着这种怪异。

　　作为一个异类并保持怪异并不是件容易的事。这要求他总是对发生在自己生命中的怪异保持敏感。在上述例子中，这位企业家总是敏感于他的工作，不在于生产出任何具体或抽象的理论，但尽管如此，他依然在工作。他对异常现象保持敏感，这最终导致他去学习言语行为理论的课程，并找到了通向异常的钥匙。他意识到他工作的异常之处事实上也正是它的核心特征。他明白了，像工匠一样的写这写那，或者像熟练的技工一样打造这样那样的造型工作，已经不再具有任何意义，相反，目前的工作就是对人类活动的协调——开启关于不同话题的对话并产生执行某种行动的具有约束力的承诺。[①]

　　结果，这种以对话和承诺为核心元素的工作构成了商业发展协会的实践内容，该协会旨在对特殊商业活动的性质进行重新描述，成功实现这一认同的转变会促进对事物的重新理解并为那些根深蒂固的观念领域带来转变。换言之，他们的目的在于增加对不规则性的敏感性，并因此通过强调"新的认同、责任、权力、情感和价值观"[②]方面的言语行为的生产性，来改变社区内事物的状态，从而提升创造力。这些实践意在通过完全诉诸作为体现性行为的语言而产生信任，这些语言能够创造新价值和新世界：

　　　　你可以畅所欲言，弗洛雷斯说，但是如果你想要采取有力的行动，你就需要掌握"言语行为"：语言规则能够在同事或者客户之间建立信任，词语实践能够开启你的眼睛使之面向新的可能性。语言行为

---

①　　Spinosa，1997，pp. 45-46.

②　　Flores，1998，p. 21.

是强有力的，因为人们所参与的绝大部分行动——商业、婚姻、教育——都是通过对话形式展开的。然而，绝大部分人说话不带有任何意图；他们只是想到什么就说什么。带着意图说话，你的行动就会带有新的目的；带着权力说话，你的行动就带有权力。[①]

作为结语，弗洛雷斯使用了剧本，意在虚构出转型能够发生于其中的真理和信任的各种情节。话语成为打败偏见和先见的武器："要使用能够实施行动的语言，你必须进行评估（以鉴别真理）和产生承诺（以产生信任）。"[②]评估通常都是比较残酷的，因为"如果我们被要求给出放弃自身的条件，我们会倾向于反抗而不是转变"[③]。实际上，他的意图在于通过剧本的需要和反响来使言语行为摆脱无用这个污名。承诺需要做出大胆的许诺，并通过询问更多的管理者来采取行动并最终建立信任："故事产生价值。价值就在于创造新的可能性。"[④]这些都需要身体的参与：

147

> 弗洛雷斯突然变成了瑞安。他把双臂抱在胸前，缩成一团，怯懦地说："我觉得它会为我们带来优势。"然后他大叫道："这个故事没有任何力量。你要将自己的身体放进去，不然故事中就没有真理。做不到这一点你就无法将你的观念销售出去，甚至无法说服自己。"弗洛雷斯站在那里，唾沫从他口中飞出。他用自己的全身在传递着这个信息。"瑞安，你是呆伯特的领袖。你却永远没有自己的立场。现在你听从费力克斯（Felix），他就是温顺的化身。你知道自己应该处于什么样的情绪中吗？就是那种认为生活艰难的情绪，不要太过于乐观，明年，

---

① Rubin，1999，p. 144.
② Rubin，1999，p. 149.
③ Flores，1998，p. 23.
④ Flores in Rubin，1999，p. 151.

我们要比今年的损失减少一点。如果你情绪不对，你就会对此视而不见。我上一次犯这个错误使我在监狱中度过了三年。"①

那么，关于显现快速主体的新方式，我们能说一些什么呢？我们可以说，通过新的"自我的技术"，身体能够被训练以至于带领主体走出管理的困境，尤其是以人文科学知识为基础的技术。活动成为制造虚构的事实方式，它是想象力的具体呈现，它是一种援引能力。

3. 基地（真理的地理学）

现在让我开始进入我想要探讨的最后一个内容：空间化的实践。产生创造力、创新的新方式与新的传播地理学是分不开的，后者旨在为创造力和创新的发生创造条件。我将会涉及三种目前尤为重要的传播地理学。

首先是管理层的旅行者对世界持续进行的划分。曾经有段时间，许多评论家都认为，商业旅行的频繁程度将会最终由于信息科技的影响而有所下降，然而，实际情况并非如此：由于劳动力变得日益可移动，商业旅行的量在持续增长。

> 人事部门的人在办公室工作的时间不断减少。对于他们而言，与同事一起出席公司的会议也许是不可避免的，但是，他们在家中花在项目上的工作时间越来越多，在公司之外与客户、商业伙伴花费的时间也日益增多。就此而言，美国大约有25％的劳动力是处于移动中的。在英国，这个数字是35％，且还在增长中。到2010年止，这一数字有可能达到60％，并随着工作类型和文化的不同而不断地变化。②

至少看起来，商业旅行的增长部分是因为试图发动知识创新。这一以

---

① Flores in Rubin，1999，p. 151.

② Scase，1999，p. 7.

面对面的互动为主的过程基于以下考虑：

当涉及头脑风暴、令人振奋的激情或者是使得多种偶然发现成为可能时，这个世界上所有科技都无法取代面对面的接触，至少现在没有，或者永远也不会。一份对地理上分散产品研发的研究发现，执行复杂任务的团队员工愿意拥有比他们实际上需要使用的更加"丰富的"媒介（即能够支持更多渠道、更多互动的）。传真对单向通信而言已经足够了；电子邮件提供双向的、不同步的以及相对没有情感的交流；电话针对的是不需要视觉辅助的交流；在精细的身体语言并非必要的时候，视频会议已经足够。然而，面对面的交流是最丰富的多渠道媒介，因为它使所有感官都能够发挥作用，同时它也是互动的和直接的。①

然而，信息技术逐渐成为一种促使这些创造性的互动能够发生的方式，因为它为管理者们提供了一种与公司总部保持关联而不是由总部来控制周边的方式，同时，也为他们提供了一种在公司周围更多地开展面对面会议的途径。总部可以过来参观、控制，或者更准确地调制，都是在流动的过程中得到执行，② 例如，以普华永道的首席知识官艾伦·纳普（Ellen Knapp）为例：

她的生活需要奉献精神和条理性。性格坚定且乐观的纳普女士认为自己是很有福气的，她的体质使她免受时差困扰，她有两个都已经成年的孩子，还有两个极其高效的助理，她把他们比作美国国航局的任务控制中心。她一有时间就进行锻炼，并且对自己熟悉的活动和酒

---

① Leonard and Swap，1999，p. 160.
② Latour，1993.

店情有独钟(伦敦的利兹酒店，因为有再报客房情况的服务而赢得青睐)。普华永道试图使她的生活更为舒适一些，比如，将会议安排在一些中心城市(例如，所有北美合作伙伴都在洛杉矶聚首)；还在办公室中开创了一项"旅馆式办公"的政策，当类似纳普女士这样的常客到来的时候，他们就会为之提供办公桌和电话。"我在哪里，"她说，"我的工作地点就在哪里。"

这种现代感令人羡慕。同时，她对自己工作的描述也很难使人不觉得疲惫。难怪这无休止的飞行会引起管理者们越来越明显的对压力的抱怨。事实上，过度劳动的美国也是一个超额出差的美国。

问题也由此而出：这些旅行真的是必要的吗？毕竟，纳普女士是一个首席信息官。普华永道所生产的计算机硬件的一个功能就在于使大型公司看起来变小了。公司的内联网应该是用于交换知识的渠道。廉价的通信设施的目的在于缩短距离。为什么要专门跑到法兰克福或者亲自跟一个会读邮件或者能够参加视频会议的同事进行面对面的交谈呢？

问题的答案是，看起来技术更像是协助旅行中的纳普女士与家庭联系的方式，而不是与遥远的各个办公室进行协作的方式。如她所言，技术要以信任为基础。普华永道在152个国家拥有差不多15万员工：一封来自一个与你素未谋面的人的专横邮件可能会使你将他拒之千里……纳普女士认为你要先跟人们见面："做手势是非常重要的。"对于一个活泼的女士而言，她的说服力的确可能会被邮件完全掩盖掉。

仅仅知道别人并且说服了他们来一起分享知识只是成功的一半。像普华永道这样的重量级公司如果想要充分发挥出作为一个整体的力量，他们必须使大家彼此能够碰撞出新的点子来——这看起来都依赖于直接的接触。坊间的证据显示，所有宣称来自几乎处于不同地点的两个人的设计成果中，咖啡机旁的闲聊更会带来大量臆想的新产品。[①]

那种能够通过精心设计流通样式以提升创造力的办公空间的构造将我们引到了第二种流通的地理学。[②]办公空间以这种方式设计以便它"可以通过提供有助于面对面的互动机会来最大化学习的可能性"[③]，同时，它还能够承载巨大的信息量，以便促成和扩展这种互动的机会："那些在上班之间进行的、能够决定办公室设计的交谈，与这个工作的世界几乎没有任何关联。"[④]因此，新的办公室的设计思路从旧式的"巢穴"和"细胞"空间转变至"书斋"和"俱乐部"空间。前者以惯例化的文书处理过程和个体化的领域为基础，有区别地表现出对不同资历的嘉奖，而后者带来了整体性的空间，并通过互动性的团队协作和基于不同需要的有关联的团队项目，产生出事务性的知识。因此，办公空间的要求逐渐被设计出来。例如，日益明确的信息技术策略通过增强移动性以打破正式与非正式工作之间的障碍。固定的办公室越来越稀少，相反，管理者们拥有"着陆点"空间。最极端的是，如巴黎的安德森咨询公司，它没有固定的公寓地点，咨询师要根据自己的需要预订地点，他们的所有物被存放于手推车里。办公空间的要求逐渐包含了所有会议空间形式：大型会议室、小会议厅、休息室、厨房，等等。在最极端的情况下，还有可能建造一些室内的道路，路上有咖啡馆、饭店、室内小酒馆，加拿大的一家公司甚至还建有一个禅宗花园。办公空间的设计甚至可以更进一步缩小至最小规模。例如，高度互动性家具的范围已经被设计出来，从放置在小会议厅的可以迅速移动的家具，到可以拆分空间的家具——经细致的观察发现——能够促进人们进行互动。

---

① The Economist，9 January 1999，p. 76.
② Duffy，1997；Worthington，1996.
③ Duffy，1997，p. 50.
④ Duffy，1997，p. 51.

这种类型的新的办公空间还有很多①，在这里我只关注其中一种。这就是由尼尔斯（Neils Torp）设计，于 1998 年投入使用的英国航空公司的总部：

当英国航空公司决定抛弃希思罗机场跑道旁陈旧的办公大楼时，它的老板鲍勃·艾林（Bob Ayling）决定"改变他的办公室，改变公司的文化"。艾林先生……深信该航空公司是隶属于公共服务部门时代的官僚主义的残余物，他希望利用新的办公室作为与过去的决裂。

一踏入英国航空公司的前门，你很快就能发现它的转变。穿过像成排的签到桌一样的接待员，你走入一架大型喷气式客机的起落架的两个巨大的轮子之间。连接六个小办公区的主走廊是一条乡村小道，上面铺着鹅卵石，两边是林荫道。这栋建筑的核心特意模仿了英式的乡村广场，工作人员从地下车库上来必须要步行穿过广场然后到达自己的办公室，这一设计的目的在于确保人们穿过岔口并进行轻松随意的交流。

约翰·伍德（John Wood）是航空公司太平洋带状地区市场的主管。和其他雇员一样，他也没有自己的办公室。每月有两周时间他都待在公司总部，他在员工的工作区域附近拥有一个"着陆点"。改革之前的航空公司固守着旧官僚的规矩，管理者们高高在上，与他们的员工分隔开。

艾林先生说，当他想要和其中一个主管交谈时，他必须穿过大楼，在路上遇到一些人并寒暄几句，"我在几天之内学到的比我之前一个月学得还多"，他表示道。

这栋建筑不仅仅是一个传统的公司总部；在乡村广场旁边的右

边，还建有一个用于培训的基地，这个基地的外形是一架大型喷气飞机的头等舱的模型。每一天都有 100 个一线的客舱乘务员或者地勤人员在那里接受培训，艾林先生认为这也能够打破办公室管理者和一线雇员之间的障碍。

仅靠一个世界一流的建筑也无法确保这个观念的执行。英国航空公司已经投入了 1000 万英镑（1600 万美元）进 IT 时尚业；雇员带着数字无线电话（同时也是他们的办公室座机）四处漫步。他们甚至可以通过电子方式从当地的商店订购杂货，并要求在他们回家之前送至他们停在车库的车子里。[①]

还有另外一种流通的地理学，即通过信息科技将不同的行动者聚集起来，而逐渐开始形成能够促进知识共享的新机构所建构的地理学。现在存在许多此种类型的知识共享型机构，无论是公司内部的或公司之间的。属于公司内部的有，比如，安达信会计师事务所的全球知识共享网络，目的在于通过信息技术促进合作伙伴之间持续的知识共享。属于公司之间的有，比如，网络上建立的为数众多的"思想工作室"，一些以试图创建对信息共享地图的虚拟模拟为特征的公司，如策略地平线公司的网站。因此，此种地理学试图围绕特定的创新强度生产出"一群"商业组织和人员，其依据的原则是创新常常发生于打破界限之后的观念分享。例如：

为了促进"具有创造性的聚集效果"，营销委员会和伦敦商学院创建了一个创新共享机构，处于一个网络中的各个公司都积极地通过交换思想和共享经验来提升创造力。贸易和工业部长斯蒂芬·拜尔斯（Stephen Byers）于周二为其剪裁，这一共享为会员公司提供了一个网

---

①　The Economist，1 August 1998，p. 88.

站，便于了解创新观念和一系列创作室、研讨班的情况。[1]

这些机构的建构对于技术项目方面非常依赖，如速度和共同协作的能力。但同时也需要人类的概括能力，如简易化[2]，其目的在于提供一种虚拟的聚集，这些聚集起来的族群作为知识的"舞台"使创造力能够被释放出来。

四、结语

我试图概述一种新的商业模式，即那种在先前不可见现在变得可见且可以被施以影响的模式。我希望我已经表明，这种可见性的创造在本质上是与一种新的空间结构紧密相连的，在这种新的空间中以前未被注意到，现在却变得显著和客体化了，于是，一个新的敏捷的主体位置也因此被塑造起来。

这是第一个结论。我们所看到的是一系列具体化的资源被带入这个世界之中为资本主义企业所利用，这些资源可能与透视图、复式记账法、文件归档以及各种各样的生产管理方法等发明同等重要。这些资源既是新的商业实践也是创造先前不存在新产品的方式，可以说，我们见证了新的商业生态的诞生。

这种新的商业生态的修辞是充满善意的。商业变得敏捷和快速，但是，它依然有自己的价值观并且将之延伸至社区中。换句话说，这是一个土地时代终结的资本主义，大家穿着随意却举止得体，以社区为导向，参与性强又富有责任感。或者它是另外一种情形，这将是我的第二个结论，也许我们现在看到的是一种新阶段的帝国主义。在 19 世纪，西方国家中意

---

[1] Willman, 1999.

[2] Senge et al. , 1999.

识形态的拥护者按照种族的显著特征为欧洲绘制了一份伟大的人类地图。世界上的人们能够根据种族特征按照优先性的顺序进行排列。现在，也许一种新人类的巨幅地图正在形成中，这幅地图是以人格的其他属性为基础的，尤其是，创新和创造的潜力。在这幅地图的边缘，我们看到的是一些特殊的颇具创造力的形式，它无疑也符合人类进化的方向。代替气候或以族群为特征的地图将是大型的飞机场和教育系统。然而，我猜想，其结果可能与那个旧式的地图有着惊人的相似，除了像日本、非居住地的印第安人和海外中国人等新进入者之外。

除此之外，还有另一个消极的方面，这就是我的第三个结论。既然有了更敏捷的主体，就会有更迟缓的。不仅仅在于这种新的流通地理学依赖于巨大的、不变的劳动人口，无论是纳普的"任务控制中心"，还是所有那些为信息技术和飞机服务的人员；同时还在于，那些生活在无休止的培训和强迫性的团队工作的边缘世界的员工，他们已经被剥夺了用于反抗的词汇。[①] 尽管如此，这个快速的世界无法维持，这是第四个结论。这严重依赖于一种美国式的强调短期利润的商业模式，这种模式有其限制性。也许，对于持续紧急状态的强调是在这种情形中最成功的模式，但是，它有着自身的问题。例如，到 2000 年《快速公司》已经表现出对日渐盛行的"基业常换"而非"基业长青"公司的担忧，前者是以变卖"快速公司"（以短期利益为目的的公司）的财产为基础的：

一个不可回避的事实是我们正在毁掉新经济精髓，这是非常危险的。更糟的是，我们正在变成我们所反对的那种东西。那些点燃新经济精神的人反对仅仅为了钱而工作；今天，我们似乎认为为了钱而工作是可以的，只要赚的钱足够多。[②]

152

---

① Crang，1999；Sennett，1998.
② Collins，2000，p. 132.

换言之，管理者们已经将自己看成是有权去赚钱的；这就是深度衰退的明显标志。

然而，还不止这些，我的最终结论是，没有任何东西可以确保，生产能够适应这个快速的世界的敏捷主体可以或将要取得成功。这是在形成过程中的主体，其合法的语言和知识都正在被创造着。的确，目前的管理文化，无论是流行的还是学术的，它的有趣之处在于——给新经济所能承受的压力和限制的空间——有时候看起来，所有管理者们所寻找的就是像工人一样压抑自身的方式。[①] 管理者们是否能够达到"平衡"，"轻松地生活"，成为一个"可持续的人"，并成为一个变革的促进者？或者是"你拥有得越多，你越觉得自己拥有得少。我走得越快，我越需要走得更快"[②]。这可能很难成为对资本主义更好的描述，"在我消失之前，我能够将自己扩散的多么稀薄呢？"[③]这可能是对新的主体要承担的风险和要成为这一主体所不可避免的情形的最佳描述。

---

①　Schor, 1993.

②　Barlow, 1999, p. 85.

③　Barlow, 1999, p. 85.

第八章

空间的自动生产

一、引言

　　本章的主要目的在于证明，随着计算机"软件"与欧美社会的各方面日渐交融在一起，整个社会正在经历主要的转变。尽管许多著作都对这一转变有所涉及，然而，却缺少对之进行较为系统的论述。因此，本章的第一个目的就在于对这一转变及其程度进行系统的论述。我们希望能够阐明，在短短的 50 年左右的时间内，西方社会的科技基础是如何随着软件渗透入日常生活的方方面面而发生决定性变化的，并开始对人们习以为常的背景产生影响的。然而，仅仅记录这一转变是不够的。我们第二个目标在于指明它为什么是如此高效的。在此，我们将软件的行动能力看成是提供一种新的自动生成复杂空间形式的方式，一种软件和其他实体的复杂生态学，而过去往往认为，人类主体才是明确的直接动力。换言之，我们相信将日渐看到，空间的自动生成以及它对我们称为世界的现象性——开始以自身的方式快速形成编码的图景——所产生的重要影响。

　　然而，不得不说的是，对"软件"进行描述并不是件容易的工作，因为在文献记载中，各种不同含义的"软件"惯常被合并到一处，结果不同类型的功能也就被混淆起来。因此，在最一般的意义上，软件经常被看成更广泛的书写体系的一部分，一个巨大的德里达意义上的互文，逐渐构成一个没有边界的体系，包含所有植根于基础的控制论隐喻的"编码"书写方式。[①]在这个定义中，软件既是一种形成著作的方式，也是一种基于纯数字技术的信息话语之新形式的文化记忆方式。[②] 在第二种意义上，软件可以被看成是对口语进行补充的书写历史上的另一个阶段：德里达对语言中心主义和逻各斯中心主义的批判重新开始发挥其影响[③]：

　　　　越来越多的人现在每天都花更多的时间在书写语言上——键盘上——而不是口头语言上。在不久的将来，计算机将会充斥于发达国家的每一户家庭。这些国家中人们的生活越来越聚焦于电子文本和国154际网络，他们离口语越来越远。相比口头语言而言，书写语言也许会很快地在全世界范围内突显出来。一种不同种类的语言正在从这种人为的交流方式中凸现出来：一种"口头书面语言"在口语和书面主语之间占据了一个特殊位置。现今，计算机也通过书写——也就是说，通过书面的程序语言——在没有人作为中介的情况下，与彼此发生着常规的联系。从这个角度看，书写已经超越了人类本身。我们对书写本身赋予了新的定义。[④]

　　在这个普遍的转型之中，软件可以被看成是一系列新的文本：程序语

---

①　Johnson，1993；Hayles，1999；Kay，2000.

②　Hobart and Schiffman，1998.

③　Derrida，1998；Aarseth，1998.

④　Fischer，2001，p. 316.

言、电子邮件和其他形式的"网络用语"①，以及带有自身文本协议和类文本的软件包，这些软件包导致自身的语言学转向。在另一个层面上，软件可以被当成是编码的实际书写产物，是出自少数一些拥有"熟练的手艺"的人。这些人能够运用一些技术，这些技术即便现在也很难被描述出来以便生产出有效的编码形式。② 对人机互动以及通过计算机完成合作文献的研究，目的在于对人类与机器之间如此娴熟的互动进行研究。而大量的研究表明在被称为"人类"和"机器"的单纯分离的实体之间，并不存在直接的可观察到的交流，存在仅是一系列对话。这些对话表明软件并不仅是一种简单的媒介，而是带有自身力量的拉图尔主义的介质③；然而，软件还有更多形象，它还可以被看成是一系列商品的内核：网站、软件包、游戏、动画片等，这些都可以通过电脑屏幕的媒介进行传播，它们也已经成为一种更为广泛的文化氛围的一部分。无处不在的屏幕④确保了软件的文化影响力，使软件能够占据一个经济和文化的核心位置。

　　无论是哪一种形象，软件都明白无误地代表着一系列新的功效。然而，当然，这种说法回避了许多重要的问题。比如，软件如何与硬件发生关联？是否如基特勒⑤所说的那样极端，即软件是不存在的，存在的只有硬件？或者说，硬件现在是第二位的？还有另外一个例子，既然软件已经对世界产生了影响，那么测量其效力的准确单位是什么？一行编码？一则运算法则或一个程序？一个完善的"信息生态系统"？⑥ 还有一个例子，软件的地址是介于人为的和一种新的自然类型之间，还是已经消失的和新的现存种类之间，或者是物质的和一种新类型的物质符号学之间？这些问题

①　Crystal，2001.

②　Lohr，2001.

③　Thomas，1995.

④　McCarthy，2001.

⑤　Kittler，1997.

⑥　Nardi and O'Day，1999.

我们都无法通过这样一个章节进行充分回答，但是，我们希望能够开启这些问题，因为可以肯定的是，软件正在以它提供的"新的不同形成方式"来取代我们对所处时代和文化习俗的一些最为钟爱的结论。[①] 我们将试图通过本章接下来的五个章节开启对这些问题的探讨。在第二节中，我们将对软件的本质展开讨论。我们的观点是软件是由一系列"书写行为"构成的，这些行为改变了我们对日常生活世界可能出现的事物的期待，这一定义给予软件一种声音，通过简单的审查，不要多，也不要少，我们可以对这种声音是如何随着软件获得"局部智能"的形象，并逐渐在日常生活中突显出来的进行进一步思考。

155

随后，我们将对这些软件被塑造的方式进行研究，尤其是，它是怎样开始识别并明显地迎合诸如情感等人类的特性的，并因此开始呈现出一些身体智能的特征（正如身体智能开始呈现出一些软件的特征[②]）。在倒数第二个部分，我们将试着涉及日常生活中软件的"缺席在场"，概述三种不同软件的地理学：（1）软件是如何以及在何处被生产出来的；（2）新的信息化行为标准的兴起；（3）新的创造力和游戏形式。在结语中，我们将试着得出结论，并通过把软件看成是一种新的聚集形式——也许可以称为"半人工的生活"——而进一步扩展我们叙述的范围。[③]

二、书写的诡计

在这一部分中，我们将主要对软件的本质进行简要的考察。这样的话，我们就要面对一个事实，即软件通常被看成是一种"技术"，并可能被消极地等同于一种表征社会其他事物的影像或隐喻，因此从语言学或符号

---

① Hobart and Schiffman，1998，p. 268.

② Collins and Kusch，1998.

③ Borgmann，2000.

学的领域对之进行把握比把它看成是材料的复杂化代表更为合适。① 然而，软件不能被还原为这种文本主义，尽管它可以被看成是一种文本。这就等于驯化了它的创生性特征，简化了它的意图，并在定义"客体"的摇摆不定的界限上覆盖一层面纱，而对客体的定义对于目前的"人类"科学而言是如此的关键。②

在很长一段时期内，绝大部分的人类世界都是自主地运行的，它从身体的直接影响中扩展出去，并成功地前进至机器的阶段。人类社会在身体之外的拓展以两种方式进行：作为书写及随后印刷发明的结果；作为各种机器的发明结果，伴随逐条的操作指南和粗糙的工业制品。这就是"软件"和"硬件"。在过去，这两种操控世界的方式通常都是分离的，然而现在，我们所面对的是一个能够将书写以很多新的工业制品的面貌呈现的时代，即一个软件的时代，然而，软件开始变得如此有说服力和复杂以至于它开始呈现出许多有机体的特征。但这个酷爱书写的有机体表明了"书写的逻各斯中心主义的压抑，在某种程度上，只能在现代科学的最近发展阶段中成为可见的且可以理解的"③。

156

我们相信，软件向克拉克所谓"广件"的逐渐演化对于理解欧美文化的现代方向有着极其重要的作用，尤其是西方城市的本质。城市空间正日益被机械的书写操控，编码正召唤着它的存在。然而，引人注目的是，这一发展过程几乎是悄无声息地进行着。为什么会这样？我们认为有四个方面的直接原因。

第一，软件在实际可见的空间中占用极少的位置，它通常占据微空间。第二，软件被延迟了。它同时展现着不同的时代，即它所生产的时代和未来瞬间的随后命令。因此，关于生产的实际政策的决定被编入软件之

---

① Hansen，2000.
② Oyama，2001.
③ Johnson，1993，p.191.

中，且很少会在稍后的时刻中重现出来。第三，因此，软件总是处于中间的空间，是挤在日常生活的缝隙中的一系列大批量生产的指令，是在持续表达自己的发号施令者。第四，我们被教导着要忽视软件，正如我们被教导要忽视标准和分类一样。① 软件很快就承担了一种背景性的角色，因此不再被看成是新的事物。

从这个角度看，我们很容易用那些我们所熟悉的概念来描述软件对城市等空间的影响力。其中一个便是霸权。然而，这个概念表达的是一种有目的的项目，而软件则是由许多不断循环并被编码持续改写的项目所组成的。另一个概念是阴魂不散。然而，这个词也不恰当。幽灵是无处不在的，鬼怪只有一半的时间会出现，且通常是通过激起某种情绪来获得它们想要的效果的——比如，恐惧、焦虑、后悔等诸如此类。软件更像是存在物之间的一种交易，也就是说，于其中人们能够看到关系所产生的影响，这些产生的影响具体化在行动、身体姿态和普遍的预期中。② 我们将表明，软件最好被看成是某种吸纳过程，记录着人们对日常生活世界将要发生的事物的预期。③ 换言之，软件是"无意识科技的"一部分④，是用于支撑存在的一种方式，这种方式虽然无法接近，但是却能够明显地感觉到它的效果。它还是无意识的意义和行为的技术基底，"毕竟，有别于可以被自身捕捉到的声音，德里达将技术、机器、文本和书写都看成是无意识思想的承担者"。⑤ 因此，随着软件日渐被无意识呈现出来，城市等空间将会承担它的标记，被新的愉悦、执着、焦虑和恐惧所烦扰⑥。软件确实对我们的存在有着相当程度的限制，经常"处于主体性知觉的领域之外"⑦。

---

① Bowker and Star, 1999.
② Strathern, 1999.
③ Spivak, 1993, p. 30.
④ Clough, 2000.
⑤ Clough, 2000, p. 17.
⑥ Vidler, 2000；Thrift, 2001a.
⑦ Hansen, 2000, p. 17.

因此，对于软件为什么受到如此少的关注的问题，我们得到了一个更一般的结论。然而我们依然固执地认为，像城市这样的空间是用于人类和能够通过话语、形象表达彼此的客体的居住的，这就使得对这一新领域的表达变得非常困难。① 软件不适合这种表现方式，这种"证据的剧场"的方式，因为它的文本是关于能够做事情的语言的，是关于在特定文本中"低于陈述本身的'限度'"的最终陈述。因为，软件"首先和最初是通过基础设施的角色来影响我们的经历的，它的引入要先于并独立于我们的陈述"②。从这个角度看，软件也许最好被看成是一种巴赫金（Bakhtinian）或者德里达意义上的"书写行为"（而非语言行为），其基础是创造性的而非分析性的③，其中语言既是信息也是媒介。因此：

157

> 在先前的以字母为基础的建制中，进入理论本身要通过隐喻，观念的每一次具体的呈现都等同于它的变形。隐喻是必要的，因为除此以外，知识分子无法领会观念的真正含义。在新的建制中，理论的人工品不再是隐喻。相反，客体不再是观念的变形，而是它的真正的具体化。现在，观念或思想存在于客体本身之中或之外。④

于是，这是否意味着软件，作为行为的非陈述形式，"不以对它产生的思考活动为基础"⑤，或者另外一种更发散性的想法——许多人类功能由于被看成是"过于缓慢"⑥的人类身体的外在化和延伸过程的一部分，而被授予给那些"自动的、自治的和自驱动的机械程序"⑦，这些都成为争议未

① Downey and McGuigan，1999.
② Hansen，2000，p. 4.
③ Ulmer，1989.
④ Lechte，1999，p. 141.
⑤ Hansen，2000，p. 19.
⑥ Stiegler，1998.
⑦ Johnson，1999，p. 122.

决的问题。无论是哪一种情况，我们所看到的是，随着新材料合成的出现并体现自身，"生命"是什么已经作为问题呈现出来了。[①]

在本章的剩下内容中，我们将主要通过两种理论技术来理解软件。其中之一是一系列正在融合的理论因素，在将它们作为一个整体的时候，它们构成了一个"承诺的剧场"，基于它们对时间的强调，对主—客体混合的网络（半机器人、反应体、个体生态学等诸如此类），以及对重新移居至带有这些新的非人性特征的现代性空间的任务的热衷。另外一种是对书写的施为性的强调，通过德里达和表演行为理论等不同的资源，这一"承诺的剧院"可被看成是由一系列与书写相关的空间和时间的戏剧所组成的，它们的目的是在延伸书写本性的同时保持其"预言性的格调"[②]。

三、描绘软件

158   在对软件的位置进行具体审定之前，我们先试着看一下生活从 20 世纪 70 年代起发生了怎样的剧变。在一本卓越但却被不公平地忽视的文章中，罗恩·霍法（Ron Horvath）认为西方城市的内部已经变成了机械的荒野，他称之为"机械空间"[③]。他认为这一新的领域是一个荒凉并充满威胁的地方，"主要应用于机器的使用"[④]，因为它给予机器而不是人类以优先权。霍法所谈论的主要是汽车，他通过关注美国城市中日益增长的让渡给汽车的空间以及随之产生的致命影响，详细地绘制了"机器的扩张范围"[⑤]。然而现在，我们看到的是与汽车的扩张同等规模的某种东西。[⑥] 但是，即便

---

① Doyle，1997.

② Johnson，1993；1999.

③ Ron Horvath，1974.

④ Ron Horvath，1974，p. 167.

⑤ Ron Horvath，1974，p. 187.

⑥ Mackenzie，1996.

软件已经融入日常生活的每一个细节之中——正如汽车一样——它却不曾在这个时代引起相应程度的质疑。

　　的确，对于我们的审查而言，汽车是一个好的切入点，因为汽车正日渐塞满了各种软件。关于汽车内部的电子设备的激增报告，例如，经济学人智库(EIU)曾预言，在很短的时间内，电子设备将会占据超过主管座车总价值的30％[①]。这些交通电子设备正日益被由个体公司与如美国的智能车辆系统等公司合作研发的微型软件操控。该公司的生产范围包括智能免撞系统，即交通、定位和导航；司机状况监控系统；障碍物和行人的检测系统。正如我们所言，英国的福特公司目前正在销售配有智能保护系统的蒙迪欧车型。该车型内置的神经网络传感器使智能保护系统能够对任何影响进行评估，并在瞬间调整汽车的安全系统从而将它们的功能最大化。同样，以蒙迪欧的平台为基础的捷豹C车型，不仅拥有现在大家所熟知的计算机导航系统，同时还拥有一些受控制的话语开关技术和融合了电话、卫星定位新特征的捷豹网络，它能够在意外发生的时候自动发送紧急呼叫，这样安全气囊就会启动。带有这些种类的植入系统的汽车零件数量如此巨大以至于经济学人智库在报告中预测说，到2001年，装有"汽车企业内部网"的轿车将会问世，并将各种类型的随车计算机全部连接起来。

　　与这些智能汽车项目相伴而生的是不断增长的智能交通系统。例如，美国的智能交通系统被整合入一个更大范围的智能交通系统。利用澳大利亚、日本和欧洲的研发技术，智能交通系统美国公司，一个公共和私人的混合体，试图寻求更广阔的研发空间和雇佣人数，并促进智能交通系统的整合以创造一个更高效、更安全和更经济的交通网络。智能交通系统的目标领域包括：交通环境下的信息收集与传递，交通意外和拥堵的减少，复杂导航和线路指导系统的研发。智能交通系统更具体的例子包括交通指示

---

　　①　The Economist Intelligence Unit，2000.

灯智能软件的研发。例如，利用模糊逻辑智能交通指示灯可以理解并根据
变化的交通条件做出反馈，因此相对于传统定时控制的指示灯，它能够提
供更好的表演。[1]

然而，在汽车和道路之外寻找都市软件也易如反掌。电梯是城市基础
设置的不可或缺的部分，它们也正在装载着越来越多的软件。从早在 20 世
纪 80 年代被当成是"愚蠢的机器"的典型电梯，如詹姆斯·格雷克（James
Gleick）所指出的，在软件的丰富性上甚至已经超过了汽车，在他看来，智
能电梯现在装载了"比一辆高端汽车更多的计算能力，比阿波罗航天飞船
上的计算能力更高"[2]。加上微处理器，装载上模糊逻辑，智能电梯或者
"带有计算程序的电梯"就已经：

> 学会了在载满乘客的情况下跳过楼层，以避免过度拥挤，并识别
> 人类行为模式。它们可以预期到，在某一个固定的楼层在每天下午 4：
> 55 的时候会有一大群人涌入，并按下下降的按钮。[3]

软件渗透进城市的基础设施之中，不仅表现在它对城市陈旧技术的影
响，更表现在它也是新技术的关键构成部分。尽管只是城市结构中一个相
对较新的附加物，安全监督或闭路电视监控系统正处于革新阶段。[4] 1998
年 10 月伦敦的纽汉区成为世界上首个利用该系统来监控公共空间的地
区。[5] 由 Visionics 公司研发的面部监控系统使用面试识别技术来扫描罪
犯："通过模仿人类的大脑，软件能够扫描并测量人的面部器官之间的距

---

[1]　Khiang et al. , 1996.

[2]　James Gleick, 1999, p. 24.

[3]　James Gleick, 1999, pp. 24-25.

[4]　Graham, 1998.

[5]　The Guardian, 10 February, 2000, pp. 14-15.

离，并将它们还原为一堆像素。"①在纽汉区之后，一个类似的针对犯罪的安全监督系统，卫星通信网络已经被引入伦敦西区，其设计意图在于监控人群和集会，并防范自杀，这一网络系统已经在伦敦地铁进行试验。②

　　有没有一种方式能够对城市中的软件进行总体性评估呢？千年虫倒是提供了与这种总体性审查近似的说法。英国审计委员会关于千年虫的报告让我们对软件及其相关的嵌入系统影响城市日常生活的程度松了一口气。除了交通指示灯、电梯，英国设计委员会还列出了停车障碍物、中央加热器、楼宇安全系统、盗窃和防火系统、会计软件、车辆维护系统、地方政府收入系统、儿童保护记录、收益系统、应急无线电通信系统和医药设备。随着一些区域对那些嵌入式计算机系统的依赖，当地人们的日常生活将受到越来越严重的影响。英国城市中其他著名的地标包括银行业、煤、气、水和电力系统，食品零售业，邮局，警力，消防队，医院和应急服务系统。在涉及医院的部分，审计委员会使用如下片段来警示可能出现的问题上的延伸："英国国民健康保险制度2000年的项目管理有如下表述：'潜在的威胁延伸至医院的所有领域之中——电梯、诊断设备、X射线机器、麻醉设备、呼吸设备和检测仪。'"③2000年的问题是一个全球性的问题，类似的审查在全世界范围内进行。

　　当然，在这个事件中，"千年虫"所引发的骚乱是微不足道的，从此也一直有质疑——"千年虫"带来的真正威胁到底有多大，然而，如果它没有带来什么实质性的破坏的话，千年虫充分地展现了软件深入日常生活的程度。

　　如果迄今为止，绝大部分软件依然在悄无声息地扩散至日常生活，考虑到新技术与身体的亲近关系，它们的研发要明显地多（尽管不一定是可

160

---

① 　The Guardian，2000，p. 14.
② 　New Scientist，25 September，1999；11 December，1999；21 October，2000.
③ 　New Scientist，1998，p. 11.

见的）。这就是局部职能的世界，日常生活的空间变得充满了智能设备，它们将越来越多的空间转换进计算活动的环境中，这些空间之内、空间与空间之中都可以进行交流。这一变化是两项大的发展成果的产物，其中之一是向"普遍的""无处不在的"或"弥漫的"计算机系统的转变，这些系统被分布在拥有各种设备的环境中，"一个与传感器、促动器、显示器和计算机零件等隐蔽地交织在一起的物理空间，毫无缝隙地嵌入我们日常生活的用品之中，并通过一个连续的网络相互连接"①。

诺曼（Norman）预言说这将是一个"信息设备"的世界，在某种程度上，我们每一个人都将在必要的时候将我们对计算的需要集中在一起。"信息设备应该被看成隶属于同一个系统，而非彼此分离的设备。"②以至于"不是一个巨大的设备占据了我们办公的大片空间，而是我们将拥有一系列相关设备以满足我们的工作需要"③。今天，当然，我们只拥有第一代机器设备来传递日常生活信息，这些设备"计算"的痕迹过于明显，它们主要包括个人数码设备（如掌上电脑）、移动电话、可录制 CD 机、便携式 MPS 播放器、个人声音记录器、交互式寻呼机、互联网广播等。这些设备拥有一些计算能力，也通常可以用来跟他人交流。然而，这种计算设备将越来越有可能以合适的方式转变成为更多种类的设备，同时变得更加个性化。④ 这是从关涉到具体的单机高科技设备（这些设备提供分析并陈述信息）的供应物的互联网所引发的计算理念，向在适当的时间和地点通过一系列设施而分布的计算能力的转变。"更少的忙乱和烦扰，简单地说，就是更加便捷，具有极大的灵活性和可变性。新的互动方式，新的学习和商业行为、娱乐方式。"⑤

---

① Weiser et al. , 1999，pp. 2-3.
② Norman ，1998，p. 253.
③ Norman，2000，p. 12.
④ Bergman，2000.
⑤ Norman，1998，p. 261.

　　第二个重大的发展就是将互联网——20 世纪 90 年代的痴迷——看成是智能设备革命的其中一个因素："互联网的使用将会变得如此普遍、如此自然、如此平常，以至于所谓'互联网设备'的概念将会变得完全没有必要。"①相反，我们将生活在一个宽带的世界中，互联网将会成为一个长久有效的信息"群"，它能够通过一些分散在周围的设备被召集起来。这些设备将不仅仅是信息的门户，相反，像许多其他设备一样，它们并不使用互联网而"具有实践敏感性"。通过一批无线及其他传感器，读取全球定位系统的持续定位信息等，它们能够对所处的环境进行识别并做出反馈。这意味着我们将告别那些仅能够对机器进行互动的设备，它们能够产生这些互动是因为它们被设计了要在这些它们足够熟悉的环境中产生互动，这不仅意味着更好的人机交互界面（尽管这也将是这种新的交互作用的一部分②），这不仅意味着对我们与机器关系的重新设计，以便产生更令人满意的互动经历。③ 相反，它意味着，通过将文化吸纳入实践的过程，一整套计算设备将会从表现的层面浸入非表现性的世界，并因此成为一系列我们习以为常的激情和技能的一部分。④

　　目前，这个局部智能的世界还有一段距离，但并没有那么远。有两个例子可以说明这个问题：移动电话技术，也就是所谓"可佩戴的"设备。随着 3G 技术的出现，带有软件的移动电话和移动电话网络正变得越来越复杂，以至于正如汽车或电梯一样，手机也被设计得"更加智能"。⑤ 带有语音识别技术的移动电话可以免手动拨号并使用其他功能，这一技术已经被广泛使用。此外，蓝牙和其他一些无线交流设备，除了 SIM 卡之外，正在被安装进 SG 手机之中。这些设备将允许移动电话的使用者与其临近的空

---

① 　Norman，1998，p. 269.
② 　Johnson，1997.
③ 　Dryer et al. ，1999.
④ 　Thrift，2000a.
⑤ 　New Scientist，21 October 2000.

间(大约是一所房子之内)中的其他蓝牙设备的拥有者进行交流。举一个简单的例子，城市中心的零售商和商场可以在你接近该区域的时候发送一个折扣为 10％的优惠券到你的手机屏幕上。[①] 沿着这一思路，很显然，GPS信息将会被迅速地定格在半空之中：

> 信息不是真的被固定在空气中，它们被储藏在一个网页上。但是，那一页的网址被链接到地球表面的坐标之上，而非某个组织之上。随着你的移动，你的移动电话或掌上电脑中的 GPS 接收器将会为那个特定的地点查看网站上的内容。如果幸运的话，之前走过那里的某个人所留下的记录将会蹦出来显现在你的屏幕上，或者报告给你。[②]

162

如惠普公司在亚太总部设立的 Cooltown[③]，这样的原型系统正试图生产出这样的一些空间，其中充满了全球开放的信息。

移动电话成为日常生活的一部分，其过程产生了新形式的社会行为，从由短信促生的超协调性，以及新的可能"群聚"，到私人的工作、生活对公共空间的侵占，到新类型的社会情感表演——这些都表明了，通过这种方式即使是非常基础形式的局部智能也能够对文化产生实质性的影响。[④]

第二个关于新生的局部智能的例子是由可穿戴的计算机设备提供的，作为一种提供计算能力的方式，它在最近的五年内获得了飞速发展。它所提供的计算能力总是现成的，且由于它附着于服装之上而总是可用的："它总是开着，总是可以获取的，总是你的一部分。"[⑤]"因此，它总是存在

---

① New Scientist，2000，p. 33.

② New Scientist，1 December 2001，p. 16.

③ http：//cooltown. hp. com.

④ Townsend，2000；Laurier and Philo，2001；Brown et al.，2002.

⑤ Billinghurst，n. d. .

于使用者的身体外套之中。"①尽管商业性的可穿戴设备最初由李维斯公司设计的 IGD+（与飞利浦公司共同研发，并以飞利浦 Xenium 语音识别电话为标志）这样的商品所组成，它与能够携带多种电子元件的笨重的多口袋的夹克没有差别，其前景可能是非常困难的。赛博夹克很可能就是第一步，这些夹克将能够，比如对穿戴者进行提醒并将之引导至有趣的商店。然而，"购物夹克"只是一系列研发出来以超越传统的使用者或个人之电脑模式的潜在可穿戴设备中的一种。例如，伯珍公司的星实验室已经揭开了带有记忆、通信、交谈、连接能力和计算能力的电子服装的面纱。

最近，创造有计算能力的能活动的纺织品已经成为可能。它能够将电路材料编织进服装里，并因此可能创出更具身体敏感性的界面。② 通过将计算机系统安装进夹克、裤子、帽子、鞋子、眼镜里，曼恩（Mann）等可穿戴设备的开拓者已经在寻求彻底改变我们使用计算机的方式了。智能服装将计算机转型为"智能辅助设备"，它能够积极主动地而非被动地与使用者互动。③ 因此，可穿戴设备不仅能协助商店进行定位，还可以作为更普遍的导航辅助设备和移动支付系统来发挥作用，为楼宇提供安全访问，为实战中的工程师和机械提供支持，记录谈话内容、会议等其他事件，作为移动互联网和手机的入口，扩大视野和记忆力，以及在许多其他活动中发挥作用。就移动电话而言，对于未来可穿戴系统的关键要求将会是，通过采用如蓝牙等无线传输协议，满足与他人以及与嵌入日常生活结构中的其他系统的通信的需要。

局部智能的发展趋势将很难止步于移动手机和可穿戴设备，随意浏览一下像《私人技术》这样的杂志便知。计算能力被体现在日常用品中，体现

163

---

① Bass，1997.

② Post et al.，2000.

③ MIT website：www. wearcam. org/computing. html.

在家具中（包括床和沙发），甚至在地毯中①。

然而，同样重要的是要记住，一些最重要的局部智能特征来自蓝牙和类似无线协议的日渐增长的功能，它们能产生大量"不可见的"植入式系统，并在与人类使用者进行交流的同时也同彼此通信，并因此产生一个真正的"机械大气层"。在特定的情况下，甚至可能，如科学家所预言的，机器与机器之间的交流可能要优先于人与人之间的交流②。比如，"人们之间电话的数量将会被代表人的机器与其他机器的交流超越"，结果就是：

> 只要你的洗衣机被安装好了，它就会在空中与你的蓝牙控制器连接，询问它是否可以与制造商通过网络进行关联。一年之后一个维修工程师将会登门拜访你，他收到了洗衣机发给他的邮件，因为洗衣机的轴承用久了。③

在对这一节进行总结的时候，重要的是要明白，这种真实的和预期的考察从两个方面考虑而不应该给出一种科技的定论。第一，新一代的智能设备受到来自不同文化以相当不同的方式在社会和文化层面的影响。一个很恰切的很流行的例子是对移动电话、掌上电脑和便携式电脑在欧洲和北美洲的完全不同的使用模式，在大西洋的两侧有两种出人意料的对这两种技术不同的使用方式。④ 第二，软件本身几乎不能制定一套平稳的且令大家熟知的流程，这一点应该进一步扩展。

第一，软件通常由许多不可兼容的且一直处于变化中的语言组成：

---

① Omojola et al.，2000；Paradiso et al.，2000.
② New Scientist，21 October 2000，p. 33.
③ New Scientist，21 October 2000，p. 33.
④ Brown et al.，2002.

我在 1971 年学着编制了一个电脑程序；我的第一份编程工作开始于 1978 年。从那时起，我自学了 6 种高级编程语言，3 种汇编语言，2 种数据检索语言，8 种工作处理语言，17 种脚本语言，10 种类型的宏命令，2 种目标定义语言。68 种程序库界面，5 种网络和 8 种操作环境——15 种，如果你将操作系统和网络的不同联合体交叉相乘的话，我认为这并没有使我变得非常与众不同。考虑到计算机改变的速度，任何有一定从业经验的人都可能列出这样的单子来。[1]

第二，软件是建立于许多不同的因素之上的，其中许多都是已经存在了许多年的"遗产系统"，事实上，许多程序设计师依然依靠编码生存[2]：

164

　　软件在逐渐地变老。太多的时间投入，太多的时间用来替换掉它，因此，与被丢弃的硬件不同，软件要不断进行修补。它被修补、被改正、被添加补丁并重新使用……我曾操作过一台大型计算机系统，该系统的 COBOL 程序的资料摞得有一人高。当我从别人手中继承它的时候，该程序已经有 16 年的历史了，根据图书馆的记录，在我之前曾有 96 位程序设计师操作过它。我花费了一年的时间来研究它的子程序和服务模块，但是依然存在我没有触及的神秘地方。这个系统存在着十年都没有人能够修正的错误，还有一些部分，添加一条编码将会造成被程序设计者称为"副作用"的古怪的、令人困惑的结果：错误不是直接来自那条添加的编码，而是来自稍后产生的某些未知的干扰。我的程序在接近它的"生命周期的"结尾处，它在濒临死亡。

　　然而，这个系统却不能被丢弃，当一个计算机系统开始变得陈旧的时候，没有人能够真正弄懂它，一个出自低劣的技术系统反而变得

---

① Ullman，1997，p. 101.

② Downey，1998.

珍贵……

　　旧系统的珍贵性是不言而喻的。系统运行的时间越久，在它身上工作过的程序设计师越多，能够明白它的人越少，随着时间的流逝，不计其数的程序设计师和分析师来了又走，系统则形成了自己的生命，它一直在运转，它是它存在的宣言：它在有效地工作。无论有多糟糕，也无论有多古怪，有多过时——它都在运行着，却没有任何一个人能够完全明白它是如何运行的。[①]

换言之，程序设计师是在与"无知的专门知识"的背景进行抗争。

　　持续不断的变化的必然结果就是茫然无知，这一点不经常被谈论：我们这些计算机专家们很少知道我们正在做什么，我们擅长小题大做然后再将问题解决，我们在未知事物的海洋中乘风破浪，我们的经验使我们只有能力来应对混乱，否认这一点的程序设计师有可能在撒谎，或者对自身非常不了解。[②]

　　难怪绝大部分软件只有在真实应用的反复试错的过程中才能得到恰当的彻底的检验。[③]

　　第三，正如无数作者曾指出的[④]，软件很少设计的比较完美，因此绝大部分程序的功能都未被充分地利用：

　　绝大部分计算软件都如此糟糕的一个主要原因是，它完全不是被

①　Ullman，1997，pp. 116-117.
②　Ullman，1997，p. 110.
③　Mackenzie，1996.
④　Winograd，1996；Norman，1998.

设计出来的，而仅仅是改造的。另一个原因是软件的定制人通常更重视程序的内在结构而不是外在设计，尽管事实是，现代的程序中多达75％的编码都是用来处理面对读者的界面的。[①]

软件不总是按照程序设计师的指令运行，或者按照它应该为使用者所做的运行，它不可避免的是一种联合生产，在程序应用的过程中这一特征尤为突出：

　　　编写一个软件程序……以一种原创的方法来处理问题，每一组程序设计师都以不同的方式重新定义并解决它所面对的问题。然而，在工作中对程序的使用忽略了特定的技巧，揭示了新种类的功能，造成了各种冲突，也解决了一个又一个问题，并激发起新的合作机制。软件带有一种变化的虚拟性，团队或多或少富有创意地将之现实化了。[②]

165

我们就以第四点作为本节的总结。一个简单的事实是，嵌入系统之中的软件现在得到了如此广泛的应用，因此，我们对于它的确切边界已经无法确定。正如审计委员会强调的，他们在辨认千年虫影响到的设备时所遇到的困难一样，"嵌入式系统的表征即便对于一个受过培训的观察者而言也可能不太明显……一些系统还可能极其难以定位或进行测试"[③]。然而，据委员会估计，即使回溯至1996年也有大约70亿的嵌入式系统被分布在全球各处。

---

① Winograd，1996，p. 5.
② Lévy，1998，p. 25.
③ Lévy ，1998，p. 11.

四、为软件注入新的生命

因此，任何对城市中软件的考察从根本上都只能是偏颇的和不完整的，我们现在进行的也一样，正是这一点比任何事情都更能够说明，这种形式的"机械空间"已经分布的很广泛，然而，这仅是个开头。计算机科学的持续发展暗示着软件将会发挥更加重要的角色，而现在它只是作为能够改变自身形式和功能的机械书写软件而已。

这样的转变是从正式的明确指定条件的程序，向强调行为的情境性、强调互动和适应的重要性以及应激特性的程序普遍性的转变。这种观念已经存在了很长时间，对人机互动的人类学的研究以及更为广泛的社会科学和人文科学的发展都是其发展的动力。[①] 然而最近，这些利用各种各样的方法——从模糊集合到神经网络、遗传算法、生物信息学和生物计算的数据挖掘技术——的程序已经变得相当广泛。[②] 此处，我们将对其中一项成果，即"柔性计算"运动的发展进行探讨，柔性计算包含了一系列方法，它强调恰当的而非精确的模式。

模糊计算通常是与加利福尼亚州大学伯克利分校的查德（Zadeh）在 20 世纪 60 年代的研究有关的一套技术，包括模糊集合、模糊逻辑和复杂系统理论。总体而言，模糊计算源自这样一种看法，即以精确和细节化的模式为基础的现存编程方法不适用于处理复杂的、不确定的和模糊的系统或问题。[③] 同样，计划计算的技术源自对精确建模技术在处理许多经验问题时有限性的认识。以"再生产、转变达尔文的适者生存原则"的自然理论为基础，进化计算试图利用"自然选择的力量将计算机转变成自动优化的设计

① Suchman，1987.
② Bentley，2001.
③ Ruspini et al.，1998.

工具"①。 166

　　柔性计算的概念与模糊计算，进化计算紧密地关联在一起。为了对柔性计算进行定义，查德曾表示："柔性计算的行为榜样是人类的大脑。"②相对于强调"明确的分类"以及完善的信息所含的传统硬性计算而言，柔性计算突出的特点在于它对"非精确性、不确定性和不完全真理"的宽容。如伯尼（Bonissone）所言：

> 　　当我们试图解决现实世界中的问题的时候，我们意识到这些问题都是未经认真设计过的系统，难以被建模且有着巨大解决问题的空间……因此，我们需要能够应对这种信息不完善的、混合的、近似的推理系统。③

　　许多柔性计算方法已经逐渐呈现出一些共性：向生物学和自然科学寻求灵感，尤其是，进化理论已经激发了一系列可供选择的编程技术，其中最有影响力的要数遗传算法。与其他计算方法一样，遗传算法为建筑模块提供了一些最复杂的软件应用，尤其是人工智能系统。因此，无论是独立的还是将之作为柔性计算技术的典型范例，对遗传算法背后的基本原理进行简要的核查都是非常必要的。

　　遗传算法作为以巨大的"解空间"来解决复杂问题的机制，是由密歇根大学的霍兰德在 20 世纪 70 年代研发出来的。④ 为了解决"解空间"的问题，霍兰德研发出了一种"源自某些进化论隐喻的机械学习的行为模式"⑤。同其他类型的进化计算方法一致，遗传算法的工作是为给定的问题寻求答

---

① http：//evonet. dcs. napier. ac. uk/evoweb；Heitkötter and Beasley，1999.
② Zadeh，1994.
③ Bonissone，1998，D1.1：2.
④ Sipper，2000；Holland，1975.
⑤ Heitkötter and Beasley，1999，p. 1.

案，为了达到此目的，遗传算法采用了一种特殊的基因呈现模式[1]，最初被产生出来的是类似于人类基因中的染色体式的一群人或一组数据，其中每一个都代表着一种可能的解决方案。第一代候选方案在它所处的环境中被评估，即对它对于现成问题的适应度进行评估。在此适应度和所采用的遗传算法的基础上，新一代的个体就产生了。[2] 遵照"适者生存"的原则以及基因多样性的原则，新出生的一代都应该包含比先前一代更多的解决问题的办法。理解遗传算法力量的关键在于明白，它排除了对一个问题可以拥有预先解决办法的必然性，程序设计师只需要确定一个恰当的适应度函数和遗传算法[3]。

167

表 8.1　生物学的和遗传算法术语的对比

生物学的	遗传算法
染色体	一行
基因	特征、特性或检测器
等位基因	特征值
轨迹	位置
基因型	结构
表现型	参数集、可选择的解决方案、解码结构
异位显性	非线性

资料来源：Goldberg，1989，p. 22.

　　遗传算法，以及其他各种柔性计算技术，对人工智能系统的发展有着极为重要的影响。人工智能包括许多具体的应用，从人工生命、机器人和认知技术，到数据处理、专家系统和智能代理。所有不同种类的人工智能

---

① 　Table 8. 1.

② 　Heitkötter and Beasley，1999；Goldberg，1989；Sipper，2000；Belew and Vose，1997.

③ 　Davis and Steenstrup，1990.

系统的一个共同特点是，它们都运行在相似的巨大的解空间之中，而传统的硬性计算方法在该领域表现得非常欠缺，这就难怪柔性计算模式已经被用来解决如此复杂和模糊的难题了。的确，柔性计算以及类似的算法背后的发展动力都来自发展人工生命系统、生物统计学和其他智能技术的愿望。这一点在控制论的早期，自生物学与计算机在类似神经网络的范例中进行了持续的互动之后，就已经比较常见了。[1]

再反观我们对城市中软件的考察，柔性计算可以在遍布城市的嵌入式系统中寻到踪迹。智能交通灯、电梯、汽车以及洗衣机都运用模糊逻辑进行编程，许多智能交通系统也是如此[2]。基因算法正在帮助运行医疗诊断和检测仪器、数据挖掘技术、信用评分和行为建模系统、交通管理系统和呼叫中心电话选路技术。基因算法正在被更广泛地应用于人造生命世界，比如，计算机、金融市场模型、弹性生产系统、电信网络，甚至英国的第四频道也用它来协助安排电话和广告。[3] 拥有自我学习能力的软件也在生物统计学和认知技术领域进行推广（例如，在视觉认知系统中）。

这些技术使得机器和零件开始呈现出一些身体智能的特征。智能软件开始将新的生命带入日常生活的诸象之中，这并不意味着软件或计算机系统会因此销声匿迹，[4] 而是期望对坚硬的、理性主义的计算能力之"情感反应"[5]能够帮助软件开始呈现出许多通常与生物的生命相关的特征。

这种新的机械形式在一系列用于识别和作用于人类身体的技术中得到了最好的体现：人脸、声音、笔迹，也许最突出的是心境和情绪。就人脸和声音而言，对它们的识别是更广泛生物统计学技术学派的一部分，其设计意图在于从个体最突出的特征来进行辨识。其他生物统计学技术，包括

168

---

[1]　Hayles，1999；Helmreich，1998；Anderson and Rosenfeld，1999；Oyama，2001.

[2]　www.its.org.

[3]　Helmreich，1998；Evonet，www.evonet.dcs.napier.ac.uk.

[4]　Downey，1998；Ullman，1997，p.117.

[5]　Turkle，1991，cited in Helmreich，1998，p.140.

电子指纹、虹膜编码、掌形几何分析和手掌纹识别等一系列安全系统的使用是其研发的目的。正如我们所指出的，人脸识别技术正在城市之中成为现实，除此之外，还有如比利时的 L&H 公司研发的各种类型的产品和飞利浦 Xenium 型号的移动电话所具有的商业语音识别包。该公司不仅正在研发语音识别在呼叫中心、消费者、商业电子包、玩具和可穿戴设备中的应用，同时还包括在文字识别产品中的应用。

诸如麻省理工学院的医学实验室等研究机构也在"情感计算"领域——拥有感知、认知、理解和与人类的心绪、心情进行互动的计算机系统——展开了大量的工作。皮卡认为真正可以互动的计算机必须拥有识别、感觉和表达情感的能力[1]：

> 不是所有的计算机都需要"关注"情绪或拥有模拟情绪的能力。一些计算机被作为数码工具使用，让它们维持原状是必要的。然而，在有些情况下，通过计算机对使用者的适应过程，人机互动可以得到进一步提升，比如，关于什么时候、什么地点、如何适应以及适应的重要性等的交流则需要情感性信息的使用。[2]

普鲁特沃斯基[3]将计算领域研究中的情感或情绪划分为三个大类：展现并交流模拟的情感效果的情感表现程序；识别并对人类情感性表达做出回应的情感检测程序；情感行为倾向，将情感过程逐渐灌输至计算机程序中以使之有更高效的程序[4]。因此，这些麻省理工学院的特殊项目包括了对诸如情感珠宝、表情眼镜，以及一个能够帮助指挥家放大他对观众和乐

①　Picard，1997；2000.

②　Picard，2000，p. 1.

③　www. emotivate. com/Book.

④　Plutowski，2000.

队的表现情感和意图能力的夹克等情感性可穿戴设备的研发①。其他一些
项目包括情感地毯，以及能够表现使用者在真实世界中情感状态变化的虚
拟情感的现实化身，如"情感老虎"等情感玩具，还有俄尔普斯，一个能够
根据使用者的心情选择音乐的情感 CD 播放器。

169

　　情感计算设备已经进入商业世界之中。基本的情绪表达和测试技术已
经在对"具体的沟通代言人"②——那些模拟对话，不仅通过更好的语言技
巧，而且通过利用与诸如面部表情、手势和姿势等表达情感因素相关的一
系列非语言行为的图标——的使用中得以利用。因此，这些交流手段不仅
在表现性的领域中被加以利用(例如，在表现性的概念中)，同时在非表现
性的领域中(在空间化或者为对话提供节奏的时候)也一样。这些图标包含
了一系列代理人，不仅包括游戏中的角色，还包括如虚拟宠物和虚拟伙伴
等智能替身，其希望做得更好的意图也是显而易见的：

　　　　与真实的造物一样，一些代理人将成为宠物，另一些则更为自
　　由。一些代理人将隶属于某个使用者，被他所保存，绝大部分时间生
　　活在那个使用者的电脑中；其他一些更为自由的则并不属于任何人，
　　他们和真正的造物一样，也会出生、死亡、再生产……我相信，我们
　　需要它们，因为数码世界对于人类而言过于庞大，无论我们设计的界
　　面多么完美……基本上，我们正在试图改变人际互动的本质……使用
　　者不再仅仅是亲自操纵事物，而是管理一些作为他们的代表的代
　　理人。③

因此基因算法扩展了生命的含义，无论是不是萨奇曼令人信服的论

---

① www. media. mit. edu/affect.
② Cassell et al. , 2000；Pesce，2000.
③ Maes，cited in Suchman，2001，p. 9.

证，他说这些图标通常都被错误地归于与机器互动的代理人①，事实上，现在这些错误的归因已经具有了建构性的意义。通过建立并扩大人与人之间、人与机器之间以及最终的机器与机器之间的非语言性交流，这些图标正试图极大地增强嵌入式系统的效用。

五、软件书写的空间

无论我们走到何处，在这个现代化的城市空间中，我们都处于软件的指引之中：开车，遇红灯停车，过马路，乘电梯，使用洗衣机、洗碗机或微波炉，打电话，写信，听 CD 机或玩电脑游戏，这个清单可以一直列下去。既然我们已经在日常生活的空间中建立了一种普遍的机械书写方式，现在我们需要为这种方式的有效性寻找一个明确的来源。在本节中，我们将阐明，这一有效性来源于三种相互差异但却互有交叉的地理学。第一种最为突出，作为软件书写的及成排编码产物的庞大且复杂的地理学——自20 世纪 40 年代编程发明以来，囊括了许多不同地点和语言——获得了迅猛的发展。而这一书写的地理学只会不断地扩展下去，尤其是考虑到现代经济——一个以软件②和生产越来越多的与软件相应的编码为基础的经济——的需求，无论我们谈论的是一个电动牙刷可能需要的 3000 个或3000 行编码，还是存储于个人电脑中的上百万编码。"商业周期和华尔街的激情可能会来了又去，但是，总有一些人要建构起所有需要的软件。程序员是信息时代的工匠、手工艺者、砌砖工和建筑师。"③

人们对软件编程本身依然知之甚少。就我们对它的了解而言，它是科

---

① Suchman，2001.
② Chandler and Cortado，2000.
③ Lohr，2001，p. 7.

学、工程和艺术的微妙混合物。总体而言，对编程劳动过程的研究[1]并没有把握它的书写技巧中的准确结合成分，也没有能够解释为什么有些人在编程方面明显地要好过其他人。如克努特[2]观察到的：

> 有大约 2% 的大学生，他们的智力使得他们在计算机编程方面有一技之长。他们擅长于此，程序从他们的脑中源源不断地流出……这2% 的人能够真正让机器做出令人赞叹的事情来。我并不希望这样，然而，事实可能就是如此。[3]

关于新的发展，如网格编程，是否能够克服对那些可以掌握少数高阶语言（如 C 语言和其衍生语言）的极少数人的依赖，或者巨大数量的程序是否能够最终成为自动程序，即软件生产软件，我们都将拭目以待。

尽管软件编程拥有从多地同时产生的长期历史，它的地理学现在已经稳定下来。首先，当然是所有教授程序员编写编码的机构：大学、学院、学校、计算机机构等。但是，编程的地理学通常都与软件生产中心相连，这一地理学可以从两个方面进行理解，一种就是那个由书写软件的人组成的庞大的复杂地理学。"信息技术产业的全球化没有被认为产生于虚拟经济，而是工业在全球范围内通过特定关键性的计划和地区布局的产物。在这些全球化的工厂内，工人之间的关联一直在凝聚和分离的不同阶段之间循环，创新的原则有助于工人团结，而劳动市场中的职业结构则会使这种团结瓦解。"[4]软件生产的地理学被集中到极少数的关键地方和区域中：硅

---

① 　e.g. Orr，1996；Perlow，1997；Downey，1998；O'Riain，2000.
② 　Knath ，1997.
③ 　Lohr，2001，p. 9.
④ 　O'Riain，2000，p. 179.

谷①、纽约②、伦敦和一些子公司，有时还包括像爱尔兰和印度等大规模的软件生产基地（通常集中于咨询、测试和支持等业务）。③ 然而，由于书写软件需要的技术依然供不应求，尤其是对新语言的需求，全世界软件的书写者经常被吸引至主要的软件书写中心来。④

171

  另一种是包含了许多消费者在内的广阔得多的生产网络。自 1983 年理查德·斯托曼（Richard Stallman）开创免费软件活动以来，开放的软件已经成为大规模的集体项目。⑤ 而网络语言，如 Linux 和 Perl 的创立则使这一情况愈演愈烈，这些语言从本质上看也是软件，而且在世界各地成千上万的软件书写者的共同努力下其功能越来越强大。⑥ 带有熟悉的企鹅标志的传播甚广的 Linux 语言有三个来源：试图满足他们公司需求的专业企业研发者、商业软件公司、个体程序设计师。而 Perl 语言在很多方面的故事都更为有趣。由拉里·沃尔（Larry Wall）在 1987 年创建于圣莫尼卡市，Perl 语言现在被看成是"网络的胶带"，带有明显熟悉的骆驼标志，通常会被误认为是一个委员会的实体——但这并不影响其效果——Perl 是一种拥有百万拥护者的机械书写文化。⑦ Perl 并不遵循严格的逻辑，尽管这对于上一代编程语言来说是不可或缺的。语言学专家沃尔创造该语言的目的在于模仿"富有表达力的"书写语言，其创作原则是"条条大道通罗马"。换言之，Perl 是以"容易的事情应该是容易的，困难的事情应该是可能的"为原则的，它允许大量创造性语言的存在。⑧ 因此，Perl 并不是一种过于简单的计算机语言，但是，它却拥有变得模糊并到处移植的能力。然而：

---

①   Kenney，2000.

②   Pratt，2000.

③   O'Riain，2000.

④   Kenney，2000.

⑤   McKelvey，2000.

⑥   Moody，2001.

⑦   Moody，2001.

⑧   Wall et al.，2000，p.4.

作为沃尔的成就，Perl 要远远超出任何一种单纯的强大的语言。Perl 是使最后一波互动的网站——即电子商务本身——成为可能的关键技术之一。它还开创了另外一个领域，即编程语言的领域，这个以网络为基础的开放式发展过程，与之前那些为传统的软件公司所采用以创造它们自己的秘密武器的过程相比，前者带来了更好的结果。①

至少，这部分是由这一发展过程的开放性导致的："如果你的问题 Perl 社区不能够解决，你还有最终的后盾：源代码本身。Perl 社区并不在升级的外衣下出租给你他们的商业秘密。"②

无论这一语言究竟如何，可以肯定的是，开放性软件正在许多地方被同时编写，然而即便如此，这些地点和人群所处的层级也非常明确。

第二种地理学是权力的地理学。权力从一开始就被植入软件之中。例如，二进制代码就是以莱布尼茨主义的允许和不允许的概念为其预设的。尽管如此，软件除了微信息处理的逻辑和材料技术之外没有固定的边界，因此，我们必须找到适应这一特征的研究成果。在此，我们主要依靠的是福柯的治理术概念。福柯的关注点主要是对治理进行分析，我们如何治理，在特定的区域内如何进行治理，以及在什么条件下这些区域能够突显、持续发展和发生转型，这些都是他关注的核心点。在迪安看来，对于治理的分析要从问题化的四个维度进行：

（1）可见性的特征形式，看和感知的方式；

（2）思考和提出问题的独特方式，以思想产生过程和一定的词汇为基础（例如，那些来源于社会、人文和行为科学的）；

（3）行动、干预和引导的特定方式，由特殊种类的实践理性（"专

172

---

① Moody，2001，p. 134.
② Wall et al.，2000，p. xvii.

业技能"和"诀窍")构成，并以一定的机制、技艺和技术为基础；

（4）形成主体、自身、个体、行为者或人格的特殊方式。①

我们可以清楚地看到，软件贯穿于每一个维度之中。通过信息化的空间，它改变了可见性的形式，并因此产生了新的分析对象；通过新的分析程序，它改变了思维和提出问题的方式；通过产生新的决策范本，它改变了专业知识的性质；最后，通过产生强化了的能力，它不仅通过对自身技术的组成因素的质疑，以及通过对自身是不是一个有意义的管理范畴的质疑，改变了人类主体的本质。

因此，软件现在是国家和商业进行管理的主要技术，然而，它不仅仅一个强有力的司法媒介。软件日益成为管理的实践。先前可能遭到质疑的程序，现在看起来已经变成了处于清晰话语之下的、不再被遮蔽的程序。

从这个角度来看，除了无数编码的客观事实之外，软件是由什么组成的呢？从根本上而言，我们可以说它是由能够适用于确定条件的行为规则组成的。然而，这些行为规则在遥远的距离之外，因此，通常情况下，这些编码看似与它所适用于的环境没有任何关联。

> 与将程序看成是一个影响人们现实生活的工具不同，程序设计师们有时将之看成是一个游戏，看成是对他们的独创性的挑战。计算机的这种疏离的特质使我们容易忽视程序设计或程序错误对人类的影响。比如，一个连接不同区域的分散的数据库的任务被等同于一个需要被解决的问题而已；程序设计师并没有注意到人们隐私得减少，以及可能导致的损害概率得上升。②

---

① Dean, 1999, p. 23.
② Kohanski, 1998, p. 22.

同时，程序设计师自身也在探讨他们究竟在生产什么，那些编码中所包含的决定到底是谁做出的①。对软件行业的劳动中相当稀少的民族学研究②也几乎没有涉及该问题，尽管它无疑是重要的。

我们可以说，编码是一种法律。然而，它并不是那种被看作是成套规则的法律，而是那一系列形成相遇可能的故事的法律以及行为的新适应性标准的法律。总和起来，这些故事所表现的行为标准是可以在不同的程度上适用于任何条件的，这些故事可以是简单的模块，可以是加密程序，也可以是整体架构。因此，编码对行为可以产生不同的影响，从现有的绿色、琥珀色、红色的交通灯，到仅有 23 个人可以同时参与的美国在线聊天室（最初只是一个编码工程师的选择），再到从每个人身上可以搜集的并转换为商业用途的那些信息。在特定高度的编码领域内，在非常特殊的情况下，这些信息可以被使用：

> 美国在线聊天室不同于其他网络空间，它更容易识别出你是谁，而其中的个体则更难识别出你的真面目；如果它愿意，它更容易对它所有的"公民"展开对话，而那些持异议者如果想要在违背它意愿的情况下组织起来，则更为困难；对于它而言，营销变得更容易，个体则更难以躲藏。它是一个与众不同的叙述的世界；它可以创造其他世界，因为它掌控着那个世界的架构。在某种程度上，那个空间的成员面临着不同的自然法则；聊天室是这些法则的制定者。③

在某种程度上，软件实现的是先前所无法达到的对城市各种情况的标准化和分类，对此的探讨构成了鲍克（Bowker）和斯达（Star）称为现代世界

---

① Kohanski，1998；Ullman，1997.
② Orr，1996；Perlow，1997；Downey，1998；O'Riain，2000.
③ Lessig，1999，p. 70.

的"范畴相互渗透"新一章的内容：

> 尽管出于参考目的，单独地抽出一个分类主题或标准是可能的，在现实中任何一条分类都无法单独存在。因此，普遍存在的子集之间是相互依赖的，甚至通常情况下是相互融合的。一种系统论的方法可能会将标准和分类的增加仅仅看成是一种融合的问题——几乎等同于具有互通性的巨大网络。然而，这些现象的密集程度已经超出了互通性的问题，它们或被分层，或相互纠缠，或结成纹路，它们相互作用形成一种生态学以及一系列展开的兼容结构，也就是说，它们促进了异质的"技术配置"的聚集……它们嵌入不同的实践社区中，比如，图书馆、唱片公司、办公室和保险公司等。未经划分的和非标准化的地区之间还留有空间，当然，这些空间对于分析来说是极为重要的，这些空间也日益被看成是未经分类的和非标准化的。[①]

从这个角度看，德勒兹"控制社会"的概念最接近软件的治理术，因为它提供了一套持续的引导公民行为的模型，其重要性正在于此，这些模型通常都是合宜的。例如，编码最恶性的结果来自不同系统的连接方式为新的监视提供机会的时候，比如，通过提供一些先前不可能获得的信息。"正如一个产品经理曾经告诉我的，'我从未见过谁不希望我们将他所拥有的两个系统进行合并'。"[②]然而，这些终将变成有目的性的。随着软件对环境的敏感度日益增加，它将会根据环境的变化来调整规则，并提供一种新的机械式立场来判断：它可能将要重新改变对法律的定义。

作为新软件的区分和标准化实体的案例比比皆是，我们将主要关注一个特别有效的例子——普通的电子表格，由丹尼尔·布瑞科林（Daniel

---

① Bowker and Star, 1999, p. 31.
② Ullman, 1997, p. 85.

Bricklin)，罗伯特·弗兰克斯通(Robert Frankston)和丹·费尔斯塔拉(Dan Fylstra)三人共同为苹果二代电脑研发的，带有对可视计算的简介的低成本电子表格程序于 1979 年首次问世，在随后的 5 年，电子表格每年的全球销量超过 100 万。由于附加的设计功能以及能够被应用到个人电脑上(导致了随后的 IBM 个人电脑第 1、2、3 代的 Lotus 程序的产生，以及微软的 Excel 表格，以及最近的 Linux 电子表格程序)，电子表格变得更加受欢迎。当然，我们可以合理地宣称在十年之内许多商业活动都是"电子表格文化"。因此，电子表格不断演化出一种附加"所见即所得"的界面(具有多种文字处理功能)，以及复杂的图表展示功能。

　　两方面的原因促使电子表格能够迅速地适应市场。第一，作为一种高层次的编程语言，它能够通过区区几项功能轻易地完成任务。如纳迪①所言，电子表格是可行的，因为它使用的是非常简单的控制约束规则，这意味着使用者只需要稍费力气就能直接获取想要的结果。绝大多数编程语言欠缺灵活性却富有普遍性的特征使得它们拥有更强的表达力。第二，电子表格的格式模仿了纸质的分类账页结构，因此，它早已为大众所熟知，并嵌入大家的日常商业生活之中，然而：

　　　　电子表格与早些时候的财务计算程序有着本质的不同，后者在程序和数据之间有着不可逾越的分离，相应地，程序和会计师之间也有着几乎不可逾越的分离。革新的关键并不在于界面因素或者软件结构的变化，而在于为使用者提供虚拟性的方面——对象及其行为的深层世界。电子表格基本上是熟悉的分类账页的常规结构与一个深层里相互连接的公式结构相结合的产物。一个普通的使用者也可以逐渐建立起一个复杂的财务模型，并通过连续迭代输入方式而对模型加以利用。

---

① 　Nardi，1995.

175　　　　量上的逐步改变意味着人类在数据处理方式上质的改变。①

　　因此，管理行为被信息和互动性的新的生成方式、新的"日常商业生活"深刻地改变了：

　　　　艺术感十足的电子表格——我们能够利用它削减成本！这里，我
　　们应该重新组织这次交易！——能够也的确被证明是如《独立宣言》或
　　《共产党宣言》一样拥有政治爆炸性的文本。电子表格软件为古老的格
　　言"数字不会撒谎，但是撒谎者编造数字"注入了新的生命。随着预算
　　和预测被用来寻找事先并未预见到的机遇，传统的权力、政治、生产
　　力和利润的概念都发生了巨大的变化。财务类型的组织者发现他们自
　　己经常根据电子表格在修改计划。②

　　电子表格因此在诸多方面都发挥着重要的影响。首先，它提供了新的
互动机会。其次，它为管理者们配备了修辞学的资源：电子表格的修辞学
可以产生或多或少的具有说服力的报告（"电子表格修辞学就是将看似冰冷
的逻辑数字转变成报告"③）。再次，电子表格提出了新的问题，对新的观
点进行测试并提供新的商业机遇（比如，新的金融产品）。它们是"严谨游
戏的媒介，也是反复处理硬性数字的方式"④。最后，它们提供一种新的语
言。因此，施拉格（Schrage）稍有夸张地写道：

　　　　作为多国公司及价值几十亿美元的机构，爱波比集团名义上总部

_____

① 　Winograd，1996，p. 230.
② 　Schrage，2000，p. 39.
③ 　Schrage ，2000，p. 47.
④ 　Schrage，2000，p. 44.

设在欧洲，且坚持声称英语是其主要的语言，然而事实上，爱波比的主导语言是电子表格。的确，一些高层管理者发现，以电子表格形式的预估和项目为基础的交流、异议和协商才是该集团商业发展的动力。"是的，我认为更熟练地使用电子表格比使用英语更重要，"一位集团的高级执行官表示，"我们的数字可能比我们的话语对我们更重要。"①

换言之，电子表格创造了新的管理形式，尤其是通过产生新的智性刺激。电子表格创造了新的联盟、新的力量以及新的现实。结果，它们作为模型的说服力使得它们能够将商业和金融移植入作为一个整体的城市中。它们寻找到了一个"设计的据点"。因此，比如，现在特定的电子表格程序可以拥有多种用途，如购买车辆、课堂笔记和作业、潜水减压、种子培育和交易、填埋气体的生产、考古挖掘、图书馆管理、化学特征、音乐创造以及房地产管理。

电子表格现在已经得到了广泛的应用，它也开始在很多与数字无关的领域中施展效用。电子表格可以被应用到那些通过简单的公式来计算价值量的积累的方面——尤其是那些需要开发新的可能性的情况。教授们使用电子表格来给出成绩，科学家们使用它来解释实验数据，建筑师们用它来跟踪材料的使用情况。新类型的电子表格已经被研发出来，视觉形象、声音和其他数据表现形式等都可以用来填充表格，并通过在适当区域的计算模板上进行交错存取。②

然而，福柯的治理术的概念还拥有否定的一面。尽管它强调权力的积

176

---

① Schrage，2000，pp. 46-47.
② Winograd，1996，p. 231.

极面，对限制的考察则占有压倒性的地位，无论这一限制是来自法律的还是自身施加的。还有第三种软件的地理学，霍巴特和谢夫曼称为"游戏的领域"①。软件整体的丰富性，以及它日渐复杂并因此产生的应激特性，都被看成是产生游戏性话语的方式，而这些都是目前主导性规则所不能把握的，由此软件的不确定性和开放性特征提供了一种创造新秩序的方式：

> 游戏是"自由的"，赫伊津哈（Huizinga）写道，但是它也"创造秩序，它就是秩序"。在它的创造性活动中，游戏不直接地模仿、反映、对应于或描绘外部世界，尽管它所产生的秩序也许最终会产生这样的效果。游戏自身的秩序并非衍生性地模仿，而是别具一格地创造，正如希腊人在谈论戏剧的时候会说它是"有助于表演的"。然而，现在应该非常清楚的是，在现代的惯用语中，信息意味着总是处于进行的过程中，总是支持着人生这出戏剧的表演。也许，稍有隐晦的是，这一前进的过程是有方向的，不是朝着任何终极目标、目的或结果的，而是跟着它自己的规则——时间之矢。从这个受时间约束的信息游戏的运动中，新奇性、未预知的结构和"自由的秩序"都会浮现出来。②

游戏的富有创造性的特征还可以有另一种表述，作为一种虚拟性的强调，软件具有创造的潜力，这种潜力不仅是一种可能性。如列维（Lévy）所言：

> 这种可能性已经被充分地建构了起来，只是它还处于一种被闲置的状态中，它的实现不需要任何改变，无论是它的目标上的还是性质上的。它是一个有名无实的现实，是某种潜在的东西。可能性完全等

---

①   Hobart and Schiffman，1998.

②   Huizinga，1998，p. 259.

同于真实性，它唯一缺乏的就是存在，可能性的实现不是字面意义上的一种创造性的行为，因为创造意味着一个观念或形式的革新过程。因此，可能性和现实性之间的区别完全是逻辑上的。

　　准确地说，虚拟的不应该和真实的进行对比，而应该和现实的做比较；与可能性不同，它是静态的、已经被建构好的，虚拟性是一种未决的复杂性，伴随一个情景、事件、对象或实体的趋势或力量，它还包含着解决的过程。这一成问题的复杂性属于某一个话题中的实体，甚至还构成了它的一个重要维度。比如，种子的问题就是树的生长，尽管事情不止于此，但是种子就是这个问题。这不意味着种子明确地知道树将来的生长过程，苗壮挺拔、枝繁叶茂，基于其内在的限制，种子必须对树进行创造，并与它所遭遇的环境一起"生产"出一棵树来。①

177

如此看来，软件不应该仅仅被看成是一种持续的、不可改变的叙事方式，它可以被重新定义为一种实验工具：

　　实体现在在一个问题化的领域中发现了自身本质上的一致性，而不是主要通过它的现实性（一种解决）获得重新定义。一个既定实体的虚拟化过程包括确定它要回应的一般问题、实体朝着这个问题的方向发生的转变，以及作为对一个特定问题的回应而对最初的现实性的重新定义。②

　　于是，这一给定的答案导致了另外一个问题。或许是被设计出要给出明确的和确定的回应软件，在某些情况下——如电子表格所展示的——可

①　Lévy, 1998, p. 24.
②　Lévy, 1998, p. 26.

以成为一种对超越这些分类标准的创造力的激励：各种新类型的"是"和"否"。[1] 于是，软件开始以相当富有创造性和独具匠心的方式被使用，从对动态事件进行重新定义的动画效果之发展[2]、采用新形式的乐器数字接口、新的戏剧和舞蹈形式[3]、将艺术家和技术进行匹配的方式[4]，到拥有高超技术的艺术家，如戴维斯（Char Davies）。他用软件创造了新的虚拟艺术形式，该形式认为，"无论何时，当人们在使用一款软件的时候——无论是电子表格还是物理模拟——他们都可以感受到美、满足、乐趣或者恰恰相反"[5]。这些美学的应用都依赖于软件程序，从早期（20世纪80年代中期）苹果公司的 Macintosh 程序，如 MacPaint 和 MacDraw，到复杂的现代多媒体程序，如 Director，这些软件可以按照集中彼此间的差异但相互关联的方式运行。首先，它可以用来拓展人类的身体范围和意义，尤其是通过虚构出各种感情状态[6]。有趣的是，如此多的富有创造力的软件都关涉身体，既以新的方式呈现身体又在持续的质疑中扩大了其边界。[7] 确实，新软件的开发，如触觉计算，承诺将进一步扩展信息化的体现形式，在软件和身体之间创造出无比微妙的对接效果。如坦哈夫（Tenhaaf）所言："身体似乎以某种精细的方式了解自身，也许是明显无意识的，然而随着最新信息和对身体最深层的运行方式与它最复杂的生物社会功能的想象……进入自身并与自身的生物医学的可读性相互交织。"[8]其次，软件可以被用来质疑我们所熟知的欧美对表象的定义。毕竟，在某种程度上，"我们将要进入一个信息化的环境中，那里没有任何表象。我们如何表象自己并形成

① Lunenfeld，1999.
② Wells，1998.
③ Sparacino et al. ，2000.
④ Harris，1999.
⑤ Winograd，1996，p. xix.
⑥ McCullough，1998.
⑦ Allsopp and de Lahunta，1999.
⑧ Tenhaaf，1996，pp. 67-68.

与这个真实世界相关的主体性，将不再是一个问题，因为模拟进入并行的
数字世界将会取代这种关系"①。这也许太极端了，但是我们也容易发现有
多少艺术家和程序设计师正在使用软件来质疑传统的表象概念，这非常类
似于斯特拉森对欧美视角主义的重塑：

> 假设文艺复兴的想象并没有时常试图使整个世界成为观察者眼中
> 的独一客体，拥有一个视角也没有被看成是属于富有活力的生命的一
> 种能力，作者所"看"到的将会是其他生命形式。那么现在，什么才是
> 有限的呢？是一个人以自身的视角反观自身的方式吗？换言之，当一
> 个人同时拥有自身的视角并接受他人视角的时候，或者，观察者意识
> 到当他和她拥有对观察事物的相同角度的时候，他们将会遇到其他生
> 命形式的与之相互的视角，是否此时就是终结了呢？②

再次，正是由于软件并非完美的媒介，它才能够带来被德勒兹称为是
"糟糕的模仿"的各种机会。许多类型的软件都是带有"缺陷的"程序，它们
能带来新的有趣的可能性：不完全复制的文化。③ 最后，我们应该记住的
是，在托马斯·纳尔逊（Thomas Nelson）和道格拉斯·恩格尔巴特（Doug-
las Engelbart）二人所开创的这个传统中，他们不仅是超文本和万维网等的
共同研发者，更为明显的是，他们对使用软件来促进人类的能力以及赋予
"人类"以新的定义的关注，这使我们意识到软件创新经常在持不同意见的
程序设计师④那里获得自身发展的动力。

---

① Tenhaaf，1996，p. 52；see also Brooks，1991.
② Strathern，1999，p. 249.
③ Schwartz，1997.
④ Moody，2001；Lohr，2001.

六、半智能生命的崛起

我们通过软件来思考空间自动生产的问题，希望现在已经阐述清楚了，也就是说，我们是有目的地忽视这种机械的书写的，它是那个我们已经视而不见的背景的一部分，有人认为它已经构成了一种人类身体的虚拟皮肤（或者一系列皮肤）[①]，当可穿戴系统变得普遍的时候，这种皮肤将会更为合适。

因此，我们应该如何对作为一种构成空间的方式，作为一种新的再生产智能的方式的软件进行总结呢？在我们写作这一章的时候，我们曾在两种答案之间犹豫不决，正如文学一样。一种答案是将软件看成是一种划时代的事件，软件代表了一种对环境的深层次的再组织过程，一个巨大的分布式认知系统——通过它，环境展开对自身的思考，这是另一种层面的思考。

按照这一思路，软件是人类器官的新延伸形式的一部分，是一种表现性的延伸形式，其中我们所创造的环境可以对我们进行回应："器官与外在于它们的世界是一个整体。"[②]如果，以发展系统理论为特征的那种现代生物学不能够确定什么是有机体的话，那么，对于什么是人类，它的边界在哪里以及从什么地方是其他物种的开始，我们也将无法确定。从这个意义上而言，软件是书写成的建筑，没有砖瓦水泥，有的是词语，成篇的词语，当然，建筑也许会日益变得依赖词语，就像它之前依赖砖瓦一样。米切尔（Mitchell）的话也许有点夸张[③]，但是，我们依然可以看到：

---

① Bailey, 1996；Lévy, 1998.
② Turner, 2000, p. 6.
③ Bolter and Grusin, 1999.

在不远的未来，有些建筑将会越来越类似于计算机，它们也将拥有多种处理器、分布式存储器、多种控制设备和网络连接。它们会从自己的内部以及周围的环境中吸取信息，它们将建构并保持复杂、动态的信息，这些信息是通过居民家里的墙壁和天花板上的屏幕、空间，以及封闭表面上的一些工程，通过这些所安装和持有的无生命设备而传递出来的。负责这一切的软件将是一个关键的设计核心，你房屋的操作系统将会变得和房顶一样重要，当然，它比你桌子上的个人电脑的操作系统要重要得多。

因此，相应地，这些建筑结构中被投入的，工厂制造的高价值的装载有电子软件程序的计算机和系统的那部分花费，将会呈不断上升的比例；而用到结构和外墙上的现场建造物部分的花费将会不断地缩减。随着书写和电子设备日益广泛地应用，建筑将会变得更像一个大型的印刷出来的电路板，而不是一个无声的墙壁。[①]

因此，我们所看到的，以及我们将要继续看到更多的是，欧美社会中那个复杂的软件生态学。"宽件"[②]将会逐渐占据人类生活的每一个角落和缝隙，软件是一种思考的草坪，在拉图尔和赫南特（Hernant）看来，拥有无数的标志牌、指示牌和目标牌的巴黎，与虚拟世界非常类似，这些标志带来了更为有效的（由于是多中心的、嘈杂的和异质性的）集中控制，以及所有类型的规范性，这些规范性之间相互作用的方式迄今为止仍有待进一步探讨。[③] 然而，这个答案也许有点太过宏大，我们需要转向另一个答案，它没有这么宽泛又更为普通。毕竟，首先要说的是，大量的证据表明软件并不总是这么令人满意（比如，在监控摄像中），世界上大部分书写依然会

---

① Mitchell, 1999, p. 65.

② Clark, 2000.

③ Latour and Hernant, 1997.

以纸为基础，而不是电子编码。[①] 其次，绝大部分软件将依然首先出自人的双手。[②] 它来自这一系列的动作，敲击键盘，点击鼠标，在电脑桌面上不断移动笔记，频繁的咨询用户手册以找到各种标准和分类方法。[③] 软件依然在身体和客体的连接中穿行——尽管，这种连接可能被诺尔-塞蒂纳称为"后社会的"[④]，它以这样一个事实为基础，即"某些领域的个体与一些客体的关联，不仅体现在前者是一个代理框架内某事的'执行者'和'完成者'，而且作为能够经历、感受、反思和记忆的存在者，作为这些经历的承载者，我们为主体间关系的领域而保存这些经历"。

最后，软件的编写通常一定要带有"人类的"关怀。尤其是，这种关怀是"虚拟主义"[⑤]的关键因素之一，它是那些试图使得这个世界变得一致的理论扩散，而不是相反。编码充斥着这些虚拟的环节，比如，上面探讨过的对生物学类比的转译，复杂性理论的各种交换[⑥]，各种哲学理论——从海德格尔[⑦]到巴赫金[⑧]，还有凯文·林奇（Kevin Lynch）将城市看成是一种表现软件内部的一致性的方式[⑨]。再者，人类的关切还以其他方式与软件相呼应。因此，软件的生产日益与一种人种学的关怀相融合，并体现着这种关怀，无论是更为社会化的界面、CSCW 的研发，还是对人为社会行动者的心理研究，无不体现这一点。[⑩] 也就是说，人与人接触的这种人种学的模式为特定形式的软件划定了范围。

因此，也许除了可以将软件理解成在人类进化史上书写下一个篇章的

[①] Sellen and Harper，2000.
[②] McCullough，1998.
[③] Bowker and Star，1999，p. 39.
[④] Knorr-Cetina，2001.
[⑤] Carrier and Miller，1998.
[⑥] Thrift，1999b.
[⑦] Winograd and Flores，1987.
[⑧] Sparacino et al.，2000.
[⑨] Dieburger and Frank，1998.
[⑩] Dryer et al.，1999.

途径①，我们还可以将它看成是人类空间的更具实践性的延伸，这种延伸由三种不同的过程构成。第一，是文本性的直接延伸。因此，比如，现代西方城市实质上是互文性的：从官僚主义的各种文书形式，到书籍、报纸和网页，再到支票收据和信用卡消费存根，以及信件、电子邮件和短信，城市就是一个巨大的互动文本。城市在相当大的程度上是书写成的，而软件则是这一激情最新的表达。第二，软件是非认知性转向所揭示的都市日常生活的全部设备的一部分。它是那种看起来微小却伟大的技术，它对于城市时间和空间的结合起着关键性作用。这些科技，如铅笔②和螺丝钉③，在不知不觉中已经变得无处不在，我们可以这样来看待软件——通过这种施为性的书写媒介所达到的集中效果。第三，软件可以被看成是一种交通的方式，一种如此高效地将信息从一个地点传送到另一个地点的方式，一种旅行可以毫不费力、毫无运动、不产生摩擦的媒介物④，它还可以被看成是一种对当下奔跑的描述。

　　无论答案是什么（我们的倾向是同时选择两者），看起来可以肯定的是，我们将不再以那种老式的、以时间为导向的方式来看城市空间。软件挑战着我们去思考"生活之外"的内容，"去模拟一个不在场的起源，'生命'"⑤。软件挑战着我们去重新铭记我们所理解的文本。最重要的是，软件挑战着我们去理解新形式的科技政治和政治发明，去理解立法和政治干预的新实践，这些都刚被我们看成是政治内容上的：政治的标准、划分、度量和解读。⑥ 这些被写成软件的命令正在形成新空间的主要渠道。这些不应当是在我们无意识的情况下发生的，因此，当代更为紧迫的政治任务

181

---

① Leroi-Gourhan，1993；Lévy，1998.

② Petroski，1992.

③ Rybczynski，2000.

④ Latour，1997.

⑤ Doyle，1997，p. 132.

⑥ Barry，2001.

之一必须是去设计更加友好的"信息生态学"[1]，这种信息生态学影响的多
样性使我们能够形成相互重叠的空间图案，以保证更为有效的参与，人们
可以拥有自动参与的权力。

---

[1]   Nardi and O'Day，1999.

第九章

更类似机器？智能环境、新的财产形式、超级玩具的兴起

一、引言：商品的渐变形式

2001 年，斯蒂芬·斯皮尔伯格（Steven Spielberg）的新作《人工智能》(*AI*) 终于面世，该部影片改编自布里安·阿尔迪斯（Brian Aldiss）于 1969 年首次出版的短篇小说——《风靡了一整个夏天的超级玩具》("*Supertoys last all summer long*")。在 20 世纪 80 年代，布里安·阿尔迪斯曾与斯坦利·库布里克（Stanley Kubrick）一起努力把它改编成电影，却以失败告终。在这篇小说所虚构出来的世界中，由复杂软件驱动的玩具被赋予了生命，并制造了各种各样的伦理困境，这个故事非常符合未来的趋势，本章关注的正是这种趋势，随着我们在这种"无处不在"或"普遍存在"的电脑运算的框架内朝着更大的科技施为性不断前进，商品正变得"充满生机"。由于这些商品也开始思量这个世界，因此，它们也就为我们提出了一个问题——什么是"人类"。

即便现在，这一改变依然太容易被看成是可以还原为另外一些东西，

因此，例如，消费的四种途径中的任何一种都赋予了商品一种主动角色，但是最终却没能给予它们一种独特的品质。无论商品是否富有文化意义，都可以被进行新的诠释，是否有致力于对"物质—思维"进行研究的行动者网络的组成要素，是否有在一生经历的基础上写出来的自传，是否有在微小到难以察觉的时空中的短暂呈现，它几乎都不被认为拥有自身独立的表演能力。然而，随着商品被安装越来越多的软件，上述观点正在变为事实。[①] 有趣的是，这些"有生命力的"新商品中最为成功的那部分有多少实质上是玩具呢？

在很长一段时间内，生产出拥有良好机械配置的高度施为性的空间——"智能环境"，其中人类和非人类的界限可以重新界定，并且所有新的盈利机会都能够被抓住——一直是信息技术产业的一个梦想。在本章中，我想说明的是，这些新的空间类型的首批使者现在已经开始被生产出来，然而由于它们是以玩具形式出现的，它们的重要性完全没有被发现。结果，我认为，这些玩具也预示着对玩具使用者进行重新塑造，用伍尔加[②]那句著名的话说，他们将因此适应那个以智能环境为规则的世界。使用这些玩具的儿童将成为在这个新的环境中展开实践的成年人[③]，当这些183 玩具已经开始将它们的使用者塑造成适应这个新的空间秩序的合适主体的时候，我们可能就要适时地问一句，"是谁在拿谁玩耍"？

为了对这种发展所引出的问题进行探讨，本章将分为三个部分。第一部分中，我们对拥有互动性连锁空间的不断聚集的问题进行了探讨，这种空间形式的不断聚集已经使得智能环境正在变成一种可能。在第二部分中，我试图表明这种互动的过程基本上是被玩具的历史所预先设定的。现在，玩具已经成为新的实践方式的主要测试平台之一。那些曾经提出的问

---

① Thrift and French，2002.

② Woolgar，1991.

③ Nadesan，2002；John，1999.

题——如何模拟人类的情感，如何产生如荣誉等有影响力的效果，如何产生对语境的意识，如何建立某种性格，如何对感知进行综合，如何刺激产生特殊的愉悦感，如何成为动物——使得玩具本身成为营利性的商品，同时也成为一种源自沟通的创新方式，而信息技术和国防工业将首先受其影响。在第三部分，也是总结性的一部分中，我将表明这些发展带来了复杂的伦理影响，对之进行谴责并不难，但是这些责难还需要另外的知识来配合，即这些新的玩具以及它们所代表的日常经济也许最终能够超出为它们设定的界限。

二、智能环境的生长

曾经，与机器的互动只是一个白日梦，或者属于那个人类被机器所掌控的极其可怕的未来的一部分，或者属于人类消失于一个闪亮的思维之网的超验未来的一部分。然而现在，这一科学幻想中的一部分作为通信、信息技术和国防工业相互交织的历史结果，正在成为现实。有六项紧密相连的发展成果尤为引人注目，其中的任何一个都直接作用于空间结构，以图生产出满载机器智能的环境。第一，电脑计算的地图正在发生改变。从拥有确定位置中心化的稳定实体开始，通过对无线的更广泛应用和各种点对点的设备，电脑计算现在正在占据环境的各个角落，相应地，使用者也能够更自由地移动。由于智能计算设备的安置已经没有了严格的限制，因此，智能计算设备就可以成为日常环境的一部分，这是"普遍存在的""弥漫的"或"无处不在的"智能计算设备。第二，智能计算设备将会变得越来越依赖于它所处的外界条件，这意味着机器设备在微型GPS接收器或无线电频率识别芯片的协助下，变得对其位置更加敏感，对它们与使用者及与其他设备之间的距离了如指掌，因此，它们就能够与这些使用者和设备进行互动和通信，并最终适应它们。换言之，被看作由各种设备组成的网络计算机将能够越来越适应环境。① 第三，智能计算设备的时间也在改变。通过开放网络入口，智能计算设备的环境将会持续保持下去。与使用者之间的互动总是触手可及，不需要在使用之前打开、放开："总是处于开放状态，网络将和我们的生活结构交织在一起。"②智能计算设备将变成一团持续的"云雾状"的存在。第四，智能计算设备正在改变。随着具有"学习"能力的计算法和对使用者更加友善的界面——"柔性"智能计算设备的出现，这些设备正在适应使用者，并被使用者进行重塑。它们将会逐渐形成对使用者的再度揣测，并成为影响他们下决定的机制的一部分。第五，计算将不再被当成一种首要任务，而成为许多不同实践辅助性的部分，就像很多普通工具一样。渐渐地，我们设想着使用者在进行计算的时候，可以同时进行其他事情。换言之，智能计算设备可以扩大而非独占使用者的注意力，正如在可穿戴设备中：

> 与人工智能研究的普遍目的是在电脑中模拟人类的智能不同，可穿戴计算设备的目标是产生一种机器使其与人类协同合作，以帮助人类来完成他更为擅长的任务。可穿戴设备开始作为人类身心的真正延伸而发挥作用，而不仅仅被看成是一个与人类分离的实体。事实上，使用者将会像适应鞋子和服装一样来适应这些装置，以至于没有了它们，绝大多数人都会觉得不自在。③

第六，智能计算设备正变得越来越相互关联。智能计算设备除了与使用者交流之外（通过如可穿戴设备等更优良的界面），也越来越重视与其他设备的交流。因此，智能计算设备正变成一个通信系统，其中越来越多的

---

① Lieberman and Selker，2000.
② New Scientist，21 October 2000，p. 34.
③ Mann，1998，p. 7.

通信是发生在设备与设备之间的。

　　第三代无线接收系统，如蓝牙，推动了智能环境的兴起。通过采用操作更为丰富和具体的新的嵌入式会话代理，这些系统使细节化和快速的互动成为可能。因此，使用者将逐渐沉浸于层叠的日益活跃的智能计算设备之中，并能通过一个"遨游的网络"激活自己的"私人网络"。当然，向无处不在的智能计算设备的演进也不是没有问题的，尤其是涉及隐私和控制方面。结果，思维的天平正在转向一种松散的网络概念"局部智能"——私人领域的网络将会在电脑计算力量的大背景下，允许人们选择特殊层面进行互动。[①]　总之，智能计算设备正日渐涌向我们所处的环境，其结果是，我们开始看到"智能环境"的形成，在这个环境中日常生活的不同层面和境遇正在各种软件驱动设备的作用下向前推进。[②]　诸如麻省理工学院媒体实验室的"会思考的事物"，施乐帕洛阿图研究中心（Xerox PARC）的"无处不在的智能计算设备"，摩托罗拉的"数字 DNA"和麻省理工学院人工智能实验室的"氧气项目"等各种项目都在促进这样一个未来的到来——空间将变得"智能"，"将解决问题的方式嵌入我们周围的事物中"[③]。到那时，几乎所有组成这种日益施为性空间的客体也许都将拥有一些计算能力。例如，仅到目前为止，拥有计算能力的新的类型设备不仅被安装进入电视和冰箱或者如汽车平台中，而且也进入织物中（因此也就进入服装里），进入日常家具中如桌子、沙发和床，以地毯和鞋的形式贴近地面，等等（关于此方面的问题有诸多杂志，如《私人技术》（*Personal Technologies*））。

　　该领域的一些杰出人物，如罗德尼·布鲁克斯[④]，正尝试着取得更大的突破，努力让自主行动的微型"机器人"在房屋、办公室和花园周围忙碌

185

---

①　Pentland，2000；Thrift and French，2002.

②　Thrift and French，2002.

③　Gershenfeld，1999，p. 13.

④　Rodney Brooks，1991；1999；2002a；2002b.

着去完成基本的、具体的任务。对他而言，"机器现在正在工业革命曾忽视的领域内变得独立自主。机器正开始在过去 200 年内人们所熟悉的领域内做出判断[①]"。这些雄心勃勃的企图以行为的和进化论的机器人学的兴起为前提，该学说使用生物学的类推法去生产能对环境进行适应互动的代理人。它通常或召唤以神经网络为基础的联结主义的其中一种变化形式，或呼吁多种形式的嵌入式认知以产生越来越复杂的人种学。[②]

这些发展都孕育着空间在本质上的巨大变化。空间将装载更多的信息，空间之间将关联更加紧密，它们的反应将更加迅速，也将更理解使用者的需求。换言之，空间将更具施为性，也更能够充分利用每一次相遇。于是，这些施为性的空间将逐渐成为那些做好互动准备的特定的"新潮的"使用者展现自身的平台。使用者们将被期待着去发展一些新的技术——那些能够设定空间呈现方式的实用技巧。

因此，在这些变化发生之初，我们可以期待看到一些概念正在发生转变，如距离、空间、时间，那些来不及完全实现新的表象和刚逝之物，以及那些被互动性的空间和暂时性的客体、事件引起的新的结构和界限：

> 如果计算机系统不仅可以广泛延伸，且不可见，那么，要想知道谁控制着谁，什么与什么相关联，信息正流向何方，信息的使用情况，什么被破除了，这些都是非常困难的（和一种行动对比，如走进一间屋子这么一个简单的动作）。[③]

这些变化的目的在于产生一种新的现象性，这一目的连同一些其他不

---

① Rodney Brooks，2002a，p. 11.

② Holland and McFarland，2001；Menzel and D'Aluisio，2001；Nolfi and Floreano，2002；Dautenhahn and Nehaniv，2002；Dautenhahn et al.，2002.

③ Weiser et al.，1999，p. 3.

同寻常的目的是在已故的弗朗西斯科·瓦雷拉（Francisco Varela）和其他同事的努力下，试图对胡塞尔的先验论做出现实主义的解读。瓦雷拉想采用胡塞尔的现象学，因此产生一种可以"与自然科学所承认的财产相一致的"的现象学。[①] 这个项目试图表明：

> "宏观"层面在现象学上突显从根本上是围绕着深层"微观"过程的独特性——具有质上的不连续性——而组织起来的。这些独特性在现象学上占主导地位，并形构着事物本身。因此，它们表现了胡塞尔所谓"非精确的现象学本质"，这些本质是与传统的基本物质不相关的，它们的确为我们——以定性的宏观物理学复杂系统的假设为基础，而不再依赖微观物理学的基础系统——提供了一个可行的物理性解释。[②]

这种新的现象性核心是对"意识"的重新定义，它是"人类的"交流能力、记忆能力的不断改善以及随着智能环境的出现所达到的协作范围不断扩大的结果。这种重新定义同时引起人类感知内容和方式的变化。也就是说，潜在性从根本上发生了变化。一种基于全新的关键技术的"信息生态学"[③]正在形成中。这些技术可以被看成是一种进化的适应性，以及"作为此种适应性的结果，一个活着的有机体的感知和行为是与它所处的客观环境质的发展水平相和谐的：各种形式、质量（颜色、结构），等等，这些对于它而言是有着本质上的重要性的"[④]。

[①] Goffey，2002.

[②] Roy et al.，1999，pp. 2，55.

[③] Nardi and O'Day，1999.

[④] Roy et al.，1999，p. 69.

三、商品的前形式

令人惊讶的是，现在有这么多作为高度互动性的可能结果的新课题和前沿领域都开始以玩具的形式出现（而不是以一次性的特殊实验测试台或者高端的消费品形式）。玩具出现的如此集中也许并不出人意料。相比于3000年前戴着铰链可以用绳子牵着的埃及老虎，或者公元前2800年出自印度西部哈拉帕文化的坟墓里发现的玩具动物①，玩具的悠久历史甚至可以追溯至更早时期。然而，西方现代意义上的玩具形成于1550年至1770年间，它是三种相互连接的进程的结果。

187   其一是大规模生产的发展，使得玩具能够被快速和便捷地进行批量生产。其二是童年概念的新变化，尤其是独生子女培养模式的发展。处于孤独中的孩子们逐渐开始自娱自乐起来，他们主要的玩伴就是玩具，"现代文明所依赖的这种孤独形式一直都是玩具，现代文明需要人们能够完成相对孤立的任务，并成功达成目的"②。其三是玩具已经逐渐卷入了机器的世界中。许多玩具成为微型机器，有时，它们的机敏使它们无法和机器人区别开来。③的确，至少在某种程度上"现代玩具可以被看成是这个被规划好的世界最初乐观的科学象征性的遗产继承者。玩具及其他微缩模型，以其微小性展现出与上千年来对于人们而言主要的'科学'是宏大的科学、宇宙的科学、天文学这一事实的差异"④。然而，直到19世纪末期，玩具没有成为西方儿童童年时期的主要特点。在那之前，绝大多数的孩子：

---

① Cross，1997.
② Sutton-Smith，1986，p. 37.
③ Stafford，1994；Stafford and Terpak，2001.
④ Sutton-Smith，1986，p. 59.

被要求进行劳动，帮助父母抚养年幼的弟妹，完成妈妈没有时间完成的家务活。孩子虽然也有特定的玩耍时间，用石头、棍棒、稻草和废弃的陶器、衣料来制作玩具、玩偶，但是，几乎没有为了使孩子的想象力能够自由发展而专门设定的在特定时间和空间内的玩乐。家长也极少为孩子提供专供他们娱乐的玩具，孩子往往在生日的时候会得到很多玩具，圣诞节则是个新的习俗。[①]

　　然而，从 19 世纪末开始，有三种深入的进程一起导致了现在许许多多家庭"塞满玩具箱"现象的出现。[②] 第一，最为显著的是，在日渐富裕的情况下，玩具经历了一个复杂商品化的历史过程，其最终现状是，少数几家全球性的公司掌控着玩具的大批量生产，全球玩具公司（如成立于 1923 年的孩之宝公司和 1945 年的美泰公司）和大型玩具零售商（如成立于 1957 年的玩具反斗城公司）以及现在主要集中于中国南部的生产基地的公司，这些公司共同构成了全球玩具商品的供应链。[③]

　　然而，商品化玩具明显的扩张要从它们与大众媒体的特殊联合开始算起。在英国，这一扩张开始于 BBC 在 20 世纪 20 年代的系列广播"玩具城"开始。该系列以一套能够建造起一个程式化城镇的微型木头玩具为主要内容。美国在 20 世纪 30 年代借秀兰·邓波儿（Shirley Temple）的流行也建立了商业与传媒之间的关联，并带来了商业的迅速成功。然而，到了 50 年代，随着儿童玩具的电视广告机制的确立，玩具和大众媒体之间的关联终结了，因此，"今天，玩具产业不太可能被看成是依赖流行文化来塑造和形构其所承载的意义了"[④]。

---

①　Cross，1997，p. 13.
②　Cross，1997.
③　Thrift and Olds，1996.
④　Fleming，1996，p. 40.

　　第二，玩具越来越需要在成年人的监督下使用从固定客体转变为一种集合体，它将媒体所描述和营销的那个小小的幻想世界中的因素一一连接起来，成年人也被排除了出去。现在的玩具设计要求包括各种可识别的复杂角色和装备，这些角色和装备或一次性打包出售，或在玩家收集的快乐中积攒成套。绝大部分角色和装备都受到媒体的大肆宣传。从《星球大战》的人物角色到《变形金刚》，从"我的小马驹"到"芭比娃娃"，世界成为一个孩子们可以进入的一系列微型存在者的世界。幻想与现实复杂的联系最终随着 20 世纪 80 年代"广告长度的节目"的出现而被强化，半小时的卡通节目可以使一条玩具生产线一直出现在孩子面前，并不断地更新人物和场景装备。

　　第三，玩具日益被看成存在于游戏的领域之中。约翰·洛克①的一种说法得到了广泛的认可，即玩具不应当仅仅被看成是小玩意，而应当被视为带有教育目的而赠予孩子。现在，围绕着游戏的文化领域形成了一整套专家意见："当孩子开始了解他周围的世界的时候，成年人可能看到的是他们在'游戏'。"②游戏的领域与商品化的关系发展得并不顺利，因为，玩具通常是我们试图了解商品世界时首先形成的经验，由于玩具商品具有更高的科技含量，因此使用它们的时候形成的社会化体验也许更为关键：玩具是商品化科技的最初体现。与此同时，对于很多研究者而言，玩具通过模仿、使头晕（或眼花）、竞争和相遇的过程向他者开放，从而使这个世界的"建构性阐释"成为可能③。玩具有很多种用途，一部分要归因于它们与游戏的关联，一部分是与其他表述性指令的关联。这就是玩具的悖论性功能：对于孩子而言它是娱乐的对象，同时它又是消费主义的物品。

　　无论玩具到底是什么，令人震惊的是当代资本主义和军事团体到底投入

---

① John Locke，1968；1993.
② Sutton-Smith，1986，p. 11.
③ Caillois，1962.

了多少信息技术的创新于其中，也许玩具的大量出现不应该引起人们的惊讶。首先，玩具已经成为人们进入这个互动世界的一个通道：

> 当计算机的世界与玩具的世界相交叉时，玩具与儿童的双向交流为互动性打开了一个新的可能空间。现在，玩具可以倾听孩子们的心声，像一个关爱的家长一样耐心地观察那些正在进行各种拼写练习或游戏的孩童，单独为他们朗读，不断对他们的表现进行评价，温柔地扩张孩子知识的边界。这种具有反应的智力游戏所产生的影响要大于其各部分影响的总和：孩子们通常更加投入，也因此更加努力地工作或者说，游戏。[①]

乐高、美泰、孩之宝、肯纳、多美和万代等玩具生产企业已经成为大型跨国公司，其利润大多投入新的更具想象力的产品中。最后一点是儿童购买力的大幅增长，一些家长也包括在内[②]，任何年龄阶段的孩子都成为独立购买力的来源，比如，一家营销咨询机构就曾公布说，从 1993 年到 1998 年间，5—16 岁孩子口袋里的零花钱上涨了 38%，这一现象在英国和美国都是一样的。[③]

其次，我将对这些公司在近几年中生产的一些互动性玩具进行一些考察。这些玩具在复杂性上有差异，针对孩子的年龄阶层也不同，但是，它们有一个共同点：它们可以以一种积极的方式进行实质性互动，而不仅仅是给出"机械性"回应，因此它们至少在某些方面具有适应性，这一结论必然排除了一些特定种类的玩具。比如，像 SCAMP 这样的说话玩偶，它是一个 20 世纪 80 年代上市的 16 英寸高的毛绒小狗，它拥有 300 种不同的哀

①　Pesce，2000，pp. 19-20.
②　Gunter and Furnham，1998.
③　Russell and Tyler，2002.

号声、哔哔声、呼噜声，并设置有 12 种不同的"情绪"，因为仅拥有一系列可能的动作而不具备学习能力，非互动型的 SCAMP 可以算是微型电动玩具家族众多成员中的第一个。同样，至少目前上市的互动型娱乐机器人也被排除，如索尼公司于 1999 年推出的 AIBO 狗（2000 年进行了升级和降价）或两足系列的 SDR（一个能唱能跳的 60 厘米高的机器人，预计于 2002 年底进行商业化生产）。就这些机器人的造价和复杂程度而言，它们不能算真正意义上的玩具，然而，它们是介于自我控制、成年人的陪伴和一种身份符号之间的东西。（例如，现在 AIBO 是被称为"生命"的个性强化软件，是记录机器人如何"成长"的记忆软件，且能够阅读电子邮件，与电脑进行连接等；新的 SDR－4X 为 AIBO 增添了面部识别、持续话语识别以及长短期记忆等技术。然而，具有重要意义的是，这些机器人的造价却在进一步下降，索尼公司针对零售价在200—300 美元的 AIBO 产品拥有明确的营销计划，此款产品主要针对儿童和青少年，也许受到孩之宝在 2002 年出产的一款名为 I－Cybie 的类 AIBO 但要便宜得多的产品的刺激而产生的应对措施。）像 Neopets 一样极为成功的纯网络类玩具也被排除在外，因为它们几乎完全是虚拟的（尽管这些玩具可解除的复制品在日渐生产出来）。最后，类似任天堂公司的游戏男孩的手动游戏系统也被排除，自此款游戏于 1989 年发布以来在世界范围内创下了 1.1 亿美元的销量，由于它是依赖设定好的脚本运行的因而它几乎没有任何适应能力。

　　对于适应性玩具的一个可能的反对意见是，它们在某种程度上只是针对少数富裕家庭的，是精英儿童的玩具。这些玩具中的其中一些无疑是非常昂贵的（可以想象，"机器人玩玩"就由于过于昂贵而没能取得商业上的成功），但是，重要的是，其他那些我将会涉及的玩具的情况则与之相反。许多价格不菲的玩具（比如，乐高公司的"头脑风暴"）销量就非常好，而其他一些较便宜的玩具（比如，Furby 和叫 Micropets 的微型宠物机器人）都成功地占领了大众市场。

未来的玩具

已经达成共识的是，第一款获得商业成功的互动性玩具是日本万代公司在 20 世纪 90 年代中期研发的电子鸡（Tamagotchi）。它是一个廉价的腕表形式的虚拟宠物，由一个小液晶显示屏和三个按钮组成，其最重要的特征是随着它的"成长"会改变其行为模式。换言之，它需要喂养和培育等简单的互动智能，这些通过按下正确的按钮就可以完成。宠物鸡被发展成一系列相似的玩具，如 Giga Pets。

但是，真正的突破是菲比（Furby）带来的，它是老虎玩具公司——现在是孩之宝的一个分公司——于 1998 年研发的一个虚拟电动宠物，其目标群体是四岁及以上的儿童。菲比由身体、摩托车、各种传感器和一堆软件组成。菲比能够对它所处的环境做出反应。它能感应到光明和黑暗，也能听到声响，感受到压力和倾斜。它可以使用孩子式的简单语法进行对话，它的脸富有表达能力，特别是，它有自身的需要。更近一步说，菲比可以通过互动过程中产生的基本记忆，对日益丰富的词汇的使用，以及一个红外线接收器与其他菲比进行交流，在过程中进行学习，因此，菲比可以与它的拥有者进行互动，于是，菲比似乎占有了孩子脑中一块新的领地——拥有意识却不是"活着的"——如雪莉·特克（Sherry Turkle）对机器和儿童的长期研究所表明的[①]：

> 麻省理工学院特克的个人网页上对那些拥有个人虚拟宠物的孩子发出了呼吁。她从孩子们那里搜集他们的故事、经历，她的研究结果与她之前的发现一样惊人。这些孩子们对她的问题给出了第三个答案："虚拟宠物是有生命的，还有没有非生命的？"有生命物和非生命物之间曾经有非常明确的区别，如今已经变得模糊。随着这些孩子在

---

① Turkle，1996.

这个世界中的学习和玩耍的过程，这一结论似乎保持不变。他们并不愿意将菲比定义成一个非生命的客体，即便它只是一个机器，因为它表现出了一些真正生命物所具有的品质。因此，这些儿童哲学家们找到了一个新的方式，而非将菲比简单地归入任何一类：他们为这种半生命体创造出一种新的定义。当然不是人类，也不是动物，却仍然是有生命的。这就是菲比不同于所有其他比它更超前的玩具的地方。这些玩具并没有强制产生一种对范畴的新的定义，以便我们可以依靠它来理解和对这个世界发号施令。菲比也不例外，它是一种新的类型的玩具，由于它具有模仿人类关系的能力，它创造出了一个我们用来区分活的和死的、人类和机器的新的标准。①

191   换言之，如特克所言，20 世纪 90 年代末期的儿童与之前 10 年甚至更早的儿童是有差异的：

> 对于今天的孩子来说，人与机器之间的区别是清晰的。但是，他们今天所看到的边界已经发生了巨大变化。现在，孩子们对于会思想、拥有个性的非生命体的概念已经习以为常。他们不再为机器是不是有生命的而烦扰，他们知道答案是否定的，关于生命力的问题已经成为隐而不显的背景，好像这个问题已经解决了一样，然而，机器的概念已经拓展到将心理学也包含在内。②

菲比之后产生了一系列类似的互动玩具，比如，老虎公司一只叫"普奇"（Poo—Chi）的机器狗和《星球大战》中的尤达（Yoda），二者都装载了集中感测器，并拥有学习和展示各种"情感"的能力，二者也都可以和其他玩

---

①   Pesce，2000，p. 68.

②   Turkle ，1996，p. 83.

具通过红外线进行互动。

第三种具有真实互动能力的超级玩具是由微型玩具组成的社区组成，它们能够以多种方式一起互动，并逐渐适应对方以及周围的环境。这一类玩具中的第一个看起来应该是"Chibibotto"，是老虎和万代公司制造的由 6 个不同颜色的玩具组成的集合体。然而，最成功的玩具是日本多美公司的"Micropets"，它是 2002 年发布的针对三岁及以上的孩子的几个 4 厘米高的人物的集合体，不仅能够彼此进行互动，还能够识别声音，因此也能够服从简单的命令。每一个玩具代表一个特殊的角色，也因此拥有其自身的特殊品性，它们很显然被混入一种叙述中，也被期待具有高度的可收集性。

第四种具有真正互动性的超级玩具是发布于 2000 年的针对三岁及以上儿童的"机器娃娃"。这个价值 3.1 英镑的娃娃是孩之宝公司和一个叫"iRobot"的公司联合开发的。"iRobot"公司成立于 20 世纪 90 年代，由上文已经提到的人工智能的研究者，麻省理工学院人工智能实验室主任罗德尼·布鲁克斯[1]，以及另外两个前人工智能的研究者安格尔和海伦·格雷纳（Colin Angle and Helen Greiner）共同研制。机器娃娃通过一种感测器的网络和一种"行为语言系统"的结合产生出成百上千种面部表情，大量的声音和语言的结合，以及对接触、动作和光线的反应能力。因此，这个玩偶具有超强的表达能力，能够随着时间的推进而发展出新的行为，其语言能力可以从相当于 6 个月大的儿童发展到 2 岁儿童，因此，它可以参与到许多游戏序列中。事实上，机器娃娃是一个面向大众市场的机器人，它以"非具象性原则"为基础，该原则强调与环境进行简单的互动而进行学习，而非集中性的认知，布鲁克斯也因该原则而出名。[2] 然而，尽管机器娃娃的销量相对不错，但是对于市场而言它可能过于复杂了：

---

① Brooks，1991.
② Brooks，1991；2002a；2002b.

电视广告无法将购买者激动的心情清楚地表达出来。机器娃娃有太多新的特征，广告太沉溺于这些新特性的各种细节，而输给了那些只有一个锦囊妙计的更简单的玩偶。我们所出售的机器人玩偶要多于其他现有的机器人，但是，它依然没有成为我们所期盼的杰作。[①]

然而，机器娃娃的这些原理正预示着新一代玩偶正涌向市场，比如，一个新的会走路的恐龙计划将于 2002 年中发布。

第五种具有真正互动能力的超级玩具叫作 BIO Bug，它是具有生殖能力的生物力学机器人，它以洛斯阿拉莫斯国家实验室的马克·特尔顿（Mark Tilden）设计的生物力学机器为基础，生物力学机器依赖于由孩之宝公司在 2001 年末发布的 BIO Bug，其互动性依赖于神经性的或神经形态的芯片，这是一种基于生物学原理的不同寻常的低功率的类似芯片。近年来生物力学科技的进步，使它比简单的数码芯片对环境的反应能力更强。BIO Bug 的核心是一个中枢神经的发电机，即一种使这个玩具能够在它的行动与环境（以及其他的 BIO Bugs）之间进行持续反馈的弹性协调器。每一个有四种颜色编码的虫子都被设置成有特殊的性格特征，比如，更强的应对艰险地形的能力或更快的在平坦表面移动的能力。这些虫子可以被一个作为归航信标和"补给站"的手腕发射器控制，类似 BIO Bug 这样的玩具代表了一种完全不同的互动方式：

也许它是抵达既定目的——工程师们数年来一直没能成功建立高效的"适应性智能"控制系统的唯一方式。

神经形态的芯片将会带来诸多影响，尤其当它被应用到紧密度和能量功耗成为重要考虑因素的领域，比如说，人类身体的替代部位。

---

① Brooks，2002a，p.113.

192

这一点正以缓慢的速度进入人们的思想……在基因体学之后，也许下一个能够引起股票市场骚动的将是神经形态学。[1]

第六种真正重要的互动性玩具是乐高公司 1998 年发布的"头脑风暴"。它是乐高公司和麻省理工学院联合开发的一款针对 8 岁以上儿童的产品，即便价格不菲，它依然是最畅销的产品。乐高的"头脑风暴"从根本上而言是可程序化的。它使用一种简单的编程语言来建造乐高机器人，该程序可以从电脑上下载到生产出来的乐高机器人身上，于是，娱乐性的钻研可以带给孩子学习的机会，这有以下三个方面的原因。首先，这个系统不断增加新的能力。比如，新的接收器被不停地添加上去（比如，触摸、视觉、温度和旋转），新的软件研发妙招也源源不断地提供出来。因此，最近添加到"头脑风暴"身上的是一个每秒能拍 30 张照片的照相机，它使得机器人能够按程序对光线、移动、颜色和摄像机做出反应，并能够像防盗警钟一样行动。换言之，这个玩具，像其他互动玩具和许多其他机械产品一样，是一个未完成的产品。与一个产品相比，它更像一个过程。[2] 其次，不同的生产线也在持续的研发中（比如，那些具有不同可调换个性的机器人）。最后，有一系列现在被称为"乐高社区的"世界性的网站，新的硬件和软件由玩家提供，它非常类似于一个开放性的软件，通常是不同联盟之间相互竞争的结果。

第七种互动型玩具是日本的玩具制造商 Takara 在 2002 年公布的。它的名字是"Bowlingual"，它是一个名副其实的犬语翻译机。在狗的项圈上安装一个无线扩音器和一个微型终端机，后者能够将狗的各种吠声与一系列表情相连接：厌倦、高兴、受挫、悲伤等。它还能用来记录狗一天的情绪，这样饲养者就可以掌握他们不在的时候爱犬的情绪。该玩具令人惊叹

193

---

[1]　The Economist，6 January 2001，p. 6.

[2]　Bolter and Grusin，1999.

之处，不在于它可直接翻译狗的真实表情状态，而在于它给这个世界又增添了一种掌握狗的信息的方式，另外一种犬类的特征。

显而易见，这只是"更加智能"与更加开放的互动型玩具可能性的开端。新类型的感测器，能够表达情感的电脑计算，以及更多产生情感的机会都将导致新一代"超级玩具"的诞生。麻省理工学院媒体实验室创立于1998年的"未来玩具"项目，表现出其中一些新玩具的可能性的方向，它们可能包含新类型的音乐玩具；讲故事玩具，它能够"询问孩子一天的状况"，并专心地聆听孩子的故事，提出问题或者给孩子讲述它早前发生的故事；能够与其他玩具互动的玩具，它不仅可以在"结构和机制"上重新建构，在"行为和社区"上亦然；可以远程操控的玩具，例如，不在孩子身边的父母可以通过泰迪熊给孩子一个拥抱；能够与媒体进行互动的玩具，比如，"卡通的数码资源将会被引入玩具中"；户外玩具，例如，"鞋子可能比难得一见的医生对你的日常情况了解更多"，它"可以教你如何跳舞"，"可能引着你去散步"，"可能带你去见你的医生或者找朋友一起娱乐"。换言之，这些玩具可以被用来产生新的娱乐（比如新的户外游戏），新的情感类型（比如泰迪熊的拥抱），新的学习方式（比如通过新的制作音乐的方式）和新的服务类型（比如，"玩具将足够智能以至于它可以告诉联邦快递什么时候来取件；当该玩具被送达以后，它甚至可以告诉孩子它的旅途经历"）。

也就是说，玩具已经迅速地变成了另外一种东西：它介于一个能够承载所有幻想、各种游戏的多变的客体和一种可供选择的生活方式之间，它至少能够在某种程度上按照自己选择的方式参与到世界中。换言之，我们也许要见证一种商品的演化过程，该过程以日常空间的高度重组为基础，这种空间的重组将会带给这些商品一种对互动性的意识。

194 　　当然，也不需要过于看重这些发展成果：许多玩具已经毁坏或者被遗弃在玩具箱底层并被新的玩具覆盖，然而，我们也不能轻视这些发展成果，因为，它们可能预示着迈出更加施为性的新空间的第一步，在这样的空间中，互动型的游戏得到了更高程度的媒介化。

四、结语：可能存在的空间

当然，此时想要直截了当地表达一些对其消极面的看法是非常容易的。显然，这方面可说的也相当不少。第一，这些互动型的玩具可以被看成是商品化的一个新阶段，公司的利益进一步加剧了我们的担忧，玩具以一种占统治地位的、陈旧思想所意想不到的方式，成为日常生活的生态学中的一个关键部分。日常生活中的平凡行动（行走）、文学（故事）与商业规则更紧密地交织在一起。更进一步来说，这些玩具有可能被公司当作间谍来使用，它们反馈儿童们的喜好，并将他们带入一个巨大的自动商业反馈循环中，这个循环是再生产性的而不是虚拟性的，它依靠的是不停地生产出新版本的方式，这将带给我们一个可以操控的未来而不是一个由开放的现在所引向的未知的未来，玩具变成了新的财产形式。

第二，与第一点相关联的是，这些玩具可以被看成是从社会化到商品化的方式，这将蕴含着无限的坏的可能性，比如，玩具可能会表现出许多养育功能，它们将孩子包围在一个特制的但是日渐没有任何个性的也没有任何风险的茧中，因此，它导致了远距离养育现象的增多。再次，这些玩具提供的预设所具有的"想象的"解决方案可能会削弱儿童幻想和娱乐的能力，它占用了儿童大量的时间以致他们几乎没有机会思考这些已经创造出来的互动性和叙事之外的内容。游戏的创造性的机会被缩短了。最后，如哈里·柯林斯（Harry Collins）反复强调的，我们开始表现出一些机器的特征：我们模仿机器，正如它们必须模仿我们[①]。如果互动型玩具被生产出

---

① Collins and Kusch，1998.

具有特定机器的特征，我们当然就应该认真地思考"孩子们为什么喜欢它们"这个问题了，使用者同机器一样被塑造着。

这些都是显而易见的风险，我并不希望减弱它们：为了防御儿童成为电脑寄生虫，以及他们的童年也被悄无声息地偷走，不同层面的政治举措都是非常必要的。[①] 这些政策必须包括"鼓励制造商生产能够将儿童与过去相关联，并与一个建构性的且具有想象力的未来相关联的玩具"。[②] 因此，在最后的一个章节中，我想要关注这种新的互动型玩具的更为积极的一面，同时，我也会从更普遍的角度对智能环境进行考察。第一，最直接的一点，这些玩具都包含逆向操控的潜能，因此能够转变为其他用途。[③] 例如，Furby 和 Poo-Chi 曾被黑客操控去实施别的功能，从阅读电子邮件到吓走窃贼（一个网店甚至销售"菲比升级小贴士"），Actimate 公司生产的"邦尼"（"Barney"一个玩具恐龙）也同样被重新编码以适应别的用途，对 BIO Bugs 进行"活体解剖"的指导手册已经出现在网上。事实上，越来越多的玩具成为附带着一系列有趣的外围设备的微型多用途电脑，因此这一趋势还有可能加剧，无论那些跨国公司如何努力去试图阻止它（的确，正如上文曾指出的，一些公司——如乐高和它的"头脑风暴"——现在通过释放出该项目的编码资源以有效地为黑客提供攻击资源，增强其装备的潜在价值，因而拓展了销量）。

第二，玩具可以成为制造更多表达可能性的方式。因此，麻省理工学院媒体实验室和其他类似机构的研究，其目的显然是尝试生产出这些可能性，模拟将电脑计算应用于艺术和人文科学中。[④] 有几种方式可以增强富有表达力的交流效果：通过设计出对肢体运动敏感的新类型的服装（如著

195

[①] Giroux and Kline，2002；Kline，1993.

[②] Cross，1997，p. 238.

[③] The Economist，2 December 2000.

[④] Laurel，1993；Sparacino et al.，2000.

名指挥家的夹克或新的具有表达力的鞋子①）；通过设计新类型的活动性的空间（如麻省理工学院的舞蹈空间，它使得舞者可以创作出音乐和色彩的图表；网络化数字马戏团，它可以产生新的肢体语言；以及即兴的戏剧空间，它能够产生出以新的方式连接行动和语境的"媒体行动"）；通过设计以集体音响为基础的新类型的音乐（如在完全依靠音乐设备数字界面的项目中）；通过设计活动的总体效果，比如发展可穿戴的设备②，或者越来越多的娱乐性互动的故事性环境（如麻省理工学院的儿童之家③），或者那些"使全世界的儿童能够共同完成一部宏伟交响曲的玩具"④（如麻省理工学院的玩具交响乐项目）。在任何一种情况下，更多注意力被集中在与对情感的电脑计算的普遍发展相一致的情感可能性上。⑤

第三，这些玩具将可能鼓励新的"思考方式"——那些受人青睐的展示每一个人所具有的能力的方式。斯腾伯格（Sternberg）就曾对人们刚开始使用的不同思考方式进行研究：君主式的、官僚层级式的、寡头式的和分析式的，等等⑥。很有可能的是，这些普遍拥有更强互动性的新玩具，既以大众社会化系统（如教育）所无法达到的方式来适应那些特殊类型的孩子，同时也能够鼓励新的思维方式和集体智慧的凸显。毕竟，思想已经通过一种设备的多样化信息生态学来展开⑦，对于某种程度而言，通过增添新的设备以及建立已有设备之间的链接，新的互动性只是扩大了这些生态学的边界和复杂性而已⑧。

---

① Paradiso et al. , 2000.

② Sparacino et al. , 2000.

③ Pinhanez et al. , 2000.

④ Machover，2000，p. 2.

⑤ Picard，1997；2000.

⑥ Sternberg，1997.

⑦ Nardi and O'Day，1999.

⑧ Papert，2000.

196　　　第四，互动型玩具可以被用来生产新的设备。因此，上文中简单概括出来的绝大部分的互动型玩具都不是没有性别的。例如，尽管这样一种论调有明显的夸张成分，许多这样的玩具都倾向于诉诸传统的"男性"价值，如竞争①。然而，有趣的是，现在所有努力都试图将玩具塑造成这样：生产出有助于合作、联系和友谊等互动模式的软件②，"一些可供选择的软件样式——它们并不遵循被现在的市场压力所创造并进一步强化的性别假设"，而从总体上创造一种包容性更强的计算机文化；所有努力都试图缓和传统的科技幻想的男性模式，该模式主要关注的是如何生产出超越身体的各种局限性的更具柔韧性和互动性的玩具。

　　换言之，目前的时代——同其他所有时代一样——让我们的生存既充满威胁又充满可能性。然而，可以肯定的是，我们需要提供更多真实的但有条件的选择，而不是那些相反的从根本上而言无意义的无条件的选择，后者是消费思潮持续不断地强加给我们的。③ 目前，就它们的发展程度而言，新的互动型玩具——以及与之相随而生的空间——依然有着朝不同方向发展的可能性。时间依然是令人兴奋的，因为现在我们依然更重视质而非量，重视一种应激的伦理学而非控制的品德④。我们可以创造玩具和空间，它们都可以被看成是社会关系和科技的结合，它们能给孩子们提供一种"富有表达力的语言"⑤，这使得他们可以以积极且富有创造力的方式来接触这个世界，这样的方式既在他们的交往范围之内，同时又超出这一范围。⑥ 我们依然可以通过紧握住正在展现的科技的先机来传达玩具带来的兴奋感——力量、活力、愉悦，这些科技机遇的涌现是为了打开游戏的新空间，为孩子们的共同成长提供更为丰富的经历。

---

① Holloway and Valentine，2000.
② New Scientist，25 May 2002，pp. 36-41.
③ Dreyfus，1999；2001.
④ Massumi，2002；Thrift，2004.
⑤ Resnick，2000.
⑥ Sutton-Smith，1986.

第十章

电子动物：日常生活的新样式？

一、引言

生物学的隐喻已经在社会中传播了如此长的时间，以至于它们已经逐 197 渐渗入人们的意识思维的底层。在本章中，我想对这些隐喻如何在逐渐信息化的日常生活中扎根，以及这一过程如何产生出新的人工生态学，其中生物学的和信息化的内容如何相互滋养对方，并创造出一种新的表现特殊类型的"动物性"的混合物进行探讨。

我对该领域的兴趣受到了三种各不相同但却相互关联的因素的刺激。其一，我对日常生活文学普遍不满。我所担心的是，它不仅没有将最新的科技成果应用到任何有意义的方面，甚至还将注意力集中于传统的交流结构和场所之上，而在某种程度上主动抵制了科技成果。特别是，它强调一种原型——真实性，比如，在对"回避的日常性"的强调中所体现出来的[①]，

---

① Morris，1998.

或者采用如巴什拉、德塞都和列斐伏尔等学者的某些历史主义的解释而重新将节奏看成是对世界的感性实践，这些在我看来，表达了一种对好不容易才被忘却的浪漫主义整体论的渴望。其二，出自对于软件功效的普遍的兴趣。[①] 我相信软件构成了一种世界上的新的行动者：作为一种新的机械书写方式，它逐渐产生了一种全新的信息化生态学，即形成了一种低调但是强有力的在暗中繁荣生长的因果关系。它出现在绝大部分事件的背景中，由于它不断扩大的界限和几乎巴洛克式的复杂性，它正以不同的密度、从各种诡异的地方出现，产生出各种类型的巨大的突发性事件或大大小小的紧急事件，它们准确的起源我们已经无从知晓。其三，动力是实践性的。在我看来，自 20 世纪 70 年代始，软件的编写者开始不同程度地采用以生物学隐喻为基础的生物学模型，这些隐喻包括基因算法、人工行为学和其他形式的仿生学，它们为仅仅是模糊地感觉到的问题提供了解决办法。尤其是，我特别关注了一种想要制造电子动物的欲望，无论是发明者还是使用者都对制造它的原因不甚清楚。换言之，生物学的隐喻，与计算机程序和编码牢牢地绑在了一起，并产生出一种"人工有机体"，它在日常生活实践中的陪伴作用看起来基本等同于宠物的作用。

由于本章只是对该领域的一个初探，因此还很难称得上是最终的结论。然而我希望，在本章结尾处我能够达到以下目的。首先，我希望我已经初步展示了，软件如何为日常生活实践奠定了深厚的理论基础。卡里尔和米勒将现代欧美社会理论逐渐改变世界以适应它们想象的过程称"虚拟主义"[②]，我非常赞成这种说法。其次，我希望能够表明，那种制造靠软件驱动的实体（如电子动物）的动力并不仅仅是出于娱乐的目的，这种动力同时反映出这一实践在根本上的理论困境：人类和非人类的区别是什么，生命物和非生命物的区别是什么，自然的与文化的区别是什么。针对这一理

198

---

①　Thrift，2003b；Thrift and French，2002.

②　Carrier and Miller，1998.

论困境，关于动物和机器这两个方面的著作都源源不断地产生出来。最后，我希望能够简要地表明，这些项目至少预示了一种新的规训模式以及将来可能会出现的日常生活形式。

本章分为三个主要部分，分别与上述三个希望相对应。因此，第一部分研究的是，软件如何引出世界中存在的一种新的因果关系，就其本性而言，这种因果关系虽然并不显著，但是加起来却能够产生更强大的影响。第二部分研究的是，软件如何建立了新类型的人工自然，尤其是电子"动物"。最后一部分研究的是，宠物的世界中已经或将要出现的两难问题。本章的结尾部分是一些简要的结论。现在，我将要开始探讨的是新的规训类型是如何成为可能的。

二、日常生活的新基础

"软件"这个词仅仅从 20 世纪 50 年代才开始被广泛使用。当然，它的出现与第一台电子计算机的发明是联系在一起的，尤其是这些计算机在 50 年代末期首次被应用至商业领域，这给专门从事软件供应的公司带来了发展机遇。[①] 那时，软件仅仅是一些简单的编码，它在输入和输出之间起着桥梁的作用。然而，尤其是过去的这 20 年间，软件已经从机械编码的小灌木丛发展成为覆盖全球绝大部分地区的森林，它被转译成 200 多种不同的语言，并且囊括了电动牙刷到汽车等日常生活的所有设备。[②]

几乎从它被植入开始，生物学和信息化已经在软件身上交织于一起。从现代计算机诞生的那一刻起，新的机器就被以生物学的术语进行架构。比如，从 20 世纪 40 年代起，约翰·冯·诺依曼就对计算机逻辑和生物学之间的关联产生了兴趣。关于电子数据计算机的第一份经典报道就曾把电

---

① Hayles，2002.
② Thrift and French，2002.

子回路比作神经细胞①，将设计的输入和输出部分比作器官②。从那时起，生物学的隐喻在软件和计算机领域流行起来。从某方面看，这种流行并不应该太令人惊讶，毕竟，许多早期控制论和系统论的理论隐喻部分地来自生物学领域的还原性概念。有人可能会认为，如赛奇维克（Sedgwick）所言，问题在于"现实的计算机式的肌肉"还不能用于实际操作③。生物学本身就是一场拖延了太久的战争，战争的一方认为生物学领域可以被还原为一系列计算公式，另一方认为有机体不能被还原为它的部分的总和。持第一种观点的生物学家们认为，至少控制论模型是机械思维的一种自然延伸，它们在 19 世纪有清楚明白的前身（但是也许甚至可以追溯到笛卡尔对人和机器式的动物的区分），这一思路的最新体现就是"预测生物学"，它希望能够在电脑中建立起人类细胞（组织、器官甚至是有机体）的行为模型。

因此，软件编写者最初对生物学的把玩也许仅仅出于很平常的商业需求，只是可能多了少许奇特的色彩而已。然而，与此同时，这种把玩也表达了一些更多的需求。随着软件变得更加复杂，那些还原论式的模型也变得越来越不适合，软件越来越类似于一种生态系统，其中新的程序的丛林包围着旧的程序，后者通常历经许多不同的版本而保持不变。当程序自身的长度成为问题时，各种出人意料的关联和隐藏的错误都开始呈现出来。许多程序的源源不断的补丁已经开始产生新的程序，这些新的程序足够大和复杂，以至于可以将程序看成正在形成它们自身的带有不同生态位和演化趋势的生态学。结果是，在类生物学法则的支持下，这些程序逐渐形成了属于自身的环境。有趣的是，这种观点不仅被那些仅仅将程序看成是狭义的技术证明的人所引用，同时也被那些认为程序表现了更多东西的人所认可。例如，持第二种观点的纳迪和欧黛（O'Day）认为，健康的"信息生态

---

① Von Neumann，1945.

② Ward，1999.

③ Sedgwick，2003，p. 105.

学"的创造将体现出几个生态学的原则：系统的相互关联性、多样性、共同演化特性、关键物种和居住在当地的重要性①。

　　不仅如此，显然是模仿生物学原则的新的算法也被引入。这一工作的最早历史可以追溯到所谓遗传算法和更普遍的进化计算现象。② 尽管先驱另有其人，认为遗传算法是约翰·霍兰德在 20 世纪 60 年代发明的一种混合自然和人工系统的方式的看法已经被广泛接受。霍兰德引入了一种以人口为基础的算法，该算法遵循演化的路线并使得大规模的平行研究成为可能（可以在同一时间对不同的可能性进行探究），这种算法是强调适应性的，且能够找出复杂的解决方案。在演化计算中，规则都是以典型的自然选择的概念为基础的，其中生物的变种出自物种的交叉或突变。"我们所期望的应激性行为是对高质量解决难题的筹划以及面对一个不断变化的环境的适应能力。"③然而，进化论并不是唯一被用来支撑计算机程序的生物学隐喻。另外一种隐喻来自神经科学。连接机制包含了诸如神经网络等模型，由受神经系统启发的计算机程序组成。在该机制中，"规则就是典型的'神经'阈值法、激活扩散以及连接的增强或削弱。期盼的应激行为是复杂的模式识别与学习"④。我们还可以继续列举下去，然而，希望我们的观点已经明确：在许多计算机程序的不断变动中，生物学的分析现在已经占据了主导地位。

　　总而言之，就各个层面来看，对编程环境最普遍的描述就是生物学的。而且这一描述适用于很多层面：作为一种架构程序的方式，作为一种架构更为广泛的科技体系的方式以及作为一种对世界未来进行预测的方式。也许，下一步应该按照意料展开：试着去生产"人工生命"，尤其是人工动物。

202

---

① Nardi and O'Day，1999.
② Mitchell，1996.
③ Mitchell，1996，p. 4.
④ Mitchell，1996，p. 4.

三、电动动物

利比特指出，据《牛津英语词典》记载，"拟人化"这一术语的首次使用最早可追溯至 19 世纪下半叶[①]。与此同时，科技与动物的历史开始更为紧密地结合在一起，这也许并非巧合：

> 随着它们的消失，动物逐渐成为怀旧的好奇心的主体。当马拉车让位给蒸汽引擎，为了仿造一种与旧时动物驱动的汽车的连续性，塑料马被竖立在有轨电车的车头前。一旦涉及一种自然的借喻形象，动物就会成为新的工业环境的象征，动物好似被兴起的新科技的身体替代。从蒸汽引擎到量子力学的大量科技创新的历史和习语都展现了一种合并的动物性。在从 19 世纪末到 20 世纪初的工业和美学领域的变化起重要作用的人中，詹姆斯·瓦特以及稍后的亨利·福特、托马斯·爱迪生、亚历山大·贝尔、沃尔特·迪斯尼和埃尔温·薛定谔等人，通过创造出一系列受人欢迎的动物的变种，而将动物的精神运用到他们各自的机器的研发中。电影业、通信、交通和电力都从逝去的动物中寻找真实的、极好的资源。科技以及电影业最终以这种方式为动物设定了一个巨大的陵墓。[②]

201　　　有人可能会认为，利比特科技—动物的陵墓的说法有夸张的成分。毕竟，21 世纪初的城市依然充满了各种活生生的动物[③]，但是，这种说法依然说明了一些问题：科技与动物之间的文化性互动已经开始发展，并且仍

---

① Lippitt，2000.
② Lippitt，2000，p. 187.
③ Amin and Thrift，2002.

将继续发展下去。^①　正如科技已经成为动物世界内部的一种显著力量，动物也成为科技世界中的一种显著力量。这两个领域之间不断地互动使得"科技"和"动物"两个词成为值得怀疑的，也许它们应该被一种标准的行动网络的理论描述所替代。这些理论的描述对象是那些永远处于交互实验中的许多综合网络和其他流动形式，而这些实验作为一种结果，不断地更新着占主导地位的文化中对"科技"和"动物"的定义。^②　无论情况怎样，随着各种科学家和程序员所组成的团队竞相生产出今天已经成为现实的更类似于生物生命的产品，动物毫无疑问成为当前信息科技的一种助推力。

也许，对上述那种穿梭交互进行探讨的最佳方式，是对那些电脑中的仿真有机生命的大量生产活动进行考察。我想指出的是，这些项目的意图在于弄清楚有机生命的组成成分。这些在进行中的实验不幸地总是伴随着对"生命""虚拟有机体"和"有生命的、可以繁殖的软件"^③等大量夸张的修辞，这些修辞掩盖了有机生命体的首要的本质特征。以电脑程序的形式来创造人工生命的尝试开始于 20 世纪 80 年代，当托马斯·雷（Larry Ray）等许多生物学家和程序员开始设计生产如 Tierra 等人工智能的时候，这些人工智能，在某种程度上，产生于对那个被预先设定的因而在本质上是封闭系统的遗传算法的不满。这种遗传算法意味着它们没有独立再生产的能力，因此，生和死都是从外部决定了的："自我复制对于合成生命而言是极其重要的，因为如果没有它，选择机制必须也被模拟程序提前决定。这样的人工选择不可能像自然选择一样充满创造性。"^④此类人工智能在表现特定的演化特征的方面无疑是成功的，然而事实证明，它们也拥有其他缺陷。最明显的是，较这些有机体的祖先而言，它们所生产出来的有机体指

<hr />

① Simondon，1958；1989.
② Whatmore，2002.
③ Ward，1999，p. 279.
④ Ray，1991，p. 372.

令减少了很多；简单的 Tierran 没有能力使自身长成更大的有机体，尽管许多乐观主义者都认为这些限制终究会被克服，其他方面看起来也都具有各自的问题。

除此之外，最令人瞩目的就是建造具有真正身体外延的人工有机体，即人造生物。目前，对于这一难题有很多相互关联的解决办法，首先就是仿生学。仿生学是一门年轻的学科，它研究的是自然中的各种原型，并模仿或从这些天然的设计和生命过程中汲取灵感以解决各式各样的问题。因此，它潜在地涉及诸多不同的科学领域和过程，在此，我仅谈及其中很少一部分：这些都是与我的论证有着直接关联的。尽管过去仿生学的使用主要集中在材料科学等领域，最近，动物力学领域也被投入了相当的精力，如果能够被模仿的话，许多动物器官就可以展现出显著的效用。比如，贻贝的脚具有黏性或者蜘蛛可以吐出强韧的丝。[①] 然而，最近人们越来越关注模拟动物大脑等程序的生产，因此，用那些以传统程序很难或不可能采用的方式来对一些模型进行分析也成为可能，比如，通过使用冗余来处理或产生副作用，去驾驭可见的和不可见的力量。这些程序也可以使用"可触感化"处理器，它是一种高效的巨型感测器或光蛋白处理器，它能够在任何地点感测到光的吸收状况并通过一组详细的技术对不同的模式进行区分。[②] 仿生学机器人种类繁多，从装有模仿动物身体某个特殊部分的感测器的机器人（比如，对苍蝇的动敏式复眼或蚂蚁的两极化感光器官的电子模拟）到建立一系列允许某种程度的快速的协同进化原型的尝试。[③]

第二种方式主要是模仿。在过去的十年间，模仿已经成为不同学科的共同点，这些学科有心理学、人种学、哲学、语言学、认知科学、计算机

---

① Benyus，1997.
② Benyus，1997.
③ Holland and McFarland，2001.

科学、生物学、人类学和机器人学。① 不出所料，人们在通过模仿使动物的特征程序化方面已经投入了很多精力，在这个过程中，模仿既是一种功能性的方法，也是一个有趣且有价值的话题。模仿已经被看成是动物进行社会性学习的主要方式之一（包括人类在内），这一研究的很多方面显然都可以被转移至人工领域，尤其是当人工领域不再被仅仅看成是介于感知与行动、发送与接收之间的简单映像的时候。特别是，现在许多工作的核心观点都是将模仿看成是处于某个情境中的具体化的行为人的特性，其所处的环境还包括其他行为人和其他动态变化的资源。② 只要涉及人造生物，其目的就非常清楚：发展复杂的情感技术，如面部表情。

第三种方式也许是最明显的：制造现实中的人造生物。当然，这已经不是什么新的想法了。它至少可以追溯至 18 世纪早期的自动装置。电动的自动装置可以追溯至 20 世纪 40 年代。例如，在 20 世纪 40 年代至 50 年代之间制造了一系列同时展现自发性、自主性、自律性的人造生物（简单动物）。以真空管、制动器和两个感测器（光线和撞击）为基础，这些生物展现了条件反射式的学习能力和多种行为类型。从那时起，机器人研究专家和其他学者开始投入大量的精力建造这样的生物，目前人工行为学的潮流算是对这个方向的发展成果的终结：

> 移动机器人现在已经存在了大约 50 年。在这段时期内，绝大部分机器人都在当代工程学、计算机科学和人工智能的技术和概念的标准范围内有所发展。由于各种原因，只有少数机器人经过特殊的设计以这样或那样的方式来模仿动物。现在，凑巧的是，动物和移动机器人（无论是仿动物的或传统式的）拥有很多共同点，以至于从诸多方面来

203

① Cypher，1993；Dautenhahn and Nehaniv，2002；Heyes and Galef，1996；Nadel and Butterworth，1999；Zentall，2001；Zentall and Galef，1988.

② Dourish，2001.

看，所有移动机器人都在不同程度上与动物相似。另外，所有机器人——仿动物的或传统式的——所拥有的共同点使得它们与动物区别开来。①

最特殊的是，动物生长并演化着，因此，从某种程度而言，它们也拥有功能上的适应性。尽管，简单的模仿可以产生类动物的行为，而且这些行为因其明显的相似性而给人留下深刻印象，这可能仅仅因为机器人和动物都根据同样被严格限定的环境来给出解决问题的指令。无论情况如何，公平地说，也许在建造人造生物方面取得的最大成就是人类对待环境的态度更加谨慎，因为人们认识到，许多动物的认知活动都要归因于环境，环境提供了一系列的外在设备，它们能够存储、增强、简化和从总体上重新呈现意义，② 这就是布鲁克斯所青睐的"归类"的方法③。根据这种方法，一种智能系统是由一组行为生成性的子系统组成，每一个子系统都独立地将传感器与行动相连以达到某些特定的行为能力，如"避免""徘徊""探索"。这些非常基础的情感可以以多种方式进行关联，毕竟它们能够针对许多环境做出准确又直接的反应，然而这都是因为它们并不依赖于内在的表象，而是依靠环境来完成绝大部分的"思考"，用现在流行的一句话就是，"世界本身就是最好的模板"。这种以行为为基础的方法——每一种情感和整个系统主体进行进化选择（以遗传算法、神经网络等为代表），并因此引入一种确定的学习轨迹——被推广至方方面面。这一适应性的方式，通常被称为"进化机器人学"，作为一种能够随着时间流逝而挑选某些特殊能力并对之逐渐强化的方式，和一种共同演化的不同类型的机器人的方式，正日

---

① Holland and McFarland, 2001, p. 15.
② Dennett, 1997.
③ Brooks, 1999；2002a；Arkin, 1998.

渐流行起来。[①] 于是，这些成果正带来一种对"集体机器人学"的兴趣，各式各样的机器人正在共同演化并展现出一种非常类似于昆虫群落的分散智能。[②]

第四种方式就是直接移植一个存活的动物肢体到机器人身上，生产出一个有机人工变种或"机器人变种"。由于在一个被分离出来的动物肢体上保存功能是极其困难的，因此，这样的变种存活下来的很少。比如，蚕蛹的触须被分割并安装到一个微型机器人身上，作为一种追踪信息素的方式，同样，海鳗的神经系统被分离出来并被用做汽车的驱动和测试微型机器人身上记录光的敏感度。[③] 最近，通过对培育在盘子中老鼠的大脑细胞的神经活动进行操作，一个半机械半生物的机器人已经被研发了出来。事实上，这个机器人还走向了市场（通过瑞士的机器人制造商 K-Team[④]），这些实验，或其他类似的实验，也许可以被看成是一个更宏大的趋势的一部分，这个趋势就是通过对不能被操控的动物感官的利用而将有机体和数码进行混合。这些实验或者也可以被看成是形成一种新的"仿生学"感官的方式，或仅仅是对动物进行更深入探究的一种方式。

每一种研究方式所暗含的野心都再清楚不过了。尽管将意识形态学家们的研究奉为典型总是一种危险的做法，然而，他们的极端性在指出目前那些试图设计电动动物的梦幻和野心方面，依然有其用武之地。我认为，这是设计一种依靠"生物"驱动的机械自然，这一机械自然将至少呈现出如下特征：一个开放式的进化过程，或至少是一种突显，一种学习的能力，一种来自大量行动者的巨大的解决问题的力量。为什么呢？因为：

---

① Nolfi and Floreano，2002.

② Bonabeau et al.，1999.

③ Holland and McFarland，2001；Geary，2002.

④ Eisenberg，2003.

科技正变得越来越复杂，这意味着我们的传统方法论将比以前更快地遇到发展的瓶颈：它们越来越过度地扩张着……这时候我们就应该开始考虑生物学，通常它使得我们能够设法应付一种不完善的设计而演化、学习，以及其他受生物学启发的技术能将之完善。①

当然，一些学者想要进行更深入的探讨。比如，布鲁克斯想象了在一个距离现在不远的世界中，机器的人工生态学获得了蓬勃发展。这些"生活中的机器"将成为各种能力的混合体，并将持续地忙碌着以各种方式满足人们的需要：

我们家里将会拥有越来越多的机器人。很快，我们就懒得再去查它们究竟有多少了。(世界)将会出现一个新的类别的实体，它们按照自己的意愿行动，根据自己的判断来完成它们的工作。我们家的生态将会比今天看起来复杂得多。正如我们的房子有了冰箱、洗衣机、洗碗机、音响、电视和电脑，才看起来像个房子一样，整个房子也将到处都是奇怪的东西，在我们看来，100 年以后的房子跟今天的相比，几乎不会显得奇怪。②

205　　　这也许就是代表着 20 世纪 90 年代末的、甚嚣尘上的科技夸张表达的完美例证。以下这些事实除外：原始机器人吸尘器和除草器现在在北美和西欧普遍有售；在日本，新一代的消费机器人正受到普遍欢迎（通常是非常昂贵的）；一些拥有可行的计划将无线网络感测器和移动机器人进行连接，这样机器人将不再需要花费脑力，因为它们可以实现脑力共享③；环

---

①　Sipper, 2002, p. 187.
②　Brooks, 2002a, p. 126.
③　Butler, 2003.

保活动已经开始尝试着生产 AIBOs 的"野生"包和其他一些机器狗，它们能够参与到分阶段举行的媒体活动中——或者只是玩玩足球。[①] 换言之，无论何时，当我们审视现代的欧美文化时，我们可以看到那些受软件力量驱动的新的事物和物体的不断涌现，而且越来越多的事物和物体将会名副其实地靠软件被赋予生命力，这样的动物性也将变得越来越普遍。[②] 这将不再是一个遥不可及的梦想，即在 20 年左右的时间内，机器将在欧美的家庭和工作场所内，以几乎不引起人们特殊注意的方式，急促地忙碌着去完成它们平凡又具体的任务或以各种形式为人们提供安慰。下一个部分主要进行探讨的问题是，什么样的文化模型将被用来描述这些新的"野生事物"。

四、宠物与权力

那么，这些新的机制是如何渗入日常生活的基底之中的呢？几乎所有研究者好像都依赖于一种准生物学的分析，他们都同意信息化设备的大规模应用已经开始在生活中创造某种类似于数码生态的东西。但是他们对之做出的解释则存在显著的差异。其中一种解释是反乌托邦式的：消费者被吸引进入由电子互联性和速度组成的一种被称为"连续性精神迷乱"的无缝世界中。从诸如维希留（Virilio）和哈维等研究者所给出的千禧年的解释起，一种新生代的反乌托邦主义宣告了自我反省的结束，因为我们用于选择呈现自身的适当方式的时间变得越来越少。这种对千禧年的解释预言了一种更深一轮的时空压缩，其中充斥着即时的紧迫性规则，其中此时此刻获得了普遍性：

> 这个由上到下、由里而外的连接性，在科技发展史上是独一无二

---

① Feral Robots，2003.
② Lupton，2002.

的。它创造了属于自身的生态学——以正在变得更加普遍的互联性为基础。生活在这个数字生态学中就是生活在永恒现在的暂时性之中。它在创造属于自身的专制形式，"即时性的专政"①。我们通过它们即线性的、叙事的时间，获得一种对过去、现在和可能的将来的感觉，这些都正在被压缩成一种即时性。

这些"贯穿并渗透于我们日常生活的众多时间片段"②本身也被信息与通信技术的互联性贯穿与渗透，并同时被数字化为单一性和暂时性。人机互动的心理学研究表明，我们只能感知我们所集中注意力去关注的事情，当我们无法专注于某个事情的时候，我们就遭遇到"无意视盲"③。在一个以即时性为基础的信息生态中，这将引起非常严重的问题。如果我们在一种"高速变换的混乱"④中，对那些我们不能够投入一段持续时间的事物实际上形成一种"视盲"的话，那么，随着互联性扩散的深入与广泛发展，许多重大问题都将浮现出来。⑤

另外一种解释则是乌托邦式的。作为 20 世纪 90 年代评论家眼中的宠儿，突显的数字生态学被看成是更加平静的科技新生代的游乐场，对他们而言日常生活变得比之前更加丰富。在这个有着一系列共生模式的游乐场中，联系不断增强，人们通过偶然性进行学习。⑥ 因此：

数字生态学才刚刚开始，除了在电脑中运行的各种模仿之外，人工生命已经以各种类型的机器人的形式进入现实的世界中。从"昆虫"

---

① Purser，2000，p. 5.
② Adam，1995，p. 12.
③ Nardi and O'Day，1999，p. 14.
④ Purser，2000，p. 5.
⑤ Hassan，2003，p. 102.
⑥ Dertouzos，2001.

机器人到装有假的人类肢体的智能机器人，这些机器人从它们与环境的持续互动中进行学习，在它们与世界的相遇中确定目标并改变策略。从程序化的到不可预言的，这些机器已经跨过了那道想象的界限，这使得它们的发明者欢欣鼓舞……无论对于孩子还是对于成年人而言，遭遇到一个古怪的、非人类的，但是却彻头彻尾具有真正智能的机器人，都是一件令人兴奋不已的事情。从某种程度而言，这就是生活，而且我们也本能地这么认为。①

在这个乌托邦式的解释所描述的未来中，人工的和生物学的通常是合二为一的，数字的植入将会使身体变得更强，同时计算机也将日渐依赖生物学的基底。"硅、铁与生物学物质的联姻"将会出现，而且当我们超越了"半机器人"，"我们和机器人之间的区别将会消失"②。

然而，事实上这两种解释非常类似，尤其是，它们从头到尾都以科技决定论为基础（无论这种科技是硅还是移动电话），日常生活是呈现出来的机器（硅或移动电话）质量的一面镜子，那种将这些机器带入生活（而不是相反）的异质性的、通常具有历史偶然性的实践档案，则被忽略或被最小化了。

但是，也许还存在另外一种塑造人类与新一代生物学倾向的机器之间关系的方式，它完全类似于我们与某类动物之间的关系，即伴侣动物或宠物。当然，此时构想一种超越于反乌托邦式的和乌托邦式的占据日常生活的方式，以非此即彼的眼光来看待生物和人类，可能是一件具有关键意义的政治改变。同时，伴侣动物是欧美人日常生活的一个重要组成部分，而这一点却被广泛且毫无道理地忽略了。就大量关于平凡的物体，甚至对

---

① Pesce，2000，pp. 8-9.
② Brooks，2002a，pp. 233，232，236.

207　"野生动物"[1]影响力的研究成果而言，有诸多对象曾被完完全全地忽视了，即使列举出伴侣动物所属的为数不多的家庭在世俗和情感生活上提供有益帮助的例子并非难事。[2]

当然，动物的感官世界，无论是野生的还是驯养的，都与人类的世界差异迥然，这是冯·于克斯屈尔（von Uexkull）在 19 世纪晚期提出的一个主张，从那之后它被许多科学研究成果证实。[3] 他对于主体世界的理解没有任何理由不能被同样地适用于机器上，因为机器也是由一系列与世界相连的特定情感组成的，且它能够对人提供一种特殊的感觉。然而，很显然，电动动物注定要对人类世界有帮助，至少能够部分地感知人类世界的各种需要和喜好。基于此，也许它们最好被看成是家养的动物，甚至被看成类似于宠物的动物。由于这些动物本应该是类似于宠物的，而不仅仅是共生者（即与它们的主人一同生活），它们的主要功能看起来就应该是带来某种共同的情感关系和满意情绪，它们可以在"伴侣动物"这个现代的标准术语中得到最好的总结。

当然，动物在日常生活中陪伴人们已经有很长历史了。比如，猫已经被人类驯养 6000 年了。尽管最初它们也许是被用来驱赶粮仓里的鼠类，然而很明显，从很早开始它们也同人类形成情感的关联。[4] 例如，早在古埃及时期，猫就享有特殊的尊重，它们拥有自己特殊的哀悼仪式——包括将它们带有香味的尸体放置在巨大的猫的墓地中，到了公元前 1000 年的时候，猫就被完全当作宠物普遍饲养了，同样，狗在人类历史上出现得也相对较早。它们可能在 12000 年前就存在于人类的村落中了，但是，狗作为宠物的证据则出现得较晚："在 4000 年前，狗的数量是庞大的，但是几乎

---

①　Attfield，2000.
②　Wolfe，2003a；2003b.
③　Budiansky，1998.
④　Sunquist and Sunquist，2002.

没有证据表明出现了可辨识的狗的种类。到了 2000 多年前的罗马时期，书籍中出现了对牧羊犬和猎犬的描述，看似像村中恶狗的描述在圣经和其他一些罗马时期迄今不足 1000 年的著作中都出现过。"①换言之，在绝大多数有记载的历史中，人类就与动物保持着类似宠物的关系，这些动物的生活节奏和需求成为日常生活的一个重要组成部分。它们拥有自身的诉求和需要，给许多人的日常生活增添不可获取的情感色彩，因而成为人类栖居的一个关键部分，而非仅仅一个消极成分。因此，据估计美国大约有超过 5000 万只家犬，欧洲大约有超过 3500 万只②，绝大部分是宠物狗。据报道，在美国，一半的家庭拥有一只狗或一只猫，或两者都有。③ 那么，是什么原因导致了宠物的出现？

近些年来，宠物所带来的愉快感和回报已经成为人类学家、社会学家、生物学家以及兽医等一系列学科的研究目标，以至于我们已经能够较为确切地陈述饲养宠物的动机。第一，很明确的一点是，饲养宠物给许多人带来了巨大的情感益处，这些益处能够通过生理学方面表现出来（比如，血压降低、更好的睡眠和更长的寿命）。第二，宠物能够深化社会交往，从仅仅带着狗遇见同样的人一直到参加各种爱好者俱乐部。第三，宠物能使人们变得更加自信，比如，通过提供一种情感或身体上的保护让人自信。第四，宠物可以被当成是时尚配件或者社会价值的另类标准，它们的外观对于支撑一个人的自尊心起着非常重要的作用。第五，宠物能陪伴人类。在现代社会中，独身现象越来越普遍，许多人独居，陪伴的需求也就在不断增长。

因此，宠物为人类明显增添了正面的色彩。但是，它们也是极度残忍所施展的对象，它们不仅承受时不时表现出的某种情感，也是各种形式的

208

---

① Coppinger and Coppinger，2001，p. 286.

② Coppinger and Coppinger，2001.

③ Tuan，1984.

被控制的对象，因此，它们经常被抛弃，据估计，绝大部分的北美人饲养宠物不超过两年，然后就对之产生厌倦[1]，驯养可能意味着相当残忍的选择。再者，培训一个宠物可能需要严苛的训练，狗经常被训练仅仅是"因为当对他者的权力可以毫无原因地被施展，当对权力的服从违背了受害方自身的强烈意愿和本性时，权力才是明确又稳固的"[2]，也许这就是加伯[3]所谓"控制的欲望"，这种欲望使得人们将自身描绘成受到了宠物的咒语影响，因为这些宠物本来就应是被人们宠爱的，因此，人类在限制自身行为的同时也没有给动物留下施展的空间。

然而，尽管如此，宠物们显然能够也的确引发了自身对人类以及人类对它们的情感。尽管这种观点很明显属于不断发展着的对动物情感研究的一部分，它可以被追溯至 17 世纪，但是，我们却不能将所有都归为这一话语系统。[4] 比如，格雷尼尔[5]这样的研究者所从事的就是犬类作为威胁的世俗历史，这方面的研究同时展示了它们是如何与人类的历史交织于一起的，在这种漫长的交融中出现了一种令人尊敬的和谐，它认可人类所有对狗的情感反应：诚挚、爱、蔑视、冷漠，等等，尤其是那些特殊的忠诚倾向，然而，即使是在对人与狗之间关系的明显颂扬中，我们也看到了一些工具主义的态度，洛伦兹（Lorenz）有着极好的表述：

> 人类的朋友曾填补人类生命中的那个部分依然永远是空的；你的狗可以被其他替代物取代。不同的狗的确是不相同的个体，也不折不扣地拥有自己的个性，我应该是最后一个否认这一点的人，但是，与人类一样，它们彼此之间并没有太大的区别……在那些负责将它们与

---

[1] Tuan，1984.

[2] Tuan，1984，p. 107.

[3] Garber，1996.

[4] Ritvo，1987.

[5] Grenier，2002.

人类建立起特殊联系的深厚的、又源于本性的情感上，狗与狗之间有着惊人的相似性。如果一个人的狗死后，他立即又领养了一只同种狗，他通常会觉得旧友的离去在他内心以及生命中留下的那些荒凉的空间又被重新填满了。①

　209

最后，当然还有宠物自己的观点，这种观点往往被搁置一旁，因为这意味着承认宠物也拥有它们自身的也许是与人类有着巨大差异的主体世界。

　　　法国人，也许比其他国家的人更甚，喜欢将他们的狗和猫当成人一样并与之交流，一旦他们的宠物突然表现出兽性，他们就会非常吃惊。例如，当一只狗重新发现它古老的为狩猎而装扮的本能时，它会蜷在狗屎里。我们所喜爱的交流伙伴——它的才智、智慧甚至它的哲学（为什么不呢）都令我们欣赏——如何能够发生如此大的偏差？波德莱尔（Baudelaire）在他的散文诗"狗与瓶"中表达了这一主题，被波德莱尔描述成陪伴着他那让人伤感的生活的那个无价值的生物，获得了普遍的共识：为精致的香水味所激怒，却对精心挑选的垃圾闻之甚欢，这就是狗。

　　　在亨利·米肖（Henri Michaux）的笔下，你永远看不到狗停下来去嗅一朵玫瑰或紫罗兰。"它们脑中存有令人讨厌的档案，而且在不断地更新着。谁能比它们对臭味的种类更加了解？"②

即便如此，基于动物给我们带来的欢乐，我们有可能会认为，尽管有着诸多差异，宠物是人类最佳的共生伙伴，也是整体而言服务周全的生态

---

① Lorenz，1964，pp. 194-195.
② Grenier，2002，pp. 11-12.

种类。例如，"从生态角度而言……家养犬类是难以置信的成功的动物种类"①，因为它们达到了一种平衡的环境，犬类能够保持其猎食、躲避危险和进行再繁殖的能力。但是同样，宠物也被认为是最受共栖之害的种类（在这种共生关系中，一方有时会不自觉地伤害另一方）。他们是被捕获的动物：是我们收养动物，而不是相反。它们的生活受到主人利益的操纵并通常给它们带来有害的影响。还以狗为例："当我在狗与人类的共生关系中考察狗的获益情况时，看起来是几乎没有希望的……我认为，现代的家养狗的饲养是为了满足人类的心理需要，而极少考虑给狗带来的影响……这些狗就是宠物所有权下的宫廷弄臣。"②

因此，关于宠物的文化向我们表明的是存在于日常生活中的对伴侣动物的各种类型的反应：一种带有甜蜜情绪的控制和残忍，一种带有潜在的他者意识的追求实际的工具主义，以及一种总体上对这种关系中双方成本与收益的不确定态度。随着机器越来越满载软件并获得越来越独立的移动性，同样的伦理困境也有可能发生。随着一些机器被投入情感反应能力、对话能力，等等，这些困境将会变得愈发严重。它们必定也将产生同样的伦理需求，正如这一需求在伴侣动物中存在一样。但是，伴侣动物也应该引起我们片刻的犹豫：的确，正如我们所见，认为伴侣动物的世界通常缺乏协调性的伦理反应是合理的。当然，这再一次强调了瓦雷拉③所支持的那种类型的日常伦理，但是，它没有局限于"人类"的世界，而是将之扩展到了其他智能种类。

---

① Coppinger and Coppinger，2001，p. 231.
② Coppinger and Coppinger，2001，pp. 251-252.
③ Varela，2000.

五、结语

德勒兹和瓜塔里对那种陷入对个体主义、所有权的关注的文化的蔑视是显而易见的，这不仅表现在他们对宠物的评价中："个体化的动物，家庭宠物，多愁善感的、具有恋母情结的动物，每一只都有它们自己微小的历史，'我的'猫，'我的'狗。这些动物使我们倒退，且它们是精神分析唯一能够理解的动物种类。"①在急于描画本质是斯宾诺莎意义上的前人力的自然力量的世界时，他们显然通过剥离出日常生活中的一些最可靠的居民，来给本来舒服的日常生活世界掷下挑战，使之变得不那么舒服。他们倾向于一种更为狂野的动物性，这种动物性既令人害怕，又充满创造力。这一路径可能会引起人们强烈的共鸣，然而同时，也可能会带来来自经验性的（在非常正常的状况下被猫抓伤）或是人类学的（人类历史上的许多文明在与西方所有权式的个体主义完全不同的情况下饲养宠物），或是伦理性的（需要从动物身上寻找陪伴的人一定是非常可怕的吗？）巨大疑问。

在电动动物的制造中也存在同样的张力。这到底是一种什么样的文化呢？一个狂野的剥离了人类特征但却贯穿着各种情感的电动图像，一种填满信息生活的每个方面很匆忙的生态学，一种充斥着待售的、陪伴人类玩耍的、可被轻易抛弃的伴侣的消费场所，还是一个温柔的呵护其各种情感需要的福利体系？

本章我试图表明的是，受生物学假设的模型所推动的软件的兴起是一个重要事件，通过为日常生活增添一种新的共生形式，它具有对日常生活进行决定性改变的潜能。尤其是，它带来一系列在伴侣动物这里显然还没有得到解决的新的伦理困境。

---

① Deleuze and Guattari，1987，p. 240.

　　然而，有人可能会认为，在某种程度上，电动动物的问题更加突出，因为这些实体有能力以更精确更严格的方式对行为进行规训。[①] 它们正受到整个社会的操控，然而相反，它们也能够成为综合规训和教会方式的某种中间社会操控形式。因为，通过赋予它们以有生命力的程序，这些动物显然可以变得不同程度得活跃和凶猛——这不仅表现在它们的监督能力上（这是根本性的），而且表现在它们对不友好行为的传递和教授上面（比如，各种各样的公司规定）。因此，我们要追求一种积极的种间伦理对策，它能够确保被带入生活中的新的变种关系不具危害性——或乏味的——而且能够通过联合和互利协作而非控制来解决问题[②]。

　　当然，这些构想在很多年前就已经是科幻作品的基本来源，但是，这并不必然意味着它们就失去有效性了。相反，未来的趋势不是变成某种闪耀的现代性，而是被过度使用和磨损的各种机器所占有，我们对此的主要态度是灰暗的，并且没有发现与我们相似的见解。然而，在此时，这个假设可能是危险的。

---

①　Lecourt，2003.

②　Plumwood，2002.

第十一章

谨记科技的无意识性，强调知识的地位

本章服务于两个目的，第一个目的是对当下日常生活中随处可见的期待空间做出解释。第二个目的在于，为我们今天置身其中的环境是如何每天或多或少随着我们的预期变化，而逐渐成为我们唯一能够接受的选择的提供一些解释。[①] 此类空间是以身体和物体复杂的个体生态学的建构为基础的。这种生态学使"恰当的"定位和排序得以被安放，使得事物能够出现并被知晓。[②] 社会科技生活中非常基础的发送和接收——使得普通的关联与相互连接能够持续不断地产生——经常被忽视。然而，在我看来非常明确的是，随着我们的时代越来越充斥着这些发送和接受设备，对它们进行深入的理解，也变得越来越紧迫。

这一任务之所以非常紧迫还因为，我们所谓宇宙绝大部分秩序的建立，仅仅依靠人类及非人类的行动者的定位和排序——这些定位和排序需要承担着含有具体功能的特殊空间的不断重复——来完成[③]。这个世界正

---

① Thrift，2000c；2003a.

② Siegert，1999.

③ Weiss，1996.

是凭借着这个强有力的基础逻辑才充满信心和掌控力地呈现着自己，然而这一逻辑本身却很少被关注[1]，而这一"空缺"就横亘在我们生存的根基处，决定着我们对世界的是非感，这些感觉如此基础以至于我们觉得要描述它们是非常困难的，我们也从未想过它们是否还有被替换的可能性。但是，在14世纪人们依然有可能找到逆时针环行的钟面[2]；世界上很多地区都是从右向左进行阅读的[3]；在汽车发明的初期，座位并不总是被设置为前面两个、后面两个；在挪威和瑞典，从左还是右开始清理水槽可能立刻引起价值评论[4]，等等。

换言之，我们定位的习惯，什么将在哪里出现，什么接着出现，通常都是非常武断的，主要依赖的是关于定位和排序的知识——有时是不言而喻的，但却逐渐系统化了，这些知识构成欧美社会的基础。一旦实践被确立，并没有干扰性的事件对之进行干扰而平稳运行的时候，定位的习惯就安静地隐匿于社会背景中，"这些关于结构知识的虚构本性也不会轻而易举地浮现。每一件事物——客体、环境条件、路线、人们——看似非常真实，可能就是事物应有的方式，这提供了一种存在的确定性和本体论的正确性"[5]。总之，我将要进行探索的是，关于定位和排序知识所构成的不为人知的历史，是人类和非人类的行动者的为人所熟知或未知的知识在其中的传输与结合。

这些知识不属于"我们"或者这个环境。相反，它们一直共同进化着，因此，它们拒绝一种在有机体与无机生命、人与环境之间的明确划分。正如英戈尔德（Ingold）在谈到环境的概念时有一段精彩的陈述：

213

---

[1] 一个例外见 Gell，1992.

[2] Glennie and Thrift，2003.

[3] Goody，1987.

[4] Linde-Larssen，1996.

[5] Lanzera and Patriotta，2001，p. 965.

　　人类的环境是不可还原的，正如它们的有机存在不能被还原成单纯细胞的存在一样。这不仅仅是指身体上的，当然，也不是完全没有这方面的内容。例如，我行走于其上的土地肯定是我所处的环境的一部分，但是，在一个物理主义者对土地的描述中，诸如此类，它并不存在；存在的只是挤满了碳、氮和硅等元素的分子。如里德（Reed）时常说的，"我们行走在上面的土地，我们种植的土壤，这些是与作为我们理解和行动的对象的生物相关联的；而非科学家发现的分子"……总之，环境并不等同于物理世界，因为它的存在和意义的呈现都与居住于其中的生物有着关联……因此，我们应该根据相关领域的生命体的自组织特性，以有机体和人类生长的方式来理解它的形成。[①]

　　接下来，我将试着概述一些关于定位和排序的知识、能力，但是不限于此。我想指出，它们构成一种"技术性的无意识"[②]，它指的是在没有任何认知概念的参与、没有确定的关联能够确保相遇和被忽视的预期为其客观基础的情况下，对个体进行定位使之与周围的环境融为一体的过程。

　　在某种程度上，有人可能会将之与福柯的理论联系起来，然而，我想顺着福柯在他绝大部分（虽然不是所有）著作中表现出来的观点展开我的论述。运用一种在文学理论中较为普遍的区分，我的分析主要针对形式而非类型。形式的知识通常不被看成是主观性的（尽管它显然拥有主观影响），因为它们没有明显的解释性成分，它们是重复的、实证的、缺乏意图的。"类型作为一种存在的规范首先要以形式的方式进行传播，形式没有本体论意义，但是它不断地产生重复，主体将这种重复看成是构建活动本身所不可避免的。"[③]相反，不断地重复带来可理解性和强迫力。"当主体

①　Ingold，2001，p. 265.

②　Clough，2000.

③　Berlant，2001，p. 46.

的沟通变得有序，世界承诺主体的顺从将受到重视并体现在社会中，以至于一种看似来自主体指导性的法规能够作为普遍明晰的指标，否则就没有任何指标可言。"[1]也许，它们类似于热奈特[2]的"侧文本"或吕里[3]"交际图像"：通过这些方式，不同的感官被协调一致，实践也得以产生。

214　　　　当然，形式的知识需要大量的配置以产生有效的重复和内在的一致性——图画、文本、数字、符号、散文、统计学、表格、图表、地图——它能引起不同的后果和具有重要意义的实践。如果重复成为可靠的，那么其基础结构就必须是施为性的，重复是一种效果，也是获得效果的一种方式。

　　　　总而言之，本章我的主要关注点在于生活的基础结构，尤其是从属于历史上任何时期的并为实践提供稳固基底的自动作用[4]的重复类型。不能因为我使用的是"自动作用"就认为这些重复是任意的，或者自发的，相反，它们被发动起来，而且它们的动力和大量的即兴发挥使之保持稳定。我认为，我们现在正在经历的基本生活条件的转变，是作为已经固定下来的完全展开了的标准化的空间"社会""原子结构"从一种样式向另一种样式的转变。这种空间的标准化抱负和影响非常类似于 17 世纪时间的标准化。（其他研究者试图对这些生活的基本条件的改变进行考察，最著名的是维希留和德里达——尤其是在他的较晚期的著作中——然而，我希望明确的是，我将采取一种稍微不同的方式。）

　　　　因此，构成"技术性的无意识"定位和排序的关键性知识到底是什么，它们目前正在发生怎样的变化，世界又以怎样的新方式呈现出来，我希望对这一系列问题进行探究。为了达到此目的，本章剩下的内容将分为三个

---

①　Berlant，2001，p. 50.

②　Genette，1999.

③　Lury，1999.

④　Gehlen，1990.

部分。第一部分将对一系列极少数的关于定位和排序的知识形构出一种"原子结构"，并对带来一种以强制和迷惑为特征的技术性无意识状态的过程进行探讨，这一历史过程必然是不公正的，但是，希望它能够为已经开启的广阔的研究计划提供一个方向。第二部分，然而，近些年新类型的超协调定位形式的出现改变着旧有定位形式的性质（或类型），因此，一种新的技术性的无意识现在正在形成之中，对此我们应该对之进行把握和理解。在总结性的部分中，我将特别指出新的技术性无意识对现代社会理论的影响。新的社会理论呈现的视界与之前的社会理论存在着迥异的差别，而这一点几乎完全被忽视了。

一、为世界定位

在这一部分中，我将为定位和排序的知识历史提供一些一般的注解，正是这些知识逐渐构成了这一历史。选择这样一种方式是必要的，因为这一课题从根本上来说太过广泛。为了进一步缩小这一部分的谈论范围，我将仅针对这些知识中的一个进行探讨（尽管可能也是最重要的一个），即时间序列的知识，它反过来使有秩序的、有保障的重复成为可能。

许多各种各样的机制都产生了关于时间序列的知识，对一个的需求影响着对另一个的需求，在这些机制中，最重要的大概是交通。像伦敦和巴黎这样的大城市的供给问题导致了对如时间表等正式的道路运输协调方式的发展需求，这种完全规律的交通时间制开始得更早。因此，在英国，从伊丽莎白时期始，邮递员注意到邮件被接收和分发的时间[1]，一种准时间表就被制造了出来。尽管，更早一些的出版公司[2]提供了时间表的信息，但是，第一个全国性时间表的出现看起来要更晚一些。例如，直到1715

215

---

[1]　Brayshay et al. , 1998.

[2]　e. g. The Carriers Cosmographie，1637；The Present State of London，1681.

年，商贸必需品公司提供了来自伦敦且仅针对伦敦的快递和长途汽车服务的一个完全覆盖的向导，列出了每周 600 次的服务。这些最初的全国范围的时间表是 19 世纪广大列车和公共汽车的时间表的原型，而后来编排时间表的知识传播到社会的各个部门，在交换和穿梭的掩盖中将整个城市变身成一个巨大的时间表。

交通的发展产生出其他相继次序的需求，其中最重要的可能就是酒店和零售行业的扩张。作为从一个地点向另一地点传送物件的客栈和旅馆，通常是按照一个相对标准化的设计来覆盖驿站的路线的。到了 18 世纪末期，酒店开始出现，比如，建于 1788 年的法国南特市的亨利四世酒店拥有 60 个床位，其造价是 1.75 万英镑，这在当时是一笔惊人的数字。在 1794 年，北美首个专用酒店在纽约开业，这个名为"城市旅馆"的酒店共拥有 70 个房间。"在接下来的几年间，一些类似的酒店在别的城市也陆续被建造起来，然而，直到 1829 年，首个一流的酒店，拥有 170 个房间，坐落于波士顿的特里蒙特酒店才被建造出来，它开创了许多新的特征，如私人房间，每个房间都配有锁、肥皂和水，酒店还有侍者和法国饮食。"[1] 19—20 世纪旅游业的发展见证了酒店和汽车旅馆的更深更广的扩张，以及一系列新的排序技术的产生——预订本、滑动黑板、分房单。随后，20 世纪六七十年代的计算机化使得这些系统中的很大一部分变得自动化了。

零售业也经历了类似的发展。随着 18 世纪到 20 世纪商店和百货公司在数量、复杂程度上的增长[2]，一种针对各种类型的排序知识和工具的需要应运而生，从交货时间表到正式的订货手册，这种订货手册在今天的复杂供应链管理中仍然以自动化的形式存在着。

216　　　　这些发展是日新月异的。早在 18 世纪，个人之间的协调逐渐依赖于时间表，这导致了各种文本策略的发展。例如，日记在某种程度上是手表的

---

① Gray and Liguori，1990，p. 5.

② Glennie and Thrift，1996.

文本对应物，它是一种通过将必要的事情依靠观察按日期填进空白栏的标刻度叙事而将日常生活网格化的方式。与此同时，日记强调了将日常生活按照次序进行观察的技术，因为，并发的事件现在也可以被有序地记录下来。① 日记与其他文本形式携手共进，如备忘录，文员的会议记录、速记（"速记术"或快速书写）的使用，产生了一种与今天非常类似的对文本的理解——它的确开始产生了一种不同的呈现方式，它既是压缩了的，通过现在提供的一些新的可能性，也是敞开的。

　　除了这些较普遍的发展，还有一些关于定位和排序方面的更专业化的知识的发展。尽管这一类知识有很多，也许最重要也最容易被忽略的就是那些从部队、海军，以及稍后的空军中流传出来的知识。② 物流的现代形式通常被认为是来自若米尼的《战争的艺术》一书，它将"物流"看作"军事艺术"的 6 个分支之一③。当然，物流在那之前就已经存在；部队仅仅依靠"觅食"是无法生存的，由于许多部队要行军数里，因而他们必须将供给物收集在一起。然而，现代的物流业很可能诞生于那之后，在美国内战严酷的环境中，工业革命、大面积的运动、大规模的技术运动（包括铁路）的爆发，以及重伤人员口述传递消息为了供应如水和军火等基础物资，都促进了复杂的排序知识的产生。交通控制方面则更为严格。到第一次世界大战时，物流已经成为一项主要的事业。比如，英国军队用船运输了 525.3538 万吨军火（包括超过 1.7 亿美元的炮弹）到法国（也许还应该加上 543.8602 万吨为动物准备的干草）④。

　　正如平民的生活一样，军队的日常生活也受到对精确定位和排序的需要的影响，尤其是随着训练和同样严苛的身体定位的不断发展，这在绝大

---

① 　Amin and Thrift，2002.

② 　Giedion，1998.

③ 　Jomini，1836.

④ 　Huston，1966；Mackinsey，1989；Thompson，1991.

部分的军队中日益占据着大量时间。① 奥兰治世家的莫里斯（Maurice）对爱利亚努斯（Aelianus）和韦格提乌斯（Vegetius）等古人的某些训练技术做出了改进，这些训练技术可以被看成在"工时与动作"的研究中首次关注时间的精确性和严格性。随着一些例子和书籍的出现，这些技术现在已经在欧洲的绝大部分地区普遍流传：

> 从爱利亚努斯开始，爱利亚努斯列出了马其顿人使用过的 22 个不同的"命令词"；但是当莫里斯的表弟和助手，来自拿索的约翰，对掌握火绳枪所需要的动作进行分析之后，他列举出 42 个不同的姿势，并为每一个都指定了一个固定的命令词。一个更接近马其顿人先例的较简单的训练也是针对长枪兵的，他们需要在装弹的相当长的过程中保护火绳枪手免受骑兵的袭击。
>
> 这些学究式的想法对于实践有着极其重要的意义。从原则上说，甚至从一种令人惊讶的实践角度上看，战士们在执行装弹、瞄准和射击的每一个步骤时保持步调一致也不无可能。结果，子弹以更快的速度齐射出来，当大家动作一致且同声高喊口令的时候，射击的失败率也更低。练习、不断的练习，只要有闲暇时间练习就不停地重复，这使得必要的动作几乎变得自动化，也更不容易受到战场带来的压力的干扰。在更少的时间内对敌实施更多的指令是最后的结果，即在遇到未经类似训练的队伍时展现出一种确定和明显的优势。这就是莫里斯和他的教官的目的所在；一旦他们取得了明显的成功，这种技术就开始以飞快的速度在欧洲其他军队中传播开来。②

因此，当奥兰治世家的威廉在 1688 年抵达英国的时候，他发现了"一支

---

① Holmes，2001.
② McNeill，1995，pp. 128-129.

人数不多的常备军，拥有丰富多样的服役经历，武装和装备都足够精良，且与欧洲其他国家的军队一样受到最新的、系统的动作和策略的训练"①。在大量的军事文学中，尤其像邓达斯（Dundas）的《军队行动原则》（*Principles of Military Movements*）等训练书籍及配套的卡片的传播，使得到了 18 世纪训练已经变成一种遍布整个欧洲的针对身体次序的精心设计的实践，同时也是战争取胜的一个关键因素。②

同一时期，军队在完成野地筑城等任务方面也逐渐强调有益地利用战士的时间，如挖战壕、提高堤防、建筑堡垒和桥头堡等。这一方法是实践性的，因为"复杂的数学和工程地理学太过枯燥，没有人会从中得到享受；的确也没有必要为了学会将各种标杆摆成恰当防御阵势的艺术而对问题的程度和边界进行研究，还有那些烦人的计算也一样"③。但是，要点非常清楚：对身体的控制后来主要被囊括于称为物流的活动中。

事实上，闲暇已经被军事生活抛弃。这与更早期的习俗有着巨大的区别，由于等待某些事情的发生占据了战士的绝大部分时间，纵情饮酒以及其他类型的破坏性活动都是军队逃避无聊的传统手段。在莫里斯王子及他的仿效者统辖期间，纵情酒色并没有被完全消除掉，但是它却被限制在不当班的期间。④

尽管，这些仅是关于定位和排序知识的较为普遍的历史注释，吉尔⑤称之为一种间隔对空间的"离析和纯化"——可以肯定的是，其目的在于以一种精确的、可计算的排序为基础产生出一种整体的布局，使之可以被无

---

① Houlding，1981，p. 172.
② Holmes，2001.
③ Houlding，1981，p. 224.
④ McNeill，1995，pp. 129-130.
⑤ Gille，1986.

缝地纳入未来之中（为了说明这一点，有些酒店现在可以预定8年以后的房间）。每一件事物都在合适的时间处于合适的地点。

218　　现代地址系统的发展成果最清晰地表现着这种空间的离析和纯化。地址的历史是一段较长的历史，英国的历史只是其中一个例子。在英国，似乎一有了城镇，街道就被赋予了名字。比如，许多人所熟知的街道都是从撒克逊人得名的。尽管巨大壮观的豪宅、教堂、客栈等都在中世纪时期得名，而其他一些住处可能是根据街道的名字、主要地标以及根据问路的方式而被定位的。组织性更强的地址系统（尤其是给房子排号）可能是在更具有组织性的交付系统的基础上出现的。这一编号的过程看起来是邮局和城镇目录的编译程序完成的。例如，1775年在布里斯托，斯凯奇利（Sketchley）的第一本目录的确试图给所有的房子进行排序，然而，重要的是有必要对排序的理由做出解释。尽管我们不能够确定，但是，此时绝大部分房子都已经被排好序号，这看起来是不太可能的：邮政投递依然是根据户主的名字进行的。即使到了19世纪，编号依然是不多见的，秩序（按照民兵组织的列表、巡视参考等）也不是依靠精确的编号的。姓名和编号的混合等持续时间之久令人惊叹，支撑它的是投递邮件和包裹的人心中的对路线和地点的不可言传的知识。

　　然而，不断增长的大众邮件系统（尤其是商业邮件的大幅度增长，在绝大部分邮政体系中，它逐渐占据了大约80％的量）逐渐导致了20世纪50年代机械分类的产生和60年代邮政编码的引入。[①] 美国的例子是最明显不过的。邮政编码是由美国的邮政服务系统在1963年引入的。到了1963年7月，五位数字的编码被指定到全国的每一个地址，这种编码区别了地区（第一个数字）、更下一层的划分（后面两位数字）、邮局（最后两位数字）。有趣的是，相比英国的邮政编码，美国的地图上却没有邮政编码：邮编只

---

① 　Rhind，1992.

是纯粹的分类工具。于是，在1983年，随着能够对条形码进行阅读的光学字符阅读机的引入，另外四位数字被引进来（邮政编码＋4位编码），这使得地址的准确定位达到"速递行业"的要求（比如，办公楼的底楼）。当然，通过市场营销庞大的系统，现今定位已经成为蓬勃发展的行业，并与人口的细化分类有着紧密的内在关联，这种细化分类宣布了商业可数性的新形式，它正在变得与国家的细化分类同等重要。①

　　上述以及下面的这些解释有可能会被看成是以辉格党人的技术决定论为基调的，然而事实并非如此。相反，序列知识的反复出现应该被看成是一套（或者说一系列也许更好）永远处于创造中的中介环节，这些环节使整个集体保持稳定，因此秩序才成为可能。② 即便如此，我认为重要的是要明白，并不是每一件事情都按时运行，按时出现，说得委婉一点。但是，这些偏差通常也具有实践意义。③ 因此，关于错误和延误的知识自身也被编织进序列的知识中。例如，现代的排序形式包含了传统的排队等候方式，值得注意的是，等候本身已经成为以排队理论及类似的发展成果为基础的大量知识的主题。因此，延误本身就成为收益的来源以及另类优势④。

二、世界的再定位

　　自20世纪60年代之后，随着世界的不断发展，事物已经改变了它们的特征。我们看到的是以所谓"跟踪与追踪"模式为基础的定位世界新方式的演化过程。这一模式假设了一种最近才出现的空间标准化，至少它足够复杂和广泛以至于完全可以容纳每一种环境的所有演化类型。这种重新定

219

---

① 　Rhind，1999.

② 　Simondon，1992；Mackenzie，2002.

③ 　Lowe and Schaffer，2000.

④ 　Mackenzie，2002.

位世界的方式可以说是来自三种不同但是相互关联的动因，这三者的合力提供了一种持续更新的经过深度加工的基础，这一基础使得所有排序计算成为可能。其一，一系列可以持续追踪定位的普遍有效的技术存在：激光、各种类型的新信息技术、无线、地理信息系统、全球定位系统等。其二、来自各个领域的物流知识形成的普遍适用模式，以及那些形式化综合排序知识。作为一个正式的研究领域，而非一门军事"艺术"，物流学缘起于 20 世纪 40 年代，针对存货（库存）和分配（流动）的问题，尤其是出于第二次世界大战的需求，各种运筹学模型应运而生。到 60 年代，物流学开始与工程系统以及一批相互关联的技术紧密联系在一起，这些技术包括图表、生命周期分析、网络分析，以及调度方式如计划评价、审查技术和关键路径法等。最近，物流学得到了进一步的拓展，以至于它已经成为产品必需的一部分，而不是其附属（作为"分配"）。结果，这带来了新的生产方式，如分配生产。其三，带来新的计算可能性的新的可数性方式。[①] 例如，电子表格使得各种关涉未来的计算成为可能，这些计算在以前是非常困难的、耗时的或者是非常昂贵的。

220　　　　这三种动力反过来带来了三种有着紧密关联的结果。首先，前几章中曾有所涉及，即计算地图的重大改变。"智能设备"曾经由分布于固定基地的计算中心组成，现在，通过无线中介，它改变了自身的外形。随着连接智能设备的各种能力成为可能，这些设备进入环境之中。[②] 与最初的中心化的、定位在固定地点的稳定实体不同，智能设备正走出环境的各个角落，使用者也变得可以随意移动起来。智能设备可以成为日常环境的一部分，因为智能设备被安置的位置已经不再有任何限制：它们将被安置于每一处不停地改变和调整的对等网络中。这就是"无处不在""普遍存在"或"随处可见"的电脑设备的兴起。接下来，"智能设备"将会变得越来越依赖

[①]　Thrift and French，2002.

[②]　Dertouzos，2001.

于环境。这意味着，设备对自身的定位更敏感，更清楚它们与使用者和其他设备之间的关联，它们也将能够与使用者和其他设备进行互动和交流，并适应它们。换言之，智能设备——被看成是设备组成的网络——将逐渐对环境更加适应。[①]

第二个重要的结果是地址性质的改变。地址正越来越随着人类或非人类的行动者而改变。四种不同的科技创新共同造就了这一点，而且它们都是无处不在却又视而不见的。

第一就是不起眼的条形码技术。条形码技术是构成世界新的历史的关键性因素，然而它却整体上处于被埋没的状态中。以莫尔斯码为基础，约瑟夫·伍德沃德(Joseph Woodward)和伯纳德·西尔弗(Bernard Silver)在1949年一起发明了条形码技术并于1952年注册了专利。但是，事实上直到20世纪70年代该技术才开始使用，部分原因在于激光扫描仪的发明。1969年，美国食品产业加工协会和国家食品连锁协会共同表达了对"行业内部生产代码"的需求，并召集了一个特别委员会共同商定一个统一的11位食品生产代码。1971年，这个特别委员会成立了"统一生产代码委员会"，它是今天的"统一代码委员会"的前身。1974年6月26日上午8:01，在俄亥俄州的特洛伊市的马什超市，有十包青箭口香糖开始了世界上第一次商业条形码扫描。最初，条形码的使用推广的非常缓慢。到1976年底，只有106家美国商店在使用条形码。但是，这一现象很快发生了变化。越来越多的商店开始采用条形码技术，随着欧洲物品编码委员会在1977年的建立(1992年更名为欧洲国际物品编码协会，以显示其全球化程度)，条形码的使用不再局限于美国。随着13位编码形式的管理条形码在北美以外的地区使用，以及作为一种支持电脑订货和为仓储业开具清单的电子数据交换方式，条形码技术被食品以外的部门采用，这些都促进了条形码的使用。[②]

---

① Lieberman and Selker，2000.

② Hosoya and Schaefer，2001.

221 为了预示一种更为重要的角色，统一产品编码委员会变身为统一编码委员会。

据统一编码委员会和欧洲物品编码委员会估计，今天全世界有近 100 个国家的 90 万个企业在使用条形码技术，这些条形码每天被扫描 50 亿次。这些条形码几乎出现在每一种交易类型中。航运业使用它来追踪和递送包裹，零售业用它来跟踪库存和调整定价，医药行业标记病人并给他们的信息进行编码。条形码在军队中的使用也颇为广泛。例如，从 1995 年始，美国国防部就在许多物流流程中使用产品编码。

的确，现在对条形码如此强烈的需求使它正不断拓展。新的电子商务规划已经准备就绪。到 2005 年，将世界范围的产品代码进行标准化的工作正在启动，美国的零售商预计在那个日期之前能够扫描 13 位数字，此后，按照计划 14 位的编码也将在世界范围内被普遍采用。在全球范围内，适用于受空间限制的产品的新符号也正处于研发之中。

然而，普遍产品的代码并非普遍的。事实上，这些代码仅占了美国条形码使用的一半。大型的中介机构，如联邦快递（FedEx）、联邦包裹服务公司（UPS）和美国邮政服务公司（the US Postal Services）都建构起自己的专有条形码来运送邮件和包裹。例如，从 1982 年起，美国邮政服务公司在每一个系统运行的信封上都印上了代表地址的条形码。

另一个值得关注的重要创新形式也许应该是条形码技术的电脑等同形式，那就是支持电脑之间相互交流的一系列地址。一个很好的例子就是 .sig file，它创始于 1980 年左右，大概出现在像 FidoNet 等在线布告牌上。.sig file 是网络地址系统中的一种，它是自动附着于电子邮件结尾的一小段短文，通常包含了如寄件人、职位、公司名称、电话号码、电子邮件地址和各种各样的其他一些数字信息。尽管开始的时候并没有太大用处，.sig file 现在已经成为一种包括图案在内的电子商务卡片。于是，.sig file 被用于生产 Hotmail，作为最成功的商业策略之一，它在最初的 18 个月中就拥有 1200 万用户的免费网络电子邮件。现在在微软公司麾下的 Hotmail 拥有差不多 6000 万用户。

第三个创新是由像金普斯（GEMPLUS）等一小撮公司生产制造的用户身份识别卡 SIM 卡，其最初的普及是在 20 世纪 90 年代初期。SIM 卡是现代移动电话行业的核心。这个微型卡片能将被认证的使用者连接到网络，它还带有一个微处理器，上面存储了包括电话号码、安全数字等关于使用者的特殊信息，以及其他一些功能（例如，电话号码和短信的存储空间）。事实上，SIM 卡的作用就相当于一个移动地址。

另一个创新，也许是最后的、也许是最强有力的创新即无线射频识别（RFID）标签。这些标签由一个芯片和一个天线组成，中间夹着塑料。发明于 20 世纪 90 年代，这些可回收的标签可以标记任何一种物体。它们的优势在于能够对每一个物体进行分别认证，并提供一个独特的身份和历史，这使得它们完全不同于条形码技术，后者只能对物体所属的类别进行相对简单的信息认证（比如，一盒宝氏麦片售价 3.95 美元）。还有一点与条形码不同的是，RFIDs 可以在遥远的距离之外进行读取，即在读取者的视线之外。新一代的 RFIDs 更小巧（通常在面积上不足 1 毫米，厚度不足半毫米），使用无源天线则能够读取 1.5 米以内的信息和 6 米以内的主动信号。目前，此种标签太过昂贵，大约每个芯片价值 20 美分到 30 美分（而 1 个条形码的售价只有 1 美分），以至于它无法达到条形码的散播程度，但是这种情况正在改变。我们有充分的理由相信，它们将会重塑生命的实践行为，而条形码则仅实现了一半。因此，已经成为普遍共识的是，通过对所有被生产出来的产品进行追踪的方式，以及被配送到销售地点，在未来甚至一直跟踪到产品被翻倒至垃圾填埋场，RFIDs 将重塑供应链（通过对所有库存和装配过程贴上标签的方式）。[①] RFIDs 也被连接到各种感测器上，因此

222

---

① Ferguson，2002；Financial Times，2 October 2002.

它们可以对它们附着其上的产品状况进行实时更新。最后，RFIDs 希望能使产品变得更加主动：目前这种可能性正在逐步实现，但是，它明确的意图在于使产品能够与环境进行创造性地互动。它们通过读取所有其他 RFIDs 在临近区域所播散的内容而发现自身所处的环境。于是，一种持续的信息化个体生态学正在形成中。

因此，许多货币印刷机构和中央银行（例如，欧洲中央银行）都如人所料地在探寻 RFIDs 的各种可能性。的确，欧洲中央银行的目标是到 2005 年在所有欧元内植入 RFIDs。当然，这些芯片极有可能侵犯个人隐私，因为几乎任何事情都将被贴上标签（包括赃款，毫无疑问还有人类：一家位于佛罗里达的公司已经研发出一款与人体组织可以兼容的 RFID 芯片）。的确，基于"小天使"计划的可能性和使用 RFIDs 所开启的目前其他类似的监督方案[①]，未来令人忧心忡忡。

第三种结果就是通常被移动通信文化称为是"超协调"或"微协调"的增长。[②] 以上勾画的此类技术的发展使得持续的追踪，即跟踪人类和非人类的行动者成为可能，以产生先前所不能达到的不同层面的协调。"超协调"的与众不同在于它的不断接触和不断调整的特性。不断的接触特性使得它与行动者的持续接触成为可能。不断调整的特性使根据特定时间和地点对协议进行修改以达成目标和发表新的协议成为可能。换言之，在一种持续的、不断调整的基础上进行远距离的协调与再协调是可能的。于是，"超协调"为经济、社会和文化等领域的相遇提供了新的可能性，其中最重要的是通常所谓"有计划的机会主义"，即一种即时的协调。[③] 相遇可以像在公开场合排练复杂的芭蕾舞剧一样不断改进。[④]

---

① Katz and Aakhus，2002.

② Ling and Yttri，2002.

③ Perry et al.，2001.

④ Brown et al.，2002；Katz and Aakhus，2002.

类似 FedEx 这样的快递公司，每天用船运送 300 万个包裹，大约使用 3700 辆货车和卡车、720 架飞机和 4.7 万快递员，它们就是以超协调来完成的。astminute.com 名副其实地提供了对机票、酒店房间、包假游等项目在紧急时刻的供应，从 8500 个供应商到 350 万的注册客户的需求，这些都离不开超协调。青少年手机用户不断通过手机与朋友会面也一样离不开它。

因此，我们看到的是不同类型的重复。它使得事物可以根据与它们相关联的不同机会而表现各异。通过一系列技术和知识（二者不可分割）的应用，一种更具操控性、更开放的重复类型已经产生，它也是一种不断通过束缚和解放自己以寻求在任何时刻最有效地利用时间和空间的方式的新的类型的流动经验主义。

我认为，这些发展成果产生了一种关于定位和排序的新的体现性现象学，它"与自然科学所承认的属性相一致"[①]，以模仿生命的高度复杂的系统为背景。如我所知，这是因为在一个自证预言中，高度复杂系统（通信的、物流的等）的确可以对生活进行建构，且其建构方式越来越具有适应性。这一新的现象学开始建构人类生活，通过特殊的方式对通信、存储以及协作范围的具体化能力进行揭示，这一特殊的方式特许了一种流动的、忙碌的互动，最为典型的就是"人类的"认知活动，并且，这一方式将那个概念重新输回到信息化设备和逐渐环绕我们的环境中。[②] 于是，我们也许能看到这一历史性的新技术无意识的轮廓，正具体化于即使是最普通的活动中，如那些高度复杂的软件游戏，它们对规则导向的秩序越来越不敏感，而依赖于一种对应激性的敏感和感觉，这是一种有计划的机会主义的体现：

---

① Petitot et al.，1999，p. 23.

② Dourish，2001；Goffey，2002.

以任天堂 64 中这一最成功的作品，即第一款《塞尔达传说》时之笛的游戏为例。《塞尔达传说》体现了 20 世纪 90 年代晚期互动娱乐业发展的不平衡性。故事情节完全隶属于古老的神话世界——一个拥有魔法的少年去营救公主。尽管作为一个控制系统，《塞尔达传说》拥有一个令人难以置信的复杂结构，成百上千相互关联的目标和谜题分布在整个游戏巨大的虚拟世界中。移动你的游戏人物并不难，但是，要想明确你想要让他做什么则需要数小时的探索、尝试和失误。在传统的可用性标准看来，《塞尔达传说》根本是一团糟：你需要 100 页厚的指导书来建立起规则。然而，如果你将不透明性看成是此项艺术的一部分，那么，整个体验过程就会发生变化：你在探索这个游戏的世界，同时还有游戏的规则。

想想那些愿意沉溺于《塞尔达传说》的十岁左右的孩子们。对于他们而言，为控制这个系统进行的挣扎看起来并不算是挣扎。他们在对屏幕中的途径进行解码——猜测行动与结果之间的随意关联，构建关于系统基础规则的有效假设——甚至在他们开始学会怎样阅读之前。人们惯常认为，这些孩子对解决谜题更加敏感，比看着电视长大的一代有着更强的动手能力，这种说法无疑有一定的道理，然而，我认为我们在强调这一代在操作他们的游戏杆上多么具有天赋的时候漏掉了一些重要的东西。我觉得他们发展出了另外一种技能，它与耐心有点类似；他们更能容忍失控的状况，更能容忍规则不起作用时的那些试探性的状况，以及极少有目标是被清晰界定了的现实。换言之，他们拥有独一无二的能力来迎接这个更加隐晦的应激性的软件控制系统。未来对互动性设计的努力将会以启迪我们的方式，以超越公主和魔法等侮辱智商的方式，来开发宽容能力——控制能力的悬置。①

---

① Johnson，2001，pp. 176-177.

三、结语：一种地质学的复杂化

在这个结论中，我想要说明这些关于定位和排序的新条件的作用——以及由其导致的新视界——在某种程度上解释了特定社会理论的突现。最近，特纳（Turner）和瑞杰克（Rojek）等研究者讨论了"稳健的社会组织政治经济学"，这种经济学与那种以"美学的和技术的演进"为焦点的在他们看来更像"装饰用的"方式进行抗争[①]。但是，对于一些他们想要在理论和经验层面上进行责难的研究，我却觉得值得赞叹，尤其是对能动的重复性的强调，恰是对以实践为基础结构的世界的新技术性无意识的清晰表达。即使这仅有一部分是真实的——我想应该是——那么，我们也可以看到许多研究者所试图采用的"装饰性的"方式，作为描述一种需要处理的新的历史性情况和技术、能力的方式，一种新的社会组织的政治经济学类型，如果你喜欢，只会在分子层面上进行操作。

朱迪斯·巴特勒（Judith Butler）是一个很好的例子。她因对表演的看法而为人所熟知，这个看法将身体问题化为"想象的物质"（身体和无意识的幻想，物体和形象，都是无法区分的）。巴特勒"将无意识的事物重新定位成重复与重复之间的间隔"[②]，因此，正如她所言：

> 如果每一次表演都重复它自身以构建同一的效果，那么，每一次重复都需要两次行动之间的间隔，在间隔中风险和过量都威胁着要打断正在建立的同一性。无意识就是这种过量，它成就也质疑着每一次行动，且从来不完全表现在表演的本身之中。[③]

225

---

① 　Turner and Rojek，2001，p. 199.
② 　Clough，2000，p. 120.
③ 　Butler，1991，p. 28.

巴特勒对表演的看法暗示了身体是能动的，身体更应该被看成是一个事件或暂时的事物。她在此处引用了德里达的观点，并将无意识的重复冲动与一个延异的或单纯的重复相关联。她因此论证说，无意识应该被放入"作为所有可重复性的不稳定性的意指链条中"。因此，无意识"并不是在身体'之中'，而是在那个意指过程中并通过这个过程身体得以呈现；表演想要拒斥的正是重复中的失误和强迫性，这二者也是最初就强迫它的"①。因此，如克拉夫所言，"通过将无意识拉回至延异，巴特勒支持了一种比弗洛伊德主义和拉康式的无意识更普遍的无意识。然而，这种对无意识的再思考意味着虚构的、符号的、真实的精神分析结构的解体"②。

德勒兹提供了一种类似的对重复的分析，对他而言，重复必须追求一些具有开放特性的东西，即使在一个框架内，不同的场景可能作为被冻结和禁闭的而逝去，不是所有的事物都会再现：

> 交换仅意味着相似性，即使这种相似性是极端的。精确性是它的标准，连同被用来交换的产品的等价性一起。这是引起我们病痛的虚假重复。另一方面，真正的重复看起来像我们展示的单独的行为，它是无法被交换、代替或取代的——正如一首诗，要想重复它，就不能改变其中任何一个词。这不是相似物之间的等价性问题，甚至也不是对同一性认同的问题。真正的重复强调了某种单一的、不可改变、差异的、缺乏"认同"的东西。它是对差异的证实，是相似物之间的交换和对同一性的认同。③

---

①　Butler，1991，p. 28.
②　Butler ，2000，p. 120.
③　Deleuze，1990b，pp. 287-288.

　　在上述这些情形中，毫无疑问还有更多（比如，在德里达最近的一些关于礼物和类似电子邮件等新类型的技术文本中），我认为我们看到的是去揭示并接触这个有计划的机会主义世界的努力[①]。"真正的重复"发生在这个世界中，但是部分原因在于已经达到了精确的交换。结果，建立于新的期望结构和记忆形式的新感觉将成为可能，这些框架和形式能够通过事件并在事件中显现出来且被触及，也许，这并不出人意料，例如，作为一个开放的系统的思考模型，德里达和德勒兹都在很大程度上受到系统理论的影响[②]，可以说，我们身处于这个建立于系统理论的网络和回路之上的、相互关联的世界中，他们的研究工作拥有一些共同的认识论资源。

　　让我以对这个颇受争议的整体上无意识秩序的含有抵制和破坏性的话题的推测来结束我的讨论。看起来可以肯定的是，抵制和破坏已经变成了另一副模样。以地址为例，纵观历史，人类与诸客体都曾以多种形式对迫切需要的地址进行抵制，最常见的是各种各样匿名的形式。但是，在我看来，我们需要更认真地思考在新的"跟踪与追踪"模式中，可能是什么构成了对地址的抵制和破坏。有一点可以肯定：那种老式的、由于偶然机会在空间中"迷失"的情况，如在情景主义者的文本中，看起来更像另一个时代的人为事件。在带着可穿戴计算设备、车内导航系统等设备的情况下，"迷失"将日益成为一个具有挑战性和困难的任务。更进一步说，许多行动都会以相当连续的形式进行跟踪。这也许意味着，我们要通过对表演的细节倾注更多的关注，来更加充分地利用各环节所蕴含的潜力[③]（看起来，蹦极单纯的令人激动的体验和类似事件已经成为一种新的迷失方式）。同时，现代复杂的系统由如此多的因素决定，以至于在这些因素的交错中各种缺

226

---

　　①　Marks, 2000.

　　②　Johnson, 1993.

　　③　Thrift, 2000c.

口都有可能被发现，新的类型"偏离"有可能存在。如果事情呈现出另一番模样，我们也可以采取别的措施，积极地去开启新的存在秩序。由于关注的方向发生了变化，因此，也许我们也应该让我们的注意力改变一下方向，去感受涌现的可能性和新的表现形式。

参考文献

Aarseth, E. J. (1998) *Cybertext: Perspectives on Ergodic Literature*. Baltimore: Johns Hopkins University Press.

Abrahamson, E. J. (2004) *Change Without Pain: How Managers Can Overcome Initiative Overload, Organizational Chaos and Employee Burnout*. Boston: Harvard Business School Press.

Ackerman, M. S., Pipek, V. and Wulf, V. (eds) (2003) *Sharing Expertise: Beyond Knowledge Management*. Cambridge, MA: MIT Press.

Adam, B. (1990) *Time and Social Theory*. Cambridge: Polity.

Adam, B. (1995) *Timewatch: The Social Analysis of Time*. Cambridge: Polity.

Adams. S. (1996) *The Dilbert Principle: A Cubicle's Eye View of Bosses, Meetings, Management Fads and Other Workplace Afflictions*. New York: Harper Collins.

Aldiss, B. (2001) *Supertoys Last All Summer Long*. London: Orbit.

Alexander, C. (1995) *Fin-de-Siècle Social Theory: Relativism, Reduction and the Problem of Reason*. London: Verso.

Allsopp, S. and de Lahunta, S. (1999) On line. Special Issue of *Performance Research*, 4 (2).

Altvater, E. and Mahnkopf, B. (1997) The world market unbound. *Review of International Political Economy*, 4:448-471.

Alvarez, J. L. (1996) The international popularisation of entreprenerial ideas. In S. Clegg and G. Palmer(eds) *The Politics of Management Knowledge*. London: Sage.

Amin, A. and Cohendet, P. (2003) *Architecture of Knowledge: Firms, Capabilities and Commodities*. Oxford: Oxford University Press.

Amin, A. and Thrift, N. J. (1995) Institutional issues for the European regions: from markets and plans to socioeconomics and powers of association. *Economy and Society*, 24:41-66.

Amin, A. and Thrift, N. J. (2002) *Cities: Re-Imagining Urban Theory*. Cambridge: Polity.

Anders, G. (2001) Marc Andreessen, Act Ⅱ. *Fast Company*, no. 43：110-122.

Anderson, J. A. and Rosenfeld, E. (eds) (1999) *Talking Nets：An Oral History of Neural Networks*. Cambridge, MA：MIT Press.

Anderson, T. (2000) *Seizing the Opportunities of a New Economy：Challenges for the European Union*. Paris：OECD.

Ansell-Pearson, K. (ed.) (1997) *Deleuze and Philosophy：The Difference Engineer*. London：Routledge.

Appadurai, A. (2000) Grassroots globalisation and the research imagination. *Public Culture*, 12：1-20.

Arbile, T. (1998) How to kill creativity. *Harvard Business Review*, September-October：83-101.

Argyris, C. (1991) Teaching smart people how to learn. *Harvard Business Review*, May—June：68-93.

Argyris, C. (2000) *Flawed Advice and the Management Trap*. New York：Oxford University Press.

Argyris, C. and Schon, D. (1974) *Theory in Practice*. New York：Wiley.

Argyris, C. and Schon, D. (1978) *Organizational Learning*. New York：Wiley.

Argyros, A. J. (1991) *A Blessed Rage for Order：Deconstruction, Evolution and Chaos*. Ann Arbor, MI：University of Michigan Press.

Arkin, R. (1998) *Behavior-Based Robotics*. Cambridge, MA：MIT Press.

Arnolfini (1997) *Arnolfini June/July 1997*. Bristol：Arnolfini Gallery.

Arthur, W. B. (1994) *Increasing Returns and Path Dependence in the Economy*. Ann Arbor, MI：University of Michigan Press.

Attfield, J. (2000) *Wild Things：The Material Culture of Everyday Life*. Oxford：Berg.

Audit Commission (1998) *A Stitch in Time：Facing the Challenge of the Year 2000 Date Change*. London：Audit Commission.

Bachelard, G. (1966) *The Poetics of Space*. Boston：Beacon.

Badaracco, J. L. (1991) *The Knowledge Link*. Cambridge, MA：Harvard Business School Press.

Bailey, C. (1996) Virtual skin：articulating race in cyberspace. In M. A. Moser and D. McLeod (eds) *Immersed in Technology：Art in Virtual Environments*. Cambridge, MA：MIT Press, 29-50.

Barabasi, A. (2002) *Linked：The New Science of Networks*. Cambridge, MA：Perseus.

Barlow, J. P. (1999) 'I'm the guy.' *Fast Company*, February-March：84.

Barnet, R. J. and Cavanagh, J. (1995) *Global Dreams: Imperial Corporations and the New Order*. New York: Simon and Schuster.

Barnett, W. A., Kirman, A. P. and Salmon, M. (eds) (1996) *Nonlinear Dynamics and Economics*. Cambridge: Cambridge University Press.

Barry, A. (2001) *Political Machines*. London: Athlone.

Bass, T. (1997) *The Predictors*. New York: Harpers.

Batty, M. and Longley, P. (1995) *Fractal Cities*. London: Academic.

Bauman, Z. (1987) *Legislators and Interpreters*. Cambridge: Polity.

Bauman, Z. (1995) Searching for a centre that holds. In M. Featherstone, S. Lash and R. Robertson (eds) *Global Modernities*. London: Sage, 140-154.

Bauman, Z. (1998) *Globalization: The Human Consequences*. Cambridge: Polity.

Beck, U. (1992) *Risk Society: Towards a New Modernity*. London: Sage.

Beer, G. (1996) *Open Fields: Science in Cultural Encounter*. Oxford: Oxford University Press.

Beer, S. (1972) *Brain of the Firm: The Managerial Cybernetics of Organization*. London: Allen Lane.

Beer, S. (1975) *Platform for Change*. New York: Wiley.

Beinhocker, M. (1997) Strategy at the edge of chaos. *McKinsey Quarterly*, no. 1.

Belew, R. K. and Vose, M. D. (1997) *Foundations of Genetic Algorithms* 4. San Francisco: Morgan Kaufmann.

Benitez-Rojo, A. (1992) *The Repeating Island: The Caribbean and the Postmodern Perspective*. Durham, NC: Duke University Press.

Benjamin, A. (ed.) (1995) Complexity: architecture/art/philosophy. *Journal of Philosophy and the Visual Arts*, no. 6.

Bennett, J. (2001) *The Enchantment of Modern Life: Attachments, Crossings and Ethics*. Princeton, NJ: Princeton University Press.

Bentley, P. (2001) *Digital Life: A New Kind of Nature*. London: Headline.

Benyus, J. M. (1997) *Biomimicry: Imitation Inspired by Nature*. New York: Morrow.

Bergman, E. (ed.) (2000) *Information Appliances and Beyond*. San Diego, CA: Academic.

Berlant, L. (2001) Trauma and ineloquence. *Cultural Values*, 5: 41-58.

Bernstein, M. A. (1994) *Foregone Conclusions: Against Apocalyptic History*. Berkeley, CA: University of California Press.

Billinghusrt (n. d.) Quoted in 'Head to toe'. CNET. com at http://coverage.cnet.com/Content/Gadgets/FunToWear/ss03.html, accessed 29 December 2000.

Blanchard, G. and Bowles, M. (1998) *Gung Ho*! New York: Morrow.

Bloch, E. (1986) *The Principle of Hope*. Three volumes. Oxford: Blackwell.

Blumenberg, H. (1985) *The Legitimacy of the Modern Age*. Cambridge, MA: MIT Press.

Boden, D. (1994) *The Business of Talk*. Cambridge: Polity.

Boisot, M. H. (1995) *Information Space: A Framework of Learning in Organisations, Institutions and Culture*. London: Routledge.

Boltanski, L. and Chiapello E. (1999) *Le Nouvel Espirit du Capitalisme*. Paris: Gallimard.

Bolter, D. and Grusin R. (1999) Remediation: Understanding the New Media. Cambridge, MA: MIT Press.

Bonabeau, E. , Dorigo, M. and Theraulez, G. (1999) *Swarm Intelligence: From Natural to Artificial Systems*. Oxford: Oxford University Press.

Bonissone, P. P. (1998) Soft computing and hybrid systems. In E. Ruspini, P. P. Bonissone and W. Pedrycz(eds) *The Handbook of Fuzzy Computation*. London: Institute of Physics Publishing.

Borgmann, A. (2000) Semi-artificial life. In M. Wrathall and J. Malpas(eds) *Heidegger, Coping and Cognitive Science: Essays in Honor of Herbert L. Dreyfus, vol. 2*. Cambridge, MA: MIT Press, 197-205.

Boruk, X. (1999) Chicago Business School picks Singapore: university to open permanent campus for executive MBA students. Asian *Wall Street Journal*, 25 January: 6.

Botwinick, A. (1996) *Participation and Tacit Knowledge in Plato, Machiavelli and Hobbes*. Lanham, MD: University Press of America.

Bourdieu, P. (1977) *Outline of a Theory of Practice*. Cambridge: Cambridge University Press.

Bourdieu, P. (1984) *Distinction*. London: Routledge and Kegan Paul.

Bourdieu, P. (2000) *Pascalian Meditations*. Cambridge: Polity.

Bowker, G. C. and Star, S. L. (1994) Knowledge and infrastructure in international information management. In L. Bud-Frierman(ed.) *Information Acumen: The Understanding and Use of Knowledge in Modern Business*. London: Routledge, 187-215.

Bowker, G. C. and Star, S. L. (1999) *Sorting Things out: Classification and its Consequences*. Cambridge, MA: MIT Press.

Brandt, J. (1997) *Geopoetics: The Politics of Mimesis in Poststructuralist French Poetry and Theory*. Stanford, CA: Stanford University Press.

Brayshay, M. , Harrison, P. and Chalkley, M. (1998) Knowledge, nationhood and governance: the speed of the royal post in early modern England. *Journal of Historical*

Geography, 42:263-288.

Brenner, R. (2003) Towards the precipice. *London Review of Books*, 6 February.

Bronson, P. (1999) *The Nudist on the Late Shift and Other Silicon Valley Stories*. London: Secker and Warburg.

Brooks, D. (2000) *Bobos in Paradise: The New Upper Class and How They Got There*. New York: Simon and Schuster.

Brooks, R. (1991) Intelligence without representation. *Artificial Intelligence Journal*, 47:139-160.

Brooks, R. (1999) *Cambrian Intelligence: The Early History of the New AI*. Cambridge, MA: MIT Press.

Brooks, R. (2002a) *Robot: The Future of Flesh and Machines*. London: Allen Lane.

Brooks, R. (2002b) Lord of the robots. *Technology Review*, April:78-82.

Brown, B., Green, N. and Harper, R. (eds) (2002) *Wireless World: Social and Interactional Aspects of the Mobile Age*. London: Springer.

Brown, M. (1997) *The Channelling Zone: American Spirituality in an Anxious Age*. Cambridge, MA: Harvard University Press.

Brown, S., Middleton, D. and Lightfoot, G. (2001) Performing the past in electronic archives: interdependence in the discursive and non-discursive ordering of remembering. *Culture and Psychology*, 7(2):123-144.

Bruno, G. (2002) *Atlas of Emotion: Journeys in Art, Architecture and Film*. London: Verso.

Bruns, S. (1997) *Managers' Lives*. Cambridge, MA: Harvard Business School Press.

Buchanan, M. (2002) *Nexus: Small Worlds and the Groundbreaking Science of Networks*. New York: Norton.

Buck-Morss, S. (1995) Envisioning capital: political economy on display. In L. Cooke and P. Wollen (eds) *Visual Display: Culture Beyond Appearances*. Seattle: Bay, 110-141.

Bud-Frierman, L. (ed.) (1994) *Information Acumen: The Understanding and Use of Knowledge in Modern Business*. London: Routledge.

Budiansky, S. (1998) *If a Lion Could Talk: Animal Intelligence and the Evolution of Consciousness*. New York: Free.

Bull, M. (ed.) (1995) *Apocalyse Theory and the Ends of the World*. Oxford: Blackwell.

Bunnell, T. (2002) (Re) positioning Malaysia: high-tech networks and the multicultural rescripting of national identity. *Political Geography*, 21:105-124.

Burningbird (2002) The parable of the languages. At http://weblog.burningbird.net/archives/000581. php, accessed 30 December 2002.

Burton-Jones, A. (2000) *Knowledge Capitalism : Business , Work and Learning in the New Economy*. Oxford: Oxford University Press.

Butler, J. (1990) *Gender Trouble*. New York: Routledge.

Butler, J. (1991) Imitation and gender insubordination. In D. Fuss(ed.) *Lesbian Theories*. New York: Routledge, 23-38.

Butler, J. (1993) *Bodies That Matter*. New York: Routledge.

Butler, J. (2003) Mobile robots as gateways into wireless sensor networks. At http: www. linuxdevices. com/articles/AT2705574735, html.

Byrne, D. (1996) Chaotic cities or complex cities. In S. Westwood and J. Williams(eds) *Imagining Cities*. London: Routledge, 50-70.

Caillois, R. (1962) *Man , Play and Games*. Urbana, IL: University of Illinois Press.

Callon, M. (1987) Society in the making: the study of technology as a tool for sociological analysis. In W. E. Bijker, T. P. Hughes and T. J. Pinch (eds) *The Social Construction of Technical Systems*. Cambridge, MA: MIT Press, 83-103.

Callon, M. (ed.) (1998) *The Laws of the Market*. Oxford: Blackwell.

Campbell, J. A. (1990) Scientific discovery and rhetorical invention: the path to Darwin's Origin. In H. W. Simon (ed.) *The Rhetorical Turn : Invention and Permission in the Conduct of Inquiry*. Chicago: University of Chicago Press.

Campbell-Kelly, M. (2003) *From Airline Reservations to Sonic the Hedgehog : A History of the Software Industry*. Cambridge, MA: MIT Press.

Capra, F. (1996) *Web of Life*. London: Harper Collins.

Carrier, J. G. (ed.) (1995) *Occidentalism : Images of the West*. Oxford: Oxford University Press.

Carrier, J. G. (ed.) (1996) *Meanings of the Market*. Oxford: Berg.

Carrier, J. G. and Miller, D. (eds) (1998) *Virtualism : The New Political Economy*. Oxford: Berg.

Cassell, J. and Jenkins, H. (eds) (1999) *From Barbie to Mortal Kombat : Gender and Computer Games*. Cambridge, MA: MIT Press.

Cassell, J. , Sullivan, J. , Prevost, S. and Churchill, E. (eds) (2000) *Embodied Conversational Agents*. Cambridge, MA: MIT Press.

Cassidy, J. (2002) *Dot. Con : The Greatest Story Ever Sold*. London: Allen Lane.

Casti, J. (1991) *Searching for Certainty : What Scientists Can Know About the Future*. London: Scribners.

Casti, J. (1996) *Would-Be Worlds : How Simulation Is Changing the Frontiers of Science*.

New York:Wiley.

Chan,C. B. (ed.)(2002) *Heart Work : Stories of How EDB Steered the singapore Economy. from 1961 into the 21st Century*. Singapore:EDB.

Chandler,A. (1962) *Strategy and Structure*. Cambridge,MA:MIT Press.

Chandler,A. (1977) *The Visible Hand*. Cambridge,MA:Belknap.

Chandler,A. and Cortado,J. W. (2000) A *Nation Transformed by Information*. New York:Oxford University Press.

Chanlat,J. (1996) From cultural imperialism to independence. In S. Clegg and J. Palmer (eds) *The Politics of Management Knowledge*. London:Sage,121-140.

Chin-Ning Chun(1996) *White Face , Black Heart : The Asian Path to Winning and Succeeding*. London:Brealey.

Ciborra,C. (2002) *The Labyrinths of Information : Challenging the Wisdom of Systems*. Oxford:Oxford University Press.

Clark,G. L. (2000) *Pension Fund Capitalism*. Oxford:Oxford University Press.

Clark,J. (1995) *Managing Consultants : Consultancy as the Management of Impressions*. Buckingham:Open University Press.

Clark,T. (2001) *Critical Consulting*. Oxford:Blackwell.

Clarke,J. and Newman,J. (1993) The right to manage:a second managerial revolution? *Cultural Studies*,7:427-441.

Clegg,B. and Birch,P. (1999) *Imagination Engineering*. London:Financial Times.

Clegg,S. and Palmer,G. (eds)(1996) *The Politics of Management Knowledge*. London: Sage.

Clippinger,J. (ed.)(1999) *The Biology of Business*. San Francisco:Jossey Bass.

Clough,P. (2000) *Auto Affection : Unconscious Thought in the Age of Tele-Technology*. Minneapolis:University of Minnesota Press.

Coe,N. and Kelly,P. (2000) Distance and discourse in the local labour market:the case of Singapore. *Area*,32(4):413-422.

Coe, N. and Kelly, P. (2002) Languages of labour:representational strategies in Singapore's labour control regime. *Political Geography*,21:341-371.

Collins,D. (2000) *Management Fads and Buzzwords : Critical-Practical Perspectives*. London:Routledge.

Collins,H. (1990) *Artificial Experts : Social Knowledge and Intelligent Machines*. Cambridge,MA:MIT Press.

Collins,H. and Kusch,M. (1998) *The Shape of Actions : What Humans and Machines Can Do*. Cambridge,MA:MIT Press.

Collins,J. (1995) *Architectures of Excess : Cultural Life in the Information Age*. London: Routledge.

Colvin,G. (2000)Managing in the Info Era. *Fortune*,14(5):F2-F5.

Conley,T. (1996)The wit of the letter:Holbein's Lacan. In T.Brennan and M.Jay(eds) *Vision in Context : Historical and Contemporary Perspectives on Sight*. London: Routledge,45-62.

Connolly,W. (1999) *Why I Am Not A Secularist*. Minneapolis:University of Minnesota Press.

Connolly,W. (2002)*Neuropolitics*. Minneapolis:University of Minnesota Press.

Cooper,R. K. and Sawaf,A. (1997) *Executive EQ : Emotional Intelligence in Business*. London:Orion Business.

Coppinger,R. and Coppinger,L. (2001) *Dogs : A New Understanding of Canine Origin , Behaviour and Evolution*. Chicago:University of Chicago Press.

Coulson-Thomas,J. (ed.)1997 *Business Process Re-Engineering*. London:Brealey.

Coveney,P. and Highfield,R. (1995)*Frontiers of Complexity : The Search for Order in a Chaotic World*. London:Faber and Faber.

Covey,S. R. (1989) *Seven Habits of Highly Effective People*. New York:Simon and Schuster.

Crainer,S. (ed.) (1995) *The Financial Times Handbook of Management*. London:Pitman.

Crainer,S. (1997a) *Corporate Man to Corporate Skunk : The Tom Peters Phenomenon*. London:Capstone.

Crainer,S. (1997b)Get me a writer! *Silver Kris*,December:36-38.

Crainer,S. and Dearlove,D. (1998) *Gravy Training : Inside the Shadowy World of Business Schools*. London:Capstone.

Crang,P. (1999)Organisational geographies:surveillance,display and the spaces of power in business organisations. In J. Sharp,P. Routledge,C. Philo and R. Paddison (eds)*Entanglements of Power. Geographies of Domination/Resistance*. London: Routledge,204-218.

Crary,J. (1999) *Suspensions of Perception : Attention , Spectacle and Modern Culture*. Cambridge,MA:MIT Press.

Crosby,T. W. (1996) *The Measure of Reality : Quantification and Western Society , 1250—1600*. Cambridge:Cambridge University Press.

Cross,G. (1997) *Kid's Stuff : Toys and the Changing World of American Childhood*. Cambridge,MA:Harvard University Press.

Crystal, D. (2001) *Language and the Internet*. Cambridge: Cambridge University Press.

Cubitt, S. (1998) *Digital Aesthetics*. London: Sage.

Cypher, A. (ed.) (1993) *Watch What I Do : Programming by Demonstration*. Cambridge, MA: MIT Press.

Dahle, C. (2000) Mind games. *Fast Company*, no. 31: 168-180.

Daly, C. (1993) The discursive construction of economic space. *Economy and Society*, 20: 79-102.

Dautenhahn, K. and Nehaniv, C. (eds) (2002) *Imitation in Animals and Artifacts*. Cambridge: MIT Press.

Dautenhahn, K., Bond, A. H., Canamero, L. and Edmonds, B. (eds) (2002) *Socially Intelligent Agents : Creating Relationships with Computers and Robots*. Dordrecht: Kluwer.

Davis, L. and Steenstrup, M. (1990) Genetic algorithms and simulated annealing: an overview. In L. Davis (ed.) *Genetic Algorithms and Simulated Annealing*. London: Pitman.

Davis, T. R. V. and Luthans, F. (1980) Managers in action: a new look at their behavior and operating modes. Organizational Dynamics, Summer: 64-80.

Dean, M. (1999) *Governmentality : Power and Rule in Modern Society*. London: Sage.

De Geuss, A. (1997) *The Living Company*. London: Brealey.

DeLanda, M. (1997) *A Thousand Years of Nonlinear History*. New York: Zone.

DeLanda, M. (2002) *Intensive Science and Virtual Philosophy*. London: Continuum.

Deleuze, G. (1986) *Foucault*. Paris: Editions de Minuit.

Deleuze, G. (1990a) Postscript to Societies of Control. October, 31: 27-36.

Deleuze, G. (1990b) *The Logic of Sense*. New York: Columbia University Press.

Deleuze, G. (1994) *Difference and Repetition*. New York: Columbia University Press.

Deleuze, G. and Guattari, F. (1987) *A Thousand Plateaus : Capitalism and Schizophrenia*, trans. B. Massumi. Minneapolis: University of Minnesota Press.

Deleuze, G. and Parnet, C. (1987) *Dialogues*, trans. H. Tomlinson and B. Habberjam. New York: Columbia University Press.

De Lillo, D. (1990) *White Noise*. New York: Picador.

Dennett, D. (1997) *Kinds of Minds : Towards an Understanding of Consciousness*. London: Phoenix.

De Nora, T. (2000) *Music in Everyday Life*. Cambridge: Cambridge University Press.

Derrida, J. (1998) *Archive Fever*. Chicago: Chicago University Press.

Dertouzos, M. (2001) *The Unfinished Revolution : Human-Centred Computers and What*

They Can Do For Us. New York: Harper Collins.

Dezalay, Y. and Garth, B. (2002a) *The Internationalization of Palace Wars: Lawyers, Economists, and the Contest to Transform Latin American States*. Chicago: University of Chicago Press.

Dezalay, Y. and Garth, B. (2002b) *Global Prescriptions: The Production, Exportation and Importation of a New Legal Orthodoxy*. Ann Arbor, MI: University of Michigan Press.

Diamond, C. (1991) *The Realistic Spirit: Wittgenstein, Philosophy and the Mind*. Cambridge, MA: MIT Press.

Dicken, P. (1998) *Global Shift: Transforming the World Economy*, 3rd edn. London: Chapman.

Dieburger, A. and Frank, A. U. (1998) A city metaphor for supporting navigation in complex information spaces. *Journal of Visual Languages and Computing*, 9: 597-622.

DiMaggio, P. (ed.) (2001) *The Twenty-First-Century Firm: Changing Economic Organization in International Perspective*. Princeton, NJ: Princeton University Press.

Doane, M. A. (2002) *The Emergence of Cinematic Time*. Cambridge, MA: Harvard University Press.

Dolven, B. (2000) Business class. *Far Eastern Economic Review*, 10 February: 48-49.

Dourish, P. (2001) *Where the Action Is: The Foundations of Embodied Interaction*. Cambridge, MA: MIT Press.

Downey, C. G. (1998) *The Machine in Me: The Anthropoloist Sitting Among Computer Engineers*. Stanford, CA: Stanford University Press.

Downey, J. and McGuigan, J. (eds) (1999) *Technocities*. London: Sage.

Doyle, R. (1997) *On Beyond Living: Rhetorical Transformations of the Life Sciences*. Stanford, CA: Stanford University Press.

Dreyfus, H. (1999) Anonymity versus commitment: the dangers of education on the internet. *Ethics and Information Technology*, 1: 15-21.

Dreyfus, H. (2001) *On the Internet*. New York: Routledge.

Drucker, P. (1988) The coming of the new organization. *Harvard Business Review*, 88: 45-53.

Dryer, D. C., Eisbach, C. and Ark, W. S. (1999) At what cost pervasive? A social computing view of mobile computing systems. *IBM Systems Journal*, 38(4).

Du Gay, P. (1996) *Consumption and Identity at Work*. London: Sage.

Duffy, F. (1997) *The New Office*. London: Conran Octopus.

Dumaine,B. (1997)Asia's wealth creators confront a new reality. *Fortune*,8 December: 42-55.

Eagleton,T. (1995) Review of Derrida's Spectres of Marx. *Radical Philosophy*,73: 35-37.

Eccles,R. and Nohria,N. (1990)The Post-Structuralist Organization. *Harvard Business School Working Paper*, 92-103.

Economist Intelligence Unit(2000) Electronic Revolution in the Motor Industry. London: *The Economist*.

Edvinsson,L. and Malone,M. (1997) *Intellectual Capital: The Proven Way to Establish Your Company's True Value by Measuring its Hidden Brain Power*. London: Paitkus.

Egan,G. (1996) *Distress*. London: Gollancz.

Eisenberg. A. (2003)Wired to the brain of a rat,a robot takes on the world. *New York Times*,15 May:13-26.

Elkaim,M. (1997) *If You Love Me, Don't Love Me*. Northvale,NJ: Aronson.

Elliott,E. and Kiel,L. D. (eds)(1996) *Chaos Theory in the Social Sciences: Foundation and Application*. Ann Arbor,MI: University of Michigan Press.

Emery,F. (1969) *Systems Theory*. Harmondsworth: Penguin.

Engwall,L. (1992) *Mercury Meets Minerva*. Oxford: Pergamon.

ERC(2002a)Report of the ERC Subcommittee on Services Industries: Part I. Singapore: ERC. At http://www.erc.gov.sg/frm_ERC_ErcReports.htm.

ERC(2002b) Developing Singapore's Education Industry. Singapore: ERC. At http://www.erc.gov.sg/frm_ERC_ErcReports.htm.

European Union(1997) *The Globalising Learning Economy: Implications for Innovation Policy*. DG XII,EUR 18307 EN. Brussels: EU.

Eve,R. A. ,Horsfall,S. and Lee,M. E. (eds)(1997) *Chaos, Complexity and Sociology: Myths, Models and Theories*. Beverly Hills,CA: Sage.

Ezzy,D. (2001) A simulacrum of workplace community: individualism and engineered culture. *Sociology*,35:631-650.

Feral Robots(2003) Feral robotics: dog report. At http: xdesign. eng. yale. edu/feralrobots.

Ferguson,G. T. (2002)Have your objects call my objects. *Harvard Business Review*,80 (6):138-144.

Ferguson,N. (ed.)(1997) *Virtual History: Alternatives and Counterfactuals*. London: Picador.

Ferry,G.(2003) *A Computer Called LEO : Lyons Tea Shops and the World's First Office Computer*. London:Fourth Estate.

Fine,C. H.(1998) *Clockspeed*. London:Orion.

Finn,C.(2001) *Artifacts : An Archaeologist's Year in Silicon Valley*. Cambridge,MA: MIT Press.

Fischer,S. R.(2001) *A History of Writing*. London:Reaktion.

Fleming,D.(1996) *Powerplay : Toys as Popular Culture*. Manchester:Manchester University Press.

Flores,F.(1998)Information technology and the institution of identity:reflections since Understanding Computers and Cognition. *Information Technology and People*,7.

Flores,F.(2000)Heideggerian thinking and the transformation of business practice. In M.Wrathall and J. Malpas(eds) *Heidegger, Coping and Cognitive Science : Essays in Honour of Herbert L. Dreyfus*,*Vol. 2*. Cambridge:MA:MIT Press,271-291.

Flores,F. and Gray,J.(2000) *Entrepreneurship and the Wired Life : Work in the Wake of Careers*. London:Demos.

Foister,S. ,Roy,A. and Wyld,M.(1997) *Holbein's Ambassadors*. London:National Gallery.

Foucault,M.(1970) *The Order of Things : An Archaeology of the Human Sciences*. London:Tavistock.

Foucault,M.(1991)Governmentality. In G. Burchell,C. Gordon and P. Miller(eds) *The Foucault Effect*. Hemel Hempstead:Harvester Wheatsheaf.

Foucault,M.(1998)Interview with Didier Eribon,1981. In L. Kritzman(ed.) *Foucault : Politics ,Philosophy ,Culture*. New York:Routledge.

Frank,A. W.(1997) *The Conquest of Cool : Business Culture , Counter-Culture and the Rise of Hip Consumerism*. Chicago:University of Chicago Press.

Frank,T.(2000) *One Market Under God : Extreme Capitalism , Market Populism and the End of Economic Democracy*. London:Secker and Warburg.

French,R. and Grey,C. (eds)(1996) *Rethinking Management Education*. London:Sage.

Froud,J. ,Haslan,C. ,Johal,S. and Williams,K.(2000)Shareholder value and financialization:consultancy promises, management moves. *Economy and Society*,29: 80-110.

Frow,J.(1997) *Time and Commodity Culture : Essays in Cultural Theory and Postmodernity*. Oxford:Oxford University Press.

Fukuyama,F.(1992) *The End of History and the Last Man*. London:Hamish Hamilton.

Furusten，S.（1999）*Popular Management Books：How They Are Made and What They Mean for Organisations*．London：Routledge．

Gadrey，J.（2003）*New Economy，New Myth*．London：Routledge．

Gaita，R.（2003）*The Philosopher's Dog*．London：Routledge．

Gamble，K. and Kelly，J.（1996）The new politics of ownership．*New Left Review*，no. 220：62-97．

Game，A. and Metcalfe，D.（1996）*Passionate Sociology*．London：Sage．

Garber，M.（1996）*Dog Love*．New York：Simon and Schuster．

Geary，J.（2002）*The Body Electric：An Anatomy of the New Bionic Senses*．London：Weidenfeld and Nicolson．

Geertz，C.（1993）*The Interpretation of Cultures：Selected Essays*．London：Fontana．

Gehlen，A.（1990）*Man in the Age of Technology*．New York：Columbia University Press．

Gell，A.（1992）*The Anthropology of Time*．Oxford：Berg．

Gell-Mann，M.（1994）*The Quark and the Jaguar：Adventures in the Simple and the Complex*．London：Little Brown．

Genette，G.（1999）*Paratexts：Thresholds of Interpretation*．Cambridge：Cambridge University Press．

Gershenfeld，N.（1999）*When Things Start to Think*．London：Coronet．

Ghoschal，S. and Bartlett，C. A.（1995）Changing the role of top management：beyond structure to process．*Harvard Business Review*，73：86-96．

Gibbons，M.，Limoges，C.，Nowotny，H.，Schwartzman，S.，Scott，P. and Trow，S.（1994）*The New Production of Knowledge：The Dynamics of Science and Research in Contemporary Societies*．London：Sage．

Gibson，A.（1996）*Towards a Postmodern Theory of Narrative*．Edinburgh：Edinburgh University Press．

Giddens，A.（1991）*Modernity and Self-Identity*．Cambridge：Polity．

Giedion，S.（1998）*Mechanization Takes Command：A Contribution to Anonymous History*．New York：Norton．

Gille，D.（1986）Maceration and purification. In M. Feher and S. Kwinter（eds）*Zone 1/2：The Contemporary City*．New York：Zone，227-281．

Giroux，H. A. and Kline，S.（2002）*Out of the Garden：Toys and Children's Culture in the Age of TV Marketing*．London：Verso．

Gladwell，M.（2000）*The Tipping Point：How Little Things Can Make a Big Difference*．New York：Little Brown．

Gleick，J.（1999）*Faster：The Acceleration of Just About Everything*．London：Little

Brown.

Gleick,J. and Porter,E. (1991) *Nature's Chaos*. London:Abacus.

Glennie,P. and Thrift,N.J. (1996)Consumers,identities and consumption spaces in early modern England. *Environment and Planning A*,28:25-46.

Glennie,P. and Thrift,N.J. (2005) *The Measured Heart: Episodes from the History of Clock Time*. Oxford:Oxford University Press.

Goffee,R. and Hunt,J. W. (1996)The end of management? Classroom versus board-room. *Financial Times*,22 March:3-4.

Goffey,A. (2002) Naturalizing phenomenology: cognitive science and the bestowal of sense. Radical *Philosophy*,114:20-28.

Goldberg,D. E. (1989) *Genetic Algorithms in Search, Optimization and Machine Learning*. London:Addison-Wesley.

Goodwin,B. C. (1994) *How the Leopard Changed Its Spots*. London: Weidenfeld and Nicholson.

Goodwin,B. C. (1997)Community,creativity and society. *Soundings*,no.5:111-123.

Goody,J. (1971) *The Domestication of the Savage Mind*. Cambridge:Cambridge University Press.

Goody,J. (1987) *The Interface between the Written and the Oral*. Cambridge:Cambridge University Press.

Goody,J. (1996) *The East in the West*. Cambridge:Cambridge University Press.

Gordon,A. F. (1997) *Ghostly Matters: Haunting and the Sociological Imagination*. Minneapolis:University of Minnesota Press.

Grabher,G. (2000)Ecologies of creativity:the village,the group,and the heterarchic organisation of the British advertising industry. *Environment and Planning A*.33: 351-374.

Graham,S. (1998)Spaces of surveillant simulation:new technologies,digital representations, and material geographies. *Environment and Planning D*: Society and Space,16:483-504.

Gray,J. (2002)*Straw Dogs: Thoughts on Humans and Other Animals*. London:Granta.

Gray,W. S. and Liguori,S. (1990) *Hotel and Motel Manager Operations*,2nd edn. Englewood Cliffs,NJ:Prentice-Hall.

Gregory,C. (1997)*Savage Money*. Oxford:Berg.

Grenier,R. (2002) *The Difficulty of Being a Dog*. Chicago:University of Chicago Press.

Griffith,S. (2000)It's a man's new economy. *Financial Times*,25 August:12.

Griffith,V. (1996)Creating virtuality. *Financial Times*,22 November:14.

Grint,K. and Woolgar,S. (1997) *The Machine at Work : Technology , Work and Organisa-tion* . Cambridge : Polity.

Gross,A. G. (1996) *The Rhetoric of Science* ,2nd edn. Cambridge,MA : Harvard University Press.

Guattari, F. (1996) *Chaosmosis : An Ethico-Aesthetic Paradigm* . Sydney : Power.

Gumbrecht,H. U. and Pfeiffer,K. L (eds) (1994) *Materialities of Communication* . Stan-ford,CA : Stanford University Press.

Gunter,B. and Furnham,A. (1998) *Children as Consumers* . London : Routledge.

Hague,D. (1994) *The Knowledge-Based Economy* . Oxford : Templeton College.

Hamel,G. and Prahalad,C. K. (1994) *Competing for the Future* . Boston : Harvard Busi-ness School Press.

Hamlin,K. (2002) Remaking Singapore. *Institutional Investor* ,May.

Hammer,M. and Champy,J. (1993) *Re-Engineering the Corporation : A Manifesto for a Business Revolution* . London : Brealey.

Hampden-Turner,C. and Trompenaars,L. (1997) *Mastering the Infinite Game : How East Asian Values Are Transforming Business Practies* . London : Capstone.

Handy,C. (1989) *The Age of Unreason* . London : Arrow.

Hannerz,U. (1996) *Transnational Connections : Culture , People , Places* . London : Rout-ledge.

Hansen,M. (2000) *Embodying Technesis : Technology beyond Writing* . Ann Arbor,MI : University of Michigan Press.

Harris,C. (ed.) (1999) *Art and Innovation : The Xerox PARC Artist-in Residence Pro-gram* . Cambridge,MA : MIT Press.

Harrison,M. J. (2002) *Light* . London : Gollancz.

Harvey,D. (1989) *The Condition of Postmodernity* . Oxford : Blackwell.

Harvey,D. (2000) *Spaces of Hope* . Edinburgh : Edinburgh University Press.

Hassan,R. (2003) The MIT Media Lab : techno dream factory or alienation as a way of life. *Media , Culture and Society* ,25 : 87-106.

Hatch,M. J. and Ehrlich, S. B. (1993) Spontaneous humour as an indicator of paradox and ambiguity in organisations. *Organisational Studies* ,14 : 505-526.

Hawthorn,G. (1991) *Plausible Worlds* . Cambridge : Cambridge University Press.

Hayles,K. (1990) *Chaos Unbound : Orderly Disorder in Contemporary Literature and Sci-ence* . Ithaca,NY : Cornell University Press.

Hayles,K. (ed.) (1991) *Chaos and Order* . Chicago : University of Chicago Press.

Hayles,K. (1996) Narratives of artificial life. In G. Robertson,M. Mash,L. Tickner,J.

Bird, B. Curtis and T. Putman (eds) *Future Natural: Nature, Science, Culture*. London: Routledge, 146-164.

Hayles, K. (1999) *How We Became Posthuman*. Chicago: University of Chicago Press.

Hayles, K. (2000) *Writing Machines*. Cambridge, MA: MIT Press.

Heckscher, C. and Donnellon, A. (eds) (1994) *The Post-Bureaucratic* Organization: New Perspectives on Organisational Change. Thousand Oaks, CA: Sage.

Heelas, P. (1991a) Cuts for capitalism; self-religions, magic and the enpowerment of business. In P. Gee and J. Fulton(eds) *Religion and Power: Decline and Growth*. London: British Sociological Association, 27-41.

Heelas, P. (1991b) Reforming the self; enterprise and the character of Thatcherism. In R. Keat and N. Abercombie(eds) *Enterprise Culture*. London: Routledge, 72-90.

Heelas, P. (1992) The sacralisation of the self and New Age capitalism. In N. Abercombie and A. Warde (eds) *Social Change in Contemporary Britain*. Cambridge: Polity, 139-166.

Heelas, P. (1996) *The New Age Movement: The Celebration of the Self and the Sacralisation of Modernity*. Oxford: Blackwell.

Heitkötter, J. and Beasley, D. (1999) The Hitch-Hiker's Guide to Evolutionary Computation. At http://www. cs. bham. ac. uk/Mirrors/ftp. de. uu. net/EC/clife/www/top. htm.

Helmreich, S. (1998) *Silicon Second Nature: Culturing Artificial Life in a Digital World*. Berkeley, CA: University of California Press.

Herzberg, F. (1965) *Work and the Nature of Man*. Cleveland, OH: World.

Hetherington, K. (1996) Identity formation, space and social centrality. *Theory Culture and Society*, 13: 33-52.

Heyes, C. and Galef, B. (1996) *Social Learning in Animals: The Roots of Culture*. San Diego, CA: Academic.

Hill, S. and Turpin, T. (1995) Cultures in collision; the emergence of a new localism in academic research. In M. Strathern (ed.) *Shifting Contexts: Transformations of Anthropological Knowledge*. London: Routledge, 131-152.

Hiscock, G. (1997a) Asia's next wealth club. *World Executive's Digest*, December: 19-22.

Hiscock, G. (1997b) *Asia's Wealth Clubs: Who's Really Who in Business: The Top100 Billionaires in Asia*. London: Brealey.

Hobart, M. E. and Schiffman, Z. S. (1998) *Information Ages: Literacy, Numeracy and the Computer Revolution*. Baltimore: Johns Hopkins University Press.

Hofstede, G. (1991) *Cultures and Organisations*. New York: McGraw-Hill.

Holland，J. H. (1975) *Adaptation in Natural and Artificial Systems*. Cambridge，MA：MIT Press.

Holland，O. and McFarland，D. (2001) *Artificial Ethology*. Oxford：Oxford University Press.

Holloway，S. and Valentine，G. (eds)(2000) *Children's Geographies*. London：Routledge.

Holmberg，I.，Salzer-Morling，M. and Strannegard，L. (eds)(2002) *Stuck in the Future? Tracing the 'New Economy'*. Stockholm：Bookhouse.

Holmes，R. (2001) *Redcoat：The British Soldier in the Age of Horse and Musket*. London：Harper Collins.

Horvath，R.J. (1974) Machine space. *The Geographical Review*，LXIV(2)：166-187.

Hosoya，H. and Schaefer，M. (2001) Bit structures. In C. J. Chung，J. Inaba，R. Koolhaas and S. T. Leong(eds) *Harvard Design School Guide to Shopping*. Cologne：Taschen，156-162.

Houlding，D. (1981) *Fit for Service*. Oxford：Oxford University Press.

Huczynski，A. (1993) *Management Gurus：What Makes Them and How to Become One*. London：Routledge.

Hugh，J. W. (2000) We're 70! *Fortune*，13 March：7-9.

Huston，J. A. (1966) *The Sinews of War：Army Logistics 1775-1953*. Washington，DC：United States Army.

Illinitch，A. Y.，Lewin，A. Y. and D'Aveni，R. (eds)(1998) *Managing in Times of Disorder：Hypercompetitive Organizational Responses*. Thousand Oaks，CA：Sage.

Ingold，T. (1990) An anthropologist looks at biology. *Man*，NS25：208-229.

Ingold，T. (1995a) Building，dwelling，living：how animals and people make themselves at home in the world. In M. Strathern(ed.) *Shifting Contexts：Transformations in Anthropological Knowledge*. London：Routledge，57-80.

Ingold，T. (1995b) Man：the story so far. *Times Higher Education Supplement*，2 June：16-17.

Ingold，T. (2001) From complementarity to obviation：on dissolving the boundaries between sociology and biological anthropology，archaeology，and psychology. In S. Oyama，P. E. Griffiths and R. D. Gray(eds) *Cycles of Contingency：Developmental Systems and Evolution*. Cambridge，MA：MIT Press，255-279.

Isard，W. (1996) *Commonalities in Art，Science and Religion*. London：Avebury.

Jackson，K. (1999) *Invisible Forms：A Guide to Literary Curiosities*. New York：St Martin's.

Jackson，T. (1997) Not all rubbish. *Financial Times*，24 December：14.

Jacques, M. (1994) Caste down. *Sunday Times*, Culture Supplement, 12 June: 8-10.

Jencks, C. (1996) *The Architecture of the Jumping Universe. A Polemic: How Complexity Science is Changing Architecture and Culture*, rev. edn. London: Academy.

Jernier, J., Knights, D. and Nord, W. (eds) (1994) *Resistance and Power in Organisations*. London: Routledge.

John, D. R. (1999) Consumer socialization of children: a retrospective look at twenty-five years of research. *Journal of Consumer Research*, 26: 183-217.

Johnson, C. (1993) *System and Writing in the Philosophy of Jacques Derrida*. Cambridge: Cambridge University Press.

Johnson, C. (1999) Ambient technologies, meaning signs. *Oxford Literary Review* 21: 117-134.

Johnson, S. (1997) *Interface Culture*. New York: Basic.

Johnson, S. (2001) *Emergence*. London: Allen Lane.

Jones, S. (1994) Demonology: some thoughts towards a science of chaos in recent British theatre. *Contemporary Theatre Review*, 11: 49-59.

Journal of Management Inquiry (1994) Special Issue on Chaos and Complexity, 3(4).

Jowitt, K. (1992) *New World Disorder: The Leninist Extinction*. Berkeley, CA: University of California Press.

Kanter, R. M. (1992) *When Giants Learn to Dance: Mastering the Challenges of Strategy Management and Careers in the 1990s*. London: Business Press.

Kao, J. (1997) *Jamming*. Boston: Harvard Business School Press.

Kaplan, R. S. and Norton, D. P. (1996) *The Balanced Scorecard: Translating Strategy into Action*. Boston: Harvard Business School Press.

Katz, J. and Aakhus, M. (eds) (2002) *Perpetual Contact: Mobile Communication, Private Talk, Public Performance*. Cambridge: Cambridge University Press.

Kauffman, S. (1995) *At Home in the Universe: The Search for Laws of Complexity*. Oxford: Oxford University Press.

Kay, J. (1993) *Foundations of Corporate Success*. Oxford: Oxford University Press.

Kay, J. (1995) The foundations of national competitive advantage. Fifth ESRC Annual Lecture. London.

Kay, L. (2000) *Who Wrote the Book of Life? A History of the Genetic Code*. Stanford, CA: Stanford University Press.

Keeble, D., Bryson, J. and Wood, P. A. (1994) *Pathfinders of Enterprise*. Milton Keynes: School of Management, Open University.

Kellaway, L. (2000) *Sense and Nonsense in the Office*. London: Financial Times Books.

Kemp,S. (2000)Trade in education services and the impacts of barriers to trade. In C. Findlay and T. Warren(eds) *Impediments to Trade in Servies*; *Measurement and Policy Implications*. London;Routledge,231-244.

Kenney,M. (ed.)(2000) *Understanding Silicon Valley*; *The Anatomy of an Entrepreneurial Region*. Stanford,CA;Stanford University Press.

Kerfoot,D. and Knights,D. (1996)"The best is yet to come?"The quest for embodiment in managerial work. In D. Collinson and J. Hearn(eds) *Men as Managers*, *Managers as Men*; *Critical Perspectives on Men*, *Masculinity and Management*. London; Sage,78-98.

Kestelholn,W. (1996)Toolboxes are out;thinking is in. *Financial Times*,*22* March;7-8.

Khalil,E. L. and Boulding,K. E. (eds)(1996) *Evolution*, *Complexity and Order*. London;Routledge.

Khiang,Tam K., Khalid,M. and Yusuf,R. (1996) Intelligent traffic lights control by fuzzy logic. *Malaysian Journal of Computer Science*,9(2-3).

Kittler,F. A. (1997) *Literature*, *Media*, *Information Systems*. Amsterdam;OPA.

Klein,N. (1999) *No Logo*. London,Flamingo.

Kleiner,A. (1996) *The Age of Heretics*; *Heroes*, *Outlaws and the Forerunners of Corporate Change*. New York;Doubleday.

Kline,S. (1993) *Out of the Garden*; *Toys and Children's Culture in the Age of TV Marketing*. London;Verso.

Knath,D. (1997) *The Art of Computer Programming*, two vols. San Francisco;Addison-Wesley.

Knights,D. and Murray,F. (1994) *Managers Divided*; *Organisation*, *Politics and Information Technology Management*. Chichester;Wiley.

Knights,D. and Willmott,H. (1999) *Management Lives*; *Power and Identity in Work Organisations*. London;Sage.

Knorr-Cetina,K. (1997) Sociality with objects;social relations in postsocial knowledge societies. *Theory*, *Culture and Society*,14;1-30.

Knorr-Cetina,K. (2001) How are global markets global? The architecture of a flow world. Paper presented at the Conference on Economics at Large,New York.

Knorr-Cetina,K. (2003) *Handbook of Social Theory*. London;Sage.

Kogut,B. and Bowman,E. H. (1996)Redesigning for the 21st century. *Financial Times*, 22 March;13-14.

Kohanski,D. (1998) *The Philosophical Programmer*; *Reflections on the Moth in the Machine*. New York;St Martins.

Komisar, R. (2000) *The Monk and the Riddle : The Education of a Silicon Valley Entrepreneur*. Boston : Harvard Business School Press.

Kurtz, H. (2000) *The Fortune Tellers*. New York : Free.

Lakoff, G. (1987) *Women, Fire and Dangerous Things*. Chicago : Chicago University Press.

Lamont, M. (1992) *Money, Morals and Manners : The Culture of the French and American Upper Middle Class*. Chicago : University of Chicago Press.

Lanzera, G. F. and Patriotta, G. (2001) Technology and the courtroom : an inquiry into knowledge making in organisations. *Journal of Management Studies*, 38 (7) : 943-972.

Lapham, L. B. (1999) *The Agony of Mammon*. London : Verso.

Lash, S. and Urry, J. (1994) *Economies of Signs and Spaces*. London : Sage.

Latham, A. (2002) Retheorizing the scale of globalization : topologies, actor networks and cosmopolitanism. In A. Herod and M. W. Wright(eds) *Geographies of Power : Placing Scale*. Malden, MA : Blackwell, 115-144.

Latham, R. (1996) Globalisation, market boundaries and the return of the sovereign repressed. Paper presented to the SSRC Conference on Sovereignty, Modernity and Security, Notre Dame, April.

Latour, B. (1986) Visualisation and cognition. In H. Kuclick (ed.) *Sociology of Knowledge : Studies in the Sociology of Culture Past and Present*, 6 : 1-40.

Latour, B. (1987a) The enlightenment without the critique : a word on Michel Serres' philosophy. In A. P. Griffiths(ed.) *Contemporary French Philosophy*. Cambridge : Cambridge University Press, 83-97.

Latour, B. (1987b) *Science in Action : How to Follow Scientists and Engineers through Society*. Cambridge, MA : Harvard University Press.

Latour, B. (1988a) Opening one eye while closing the other : a note on some religious paintings. In G. Fyfe and T. Law(eds) *Picturing Power : Visual Depiction and Social Relations*. London : Routledge, 15-38.

Latour, B. (1988b) The politics of explanation : an alternative. In S. Woolgar (ed.) *Knowledge and Reflexivity*. London : Sage, 155-177.

Latour, B. (1991) Technology is society made durable. In J. Law (ed.) *A Sociology of Monsters*. London : Routledge, 103-132.

Latour, B. (1993) *We Have Never Been Modern*. Brighton : Harvester Wheatsheaf.

Latour, B. (1995) The manager as network. *Organizational Studies*, 6 : 13-24.

Latour, B. (1997) Trains of thought : Piaget, Formalism and the Fifth Dimension. *Com-*

mon Knowledge,6:170-191.

Latour,B. (2002) Gabriel Tarde and the end of the social. In P. Joyce(ed.) *The Social in Question*: *New Bearings in History and the Social Sciences*. London: Routledge, 117-132.

Latour,B. and Hernant,E. (1997) *Paris*: *Ville Invisible*. Paris: Institut Synthelabo.

Laurel,B. (1993) *Computers as Theatre*. Boston: Addison-Wesley.

Laurier,E. and Philo,C. (2001) Accomplishing the company region with a car,mobile phone,cardboard cut-out,some carbon paper and a few boxes. Paper presented at the Annual Meeting of the Association of American Geographers, February-March.

Law,A. (1999) *Creative Company*: *How St Luke's Became the Ad Agency to End all Ad Agencies*. New York: Wiley.

Law,J. (1994) *Organising Modernity*. Oxford: Blackwell.

Law,J. (1997) Traduction/trahison. *Sociology*,56:1-20.

Law,J. and Mol,A. (1995) Notes on materiality and sociality. *Sociological Review*,28: 274-294.

Law,J. and Mol,A. (1996) Decisions. Paper presented to the Centre for Social Theory and Technology Seminar,November.

Lazonick,W. and O'Sullivan,M. (2000) Maximising shareholder value: a new ideology for corporate governance. *Economy and Society*,1:13-35.

Lechte,J. (1999) The who and what of writing in the electronic age. *Oxford Literary Review*,21:135-160.

Lecourt,D. (2003) *Humain*,*Posthumain*: *La Technique et la Vie*. Paris: Presses Univer-sitaires de France.

Lee Kuan Yew(2002) An entrepreneurial culture for Singapore. Address by Senior Min-ister Lee Kuan Yew at the Ho Rih Hwa Leadership in Asia Public Lecture,5 February,Singapore.

Legge,K. (1994) On knowledge,business consultants,and the selling of TQM. Unpub-lished paper.

Leonard,D. and Rayport,J. F. (1997) Spark innovation through emphatic design. *Har-vard Business Review*,November-December:163-175.

Leonard,D. and Strauss,S. (1997) Putting your company's whole brain to work. *Harvard Business Review*,July-August.

Leonard,D. and Swap,J. (1999) *When Sparks Fly*: *Igniting Creativity in Groups*. Bos-ton: Harvard Business School Press.

Leonard-Barton, D. (1995) *Wellsprings of Knowledge: Building and Sustaining the Sources of Innovation*. New Canaan, CT: Harvard Business School Press.

Leroi-Gourhan, A. (1993) *Gesture and Speech*. Cambridge, MA: MIT Press.

Lessig, L. (1999) *Code and Other Laws of Cyberspace*. New York: Basic.

Lester, R., Piore, M. J. and Malek, K. M. (1998) Interpretative management: what general managers can learn from design. *Harvard Business Review*, March-April.

Lévy, P. (1998) *Becoming Virtual: Reality in the Digital Age*. New York: Plenum.

Lewin, K. (1951) *Field Theory in Social Science*. New York: Harper.

Lewin, R. (1993) *Complexity: Life on the Edge of Chaos*. London: Dent.

Lewin, R. and Regine, B. (1999) *The Soul at Work: Unleashing the Power of Complexity for Business Success*. London: Orion.

Lewis, D. (1973) Causation. *Journal of Philosophy*, 70: 556-567. Reprinted in *Philosophical Papers*, vol. II. Oxford: Oxford University Press, 1986.

Lewis, M. (1999) *The New, New Thing: A Silicon Valley Story*. London: Hodder and Stoughton.

Lewis, M. (2001) His so-called life of stock fraud. *New York Times Magazine*, 25 February: 26-33, 46, 59, 66-67, 73.

Leyshon, A. and Thrift, N. J. (1997) *Money/Space: Geographies of Monetary Transformation*. London: Routledge.

Lieberman, H. and Selker, T. (2000) Out of context: computer systems that adapt to, and learn from, context. *IBM Systems Journal*, 39 (3/4).

Linde-Larssen, A. (1996) Small differences, large issues: the making and remaking of a national border. *South Atlantic Quarterly*, 19: 1123-1143.

Ling, R. and Yttri, B. (2002) Nobody sits at home and waits for the telephone to ring: microand hyper-coordination through the use of the mobile telephone. In J. Katz and M. Aakhus (eds) *Perpetual Contact: Mobile Communication, Private Talk, Public Performance*. Cambridge: Cambridge University Press.

Lippitt, A. (2000) *Electric Animal: Toward a Rhetoric of Wildlife*. Minneapolis: University of Minnesota Press.

Livingston, I. (1997) *Arrow of Chaos: Romanticism and Postmodernity*. Minneapolis: University of Minnesota Press.

Livingstone, D. (1992) *The Geographical Tradition*. Oxford: Blackwell.

Locke, J. (1968/1693) *Some Thoughts Concerning Education*. Cambridge: Cambridge University Press.

Lohr, J. (2001) *Go To: Software Superheros from Fortran to the Internet Age*. New

World：Basic.

London，S. (2003a) When is a magazine not a magazine? When it's HBR. *Financial Times*，9 June.

London，S. (2003b) Why are the fads fading away? *Financial Times*，12 June.

Lorenz，C. (1989) The rise and fall of business fads. *Financial Times*，24 June：24.

Lorenz，K. (1964) *Man Meets Dog*. Harmondsworth：Penguin.

Low，L. (ed.)(1999) *Singapore：Towards a Developed Status*. Singapore：Oxford University Press.

Lowe，A. and Schaffer，S. (eds)(2000) *N01se*. Cambridge：Kettle's Yard.

Lundvall，B. A. (ed.)(1992) *National Systems of Innovation：Towards a Theory of Innovation and Interactive Learning*. London：Pinter.

Lunenfeld，P. (ed.)(1999) *The Digital Dialectic：New Essays on New Media*. Cambridge，MA：MIT Press.

Lupton，E. (2002) *Skin：Surface，Substance，Design*. Princeton，NJ：Princeton Architectural Press.

Lury，C. (1999) Marking time with Nike：the illusion of the durable. *Public Culture*，11：499-526.

Lynch，K. (1996) *The Image of the City*. Cambridge，MA：MIT Press.

Lyne，J. (1996) Quantum mechanics，consistency and the art of rhetoric：a response to Krips. *Cultural Studies*，10：115-132.

Maasen，S. and Weingart，P. (2000) *Metaphors and the Dynamics of Knowledge*. London：Routledge.

Machover，T. (2000) Future art：by and for whom，and for what? *IBM Systems Journal*，39(3/4).

Mackenzie，A. (2002) *Transductions：Bodies and Machines at Speed*. London：Continuum.

Mackenzie，D. (1996) *Knowing Machines：Essays on Technical Change*. Cambridge，MA：MIT Press.

Mackinsey，K. (1989) *For Want of a Nail：The Impact on War of Logistics and Communications*. London：Brusseg.

Maira，A. and Scott-Morgan，P. (1996) *Acceleration Organizating*. New York：McGraw-Hill.

Mandel，M. J. (2000) *The Coming Internet Depression*. New York：Perseus.

Mann，M. (1997) Has globalisation ended the rise and rise of the nation-state? *Review of International Political Economy*，4：472-496.

Mann, S. (1998) Wearable computing as means of personal empowerment. At http://wearcam. org/icwc-keynote. htm.

Manovich, L. (2001) *The Language of New Media* . Cambridge, MA: MIT Press.

Marcus, G. (ed.)(1998) *Corporate Futures : The Diffusion of the Culturally Sensitive Corporate Form* . Chicago: University of Chicago Press.

Mark, J. P. (1987) *The Empire Builders : Power , Money and Ethics inside the Harvard Business School* . New York: Morrow.

Marks, L. U. (2000) *The Skin of the Film : Intercultural Cinema , Embodiment and the Senses* . Durham, NC: Duke University Press.

Martin, E. (1994) *Flexible Bodies : The Role of Immunity in American Culture from the Days of Polio to the Age of Aids* . Boston: Beacon.

Martin, R. and Turner, D. (2000) Demutualizations and the remapping of financial landscapes. *Transactions of the Institute of British Geographers* . NS 25: 221-242.

Maslow, A. H. (1954) *Motivation and Personality* . New York: Harper.

Massey, D. (1995) Masculinity, dualisms and high technology. *Transactions of the Institute of British Geographers* , NS 20: 487-499.

Massey, D. (1997) Spatial disruptions. In. S. Golding (ed.) *Eight Technologies of Otherness* . London: Routledge.

Massumi, B. (2002) *Parables for the Virtual : Movement , Affect , Sensation* . Durham, NC: Duke University Press.

Maturana, H. and Varela, F. (1992) *The Tree of Knowledge* . New York: Shambhala.

Mayo, E. (1995) Small ideas which are changing our way of banking. *New Economics* , December: 6-8.

McCarthy, A. (2001) *Ambient Television : Visual Culture and Public Space* . Durham, NC: Duke University Press.

McCullough, M. (1998) *A Digital Craft : The Practised Digital Hand* . Cambridge, MA: MIT Press.

McGregor, D. (1960) *The Human Side of Enterprise* . New York: McGraw-Hill.

McKee, V. (1999) Dramatic challenge to art of team building. *The Times* , 6 February: 26-27.

McKelvey, M. (2000) The economic dynamics of software: comparing Microsoft, Netscape and Linux. Industrial and Corporate Change, 11: 23-42.

McKenna, R. (1997) *Real Time : Preparing for the Age of the Never Satisfied Customer* . Boston, MA: Harvard Business School Press.

McKenzie, J. (2001) *Perform-Or Else : From Discipline to Performance* . New York: Routledge.

McNay, L. (1999) Subject, psyche and agency: the work of Judith Butler. *Theory, Culture and Society*, 16: 175-194.

McNeill, J. (1995) *Keeping Order in Time*. New York: Norton.

Menzel, P. and D'Aluisio, F. (2001) *Robo Sapiens: Evolution of a New Species*. Cambridge, MA: MIT Press.

Micklethwait, J. and Wooldridge, A. (1996) *The Witch Doctors: Making Sense of the Management* Gurus. London: Times Books.

Mieszkowski, K. (1998) Barbara Waugh. *Fast Company*, December: 146-154.

Miller, D. (1996) *Capitalism: An Ethnographic Approach*. Oxford: Berg.

Miller, D. (1998) *Shopping, Place, and Identity*. London: Routledge.

Miller, D., Jackson, P., Thrift, N., Holbook, B. and Rowlands, M. (1998) *Shopping, Place and Identity*. London: Routledge.

Miller, P. and Rose, N. (1997) Mobilising the consumer: assembling the subject of consumption. *Theory, Culture and Society*, 14: 1-36.

Mintzberg, H. (1973) *The Nature of Managerial Work*. New York: Harper and Row.

Mirowski, P. (1994) *Natural Images in Economic Thought*. Cambridge: Cambridge University Press.

Mirowski, P. (2002) *Machine Dreams: Economics Becomes a Cyborg Science*. Cambridge: Cambridge University Press.

Mitchell, M. (1996) *An Introduction to Genetic Algorithms*. Cambridge, MA: MIT Press.

Mitchell, T. (2002) *Rule of Experts: Egypt, Techno-Politics, Modernity*. Berkeley, CA: University of California Press.

Mitchell, W. T. J. (1999) *E-Topia*. Cambridge, MA: MIT Press.

Miyazaki, H. (2003) The temporalities of the market. *American Anthropologist*, 105(2): 255-265.

Miyazaki, H. and Riles, A. (2004) Failure as an endpoint. In A. Ong and S. Collins (eds) *Global Assemblages: Technology, Politics, and Ethics as Anthropological Problems*. Oxford: Blackwell.

Mokyr, J. (2001) *The Gifts of Athena: Historical Origins of the Knowledge Economy*. Princeton, NJ: Princeton University Press.

Molotch, H. (2003) *Where Stuff Comes From*. New York: Routledge.

Moody, G. (2001) *Rebel Code*. London: Allen Lane.

Morgan, G. (1986) *Images of Organisation*. London: Sage.

Morgan, G. (1993) *Imaginisation: The Art of Creative Management*. London: Sage.

Morris,M. (1988)Banality in cultural studies. *Discourse X*,10:2-29.

Morris,M. (1998) *Too Soon Too Late : History in Popular Culture*. Bloomington,IN:Indiana University Press.

Morson,G. S. (1994) *Narrative and Freedom : The Shadows of Time*. New Haven,CT: Yale University Press.

Muoio,A. (2000)Idea Summit. *Fast Company*,31:150-194.

Nadel,J. and Butterworth,G. (eds)(1999) *Imitation in Infancy*. Cambridge:Cambridge University Press.

Nadesan,M. H. (2002)Engineering the entrepreneurial infant: brain science, infant development toys and governmentality. *Cultural Studies*,16:401-432.

Naisbitt,J. and Aburdene,P. (1990) *Megatrends 2000*. London:Pan.

Nardi,B. A. (1995) *A Small Matter of Programming : Perspectives on End User Computing*. Cambridge,MA:MIT Press.

Nardi, B. A. and O'Day V. L. (1999) *Information Ecologies : Using Technology with Heart*. Cambridge,MA:MIT Press.

Newman,S. (1998)Here,there and nowhere at all:distribution,negotiation and virtuality in postmodern ethnography and engineering. *Knowledge and Society*, 11: 235-267.

Nohria,N. and Berkley,J. D. (1994)The virtual organisation:bureaucracy,technology and the implosion of control. In C. Hecksher and A. Donnellon(eds) *The Post-Bureaucratic Organization : New Perspectives on Organizational Change*. Thousand Oaks,CA:Sage,108-128.

Nolan,J. (1998) *The Therapeutic State*. New York:New York University Press.

Nolfi,S. and Floreano,D. (2002) *Evolutionary Robotics : The Biology, Intelligence and Technology of Self-Organizing Machines*. Cambridge,MA:MIT Press.

Nonaka,I. and Takeuchi,H. (1995) *The Knowledge-Creating Company : How Japanese Companies Create the Dynamics of Innovation*. Oxford:Oxford Univeristy Press.

Norman,D.A. (1998) *The Invisible Computer*. Cambridge,MA:MIT Press.

Norman,D.A. (2000)Making technology visible:a conversation with Don Norman. In D. Bergman (ed.) *Information Appliances and Beyond : Interaction Design for Consumer Products*. San Francisco:Morgan Kaufman,9-26.

Norris,C. (1995)Versions of apocalypse:Kant,Derrida,Foucault. In M. Bull(ed.) *Apocalypse Theory and the Ends of the World*. Oxford:Blackwell,227-249.

Norris,P. (2002) *Democratic Phoenix : Reinventing Political Activism*. Cambridge:Cambridge University Press.

Nowotny, H. (1994) *Time: The Modern and Postmodern Experience*. Cambridge: Polity.

O'Shea, J. and Madigan, C. (1997) *Dangerous Company: The Consulting Powerhouses and the Businesses they Save and Ruin*. London: Brealey.

Olds, K. (2001) *Globalization and Urban Change: Capital, Culture and Pacific Rim MegaProjects*. Oxford: Oxford University Press.

Omojola, O., Post, E. R., Hancher, M. D., Maguire, Y., Pappu, R., Schoner, B., Russo, P. R., Fletcher, R. and Gershenfeld, N. (2000) An installation of interactive furniture. *IBM Systems Journal*, 39(3/4).

O'Riain, S. (2000) Net-working for a living: Irish software developers in the global workplace. In M. Burawoy et al. (eds) *Global Ethnography: Forces, Connections and Imaginations in a Postmodern World*. Berkeley, CA: University of California Press, 175-202.

Orr, J. E. (1996) *Talking About Machines: An Ethnography of a Modern Job*. Ithaca, NY: Cornell University Press.

Osborne, P. (1995) *The Politics of Time*. London: Verso.

Osborne, T. (2003) Creativity: a philistine rant. *Economy and Society*, 32.

Osborne, T. and Rose, N. (1997) In the name of society, or three theses on the history of social thought. *History of the Human Sciences*, 10: 87-104.

Owen, J. J. (1996) Chaos theory, Marxism and literature. *New Formations*, 29: 84-112.

Oyama, S. (2001) *The Ontogeny of Information*, 2nd edn. Princeton, NJ: Princeton University Press.

Pahl, R. (1995) *After Success: Fin-de-Siècle Identity and Anxiety*. Cambridge: Polity.

Papert, S. (2000) What's the big idea? Toward a pedagogy of idea power. *IBM Systems Journal*, 39(3/4).

Paradiso, J. A., Hsiao, K., Benbasat, A. Y. and Teegarden, Z. (2000) Design and implementation of expressive footwear. *IBM Systems Journal*, 30(3/4).

Parry, G. (1995) *The Trophies of Time*. Oxford: Oxford University Press.

Pascale, T. (1991) *Managing on the Edge*. Harmondsworth: Penguin.

Peat, D. (1994) *Blackfoot Physics*. London: Fourth Estate.

Pellegram, A. (1997) The message in paper. In D. Miller (ed.) *Material Cultures: Why Some Things Matter*. London: UCL Press, 103-120.

Pentland, A. (2000) It's alive. *IBM Systems Journal*, 39(3/4).

Perez, C. (1985) Microelectronics, long waves, and world structural change. *World Development*, 13: 441-463.

Perlow, L. A. (1997) *Finding Time*. Ithaca, NY: Cornell University Press.

Perniola, M. (1995) *Enigmas : The Egyptian Movement in Society and Art*. London : Verso.

Perry, M. , O'Hara, K. , Sellen, A. , Brown, B. and Harper, R. (2001) Dealing with mobility : understanding access anytime, anywhere. ACM Transactions in Human-Computer Interaction, 8(4) : 323-347.

Pesce, M. (2000) *The Playful World : How Technology is Transforming our Imagination*. New York : Ballatine.

Peters, T. (2001) True confessions. *Fast Company*, no. 53 : 78.

Peters, T. and Waterman, R. (1982) *In Search of Excellence*. New York : Warner.

Petitot, J. , Varela, F. J. , Pachoud, B. and Roy, J. (ed) (1999) *Naturalizing Phenomenology : Issues in Contemporary Phenomenology and Cognitive Science*. Stanford, CA : Stanford University Press.

Petroski, H. (1992) *The Pencil*. New York : Knopf.

Pettigrew, A. and Fenton, E. M. (eds) (2000) *The Innovating Organization*. London : Sage.

Pfeffer, J. (1992) *After Power*. New Canaan, CT : Harvard Business School Press.

Pfeffer, J. and Salancik, G. R. (1978) *The External Control of Organizations*. New York : Harper and Row.

Phelan, P. (1993) *Unmarked*. New York : Routledge.

Phillips, N. (1997) *Reality Hacking*. London : Heinemann.

Picard, R. W. (1997) *Affective Computing*. Cambridge, MA : MIT Press.

Picard, R. W. (2000) Towards computers that recognise and respond to user emotion. *IBM Systems Journal*, 39(3/4).

Pine, B. J. and Gilmore, J. H. (1999) *The Experience Economy : Work Is Theatre and Every Business a Stage*. Boston : Harvard Business School Press.

Pinhanez, C. S. , Davis, J. W. , Intille, S. , Johnson, M. P. , Wilson, A. D. , Bobick, A. F. and Blumberg, B. (2000) Physically interactive story environments. *IBM Systems Journal*, 39(3/4).

Pink, P. H. (1999) What's your story? *Fast Company*, January : 32-34.

Plant, S. (1996) The virtual complexity of culture. In G. Robertson, M. Mash, L. Tickner, J. Bird, B. Curtis and T. Putman (eds) *Future Natural : Nature/Science/Culture*. London : Routledge, 203-217.

Plumwood, V. (2002) *Environmental Culture : The Ecological Crisis of Reason*. London : Routledge.

Plutowski, M. (2000) Emotional computing. At www. emotivate. com/Book/intro. html, accessed 1 February 2001.

Polanyi, M. (1958) *Personal Knowledge*; *Towards a Post Critical Philosophy*. London: Routledge and Kegan Paul.

Polanyi, M. (1967) *The Tacit Dimension*. London: Routledge and Kegan Paul.

Porter, T. M. (1995) *Trust in Numbers*; *The Pursuit of Objectivity in Science and Public Life*. Princeton, NJ: Princeton University Press.

Post, E. R., Orth, M., Russo, P. R. and Gershenfeld, N. (2000) E-broidery: design and fabrication of textile-based computing. *IBM Systems Journal*, 39(3/4).

Power, M. (1997) *The Audit Society*; *Rituals of Verification*. Oxford: Oxford University Press.

Pratt, A. (2000) New media, the new economy and new spaces. *Geoforum*, 31: 425-436.

Purser, R. (2000) The coming crisis in real-time environments: a dromological analysis. At online. sfsu. edu/~rpurser/revised/pages/DROMOLOGY. htm.

Putnam, H. (1981) *Reason, Truth, and History*. Cambridge: Cambridge University Press.

Quah, D. (1997) The weightless economy. *Bank of England Quarterly Bulletin*, 37(1): 49-56.

Rabinow, P. (1995) *Making PCR*; *A Story of Biotechnology*. Chicago: University of Chicago Press.

Rabinow, P. (1996) *Essays on the Anthropology of Reason*. Princeton, NJ: Princeton University Press.

Ramsay, H. (1996) Managing sceptically: a critique of organizational fashion. In S. Clegg and G. Palmer (eds) *The Politics of Management Knowledge*. London: Sage, 155-172.

Ranadive, V. (1999) *The Power of Now*. New York: McGraw-Hill.

Ransdell, E. (2000) The Nike story? Just tell it. *Fast Company*, no. 31: 44-52.

Rasch, W. and Wolfe, C. (eds) (2000) *Observing Complexity*; *Systems Theory and Postmodernity*. Minneapolis: University of Minnesota Press.

Rasiel, E. M. (1999) *The McKinsey Way*. New York: McGraw-Hill.

Ray, T. (1991) An approach to the synthesis of life. In C. Langton, C. Taylor, J. D. Farmer and S. Rasmussen (eds) *Artificial Life II*; *Santa Fe Studies in the Sciences of Complexity*, vol. XI. Redwood City, CA: Addison-Wesley, 371-408.

Readings, B. (1996) *The University of Ruins*. Cambridge, MA: Harvard University Press.

Redfield, J. (1994) *The Celestine Prophecy*. London: Bantam.

Reich, R. (2000) It's the year 2000 economy, stupid. *The American Prospect Online*, 29

November.

Remnick, D. (ed.) (2000) *The New Gilded Age*. New York: Random House.

Resnick, M. (2000) It's not just information. *IBM Systems Journal*, 39(3/4).

Rheingold, H. (2002) *Smart Mobs: The Next Social Revolution*. Cambridge, MA: Perseus.

Rhind, D. (1992) *Postcode Geography*. London: Methuen.

Rhind, G. (1999) *Global Sourcebook of Address Data Management*. London: Gower.

Richardson, M. and Wildman, W. J. (eds) (1997) Religion and Science: History, Method and Dialogue. London: Routledge.

Rifkin, G. (1996) Finding meaning at work. *Strategy and Business*, 5.

Rifkin, J. (2000) *The Age of Access*. London: Tarcher/Putnam.

Ritvo, H. (1987) *The Animal Estate: The English and Other Creatures in the Victorian Age*. Cambridge, MA: Harvard University Press.

Roberts, R. (1994) Power and empowerment: New Age managers and the dialectics of modernity/postmodernity. *Religion Today*, 9: 3-13.

Roberts, S. (2002) Global strategic vision: managing the world. In R. Perry and B. Maurer (eds) *Globalization and Governmentalities*. Minneapolis: University of Minnesota Press.

Roberts, W. and Ross, B. (1995) *Make it So. Leadership Lessons from Star Trek: The Next Generation*. New York: Simon and Schuster.

Romer, P. (1990) Endogenous technological change. *Journal of Political Economy*, 98: S71-S102.

Roos, J. and von Krogh, G. (1995) *Organisational Epistemology*. London: Macmillan.

Roos, J. and von Krogh, G. (1996) *Managing Knowledge: Perspectives on Cooperation and Competition*. London: Sage.

Rose, N. (1996) *Inventing Our Selves: Psychology, Power and Personhood*. Cambridge: Cambridge University Press.

Rose, N. (1999) *Powers of Freedom: Reframing Political Thought*. Cambridge: Cambridge University Press.

Rothfels, N. (ed.) (2002) *Representing Animals*. Bloomington, IN: Indiàna University Press.

Rowan, D. (2003) M&S faces righteous wrath over spy in a suit. *The Times*, 23 August: 5.

Roy, J., Petitot, J., Pachoud, B. and Varela, F. J. (1999) Beyond the gap: an introduction to naturalising phenomenology. In J. Petitot et al. (eds) *Naturalising Phenomenol-*

ogy: *Issues in Contemporary Phenomenology and Cognitive Science*. Stanford, CA: Stanford University Press, 1-82.

Rubin, H. (1999) The power of words. *Fast Company*, January: 142-151.

Rupert, G. (1992) Employing the New Age: training seminars. In J. Lewis and J. J. G. Melton(eds) *Perspectives on the New Age*. Albany, NY: State University of New York Press, 127-135.

Ruspini, E. H., Bonissone, P. P. and Pedrycz, W. (1998) (eds) *Handbook of Fuzzy Computation*. Bristol: Institute of Physics Publishing.

Russell, R. and Tyler, M. (2002) Thank heaven for little girls: Girl Heaven and the commercial context of feminine childhood. *Sociology*, 36:619-637.

Rybczynski, W. (2000) *One Good Turn: A Natural History of the Screwdriver and the Screw*. New York: Simon and Schuster.

Sampson, A. (1995) *Company Man: The Rise and Fall of Corporate Life*. London: Harper Collins.

Santa Fe Center for Emergent Strategies (1997) Seminar announcement. At http://www.santastrategy.com.

Sassen, S. (2001) *The Global City: New York, London, Tokyo*, 2nd edn. Princeton, NJ: Princeton University Press.

Scase, R. (1999) *Towards the Virtual Corporation and Beyond: Trends and Changes in Mobile Working*. Reading: Oracle.

Scase, R. and Goffee, R. (1989) *Reluctant Managers*. London: Unwin Hyman.

Schaffer, S. (1996) Babbage's dancer and the impressions of mechanism. In F. Spufford and J. Uglow(eds) *Cultural Babbage: Technology, Time and Invention*. London: Faber and Faber, 53-80.

Schien, E. (1996) *Strategic Pragmatism: The Culture of Singapore's Economic Development Board*. Cambridge, MA: MIT Press.

Schor, J. (1993) *The Overworked American*. New York: Basic.

Schrage, M. (2000) *Serious Play: How the World's Best Companies Stimulate to Innovate*. Boston: Harvard Business School Press.

Schulz, R., Hatch, M. J. and Larsen, M. H. (eds) (2000) *The Expressive Organization*. Oxford: Oxford University Press.

Schwartz, H. (1997) *The Culture of the Copy*. New York: Zone.

Sedgwick, E. K. (2003) *Touching Feeling: Affect, Pedagogy, Performativity*. Durham, NC: Duke University Press.

Seely Brown, J. (ed.) (1997) *Seeing Differently: Insights on Innovation*. New York: Harvard Business School Press.

Sellen, A. J. and Harper, R. H. R. (2002) *The Myth of the Paperless Office*. Cambridge, MA: MIT Press.

Senge, P. (1990) *The Fifth Discipline*. New York: Domesday.

Senge, P. , Kleiner, A. , Roberts, R. , Roth, G. and Smith, B. (1999) *The Dance of Change: The Challenges of Sustaining Momentum in Learning Organizations*. London: Brealey.

Sennett, R. (1998) *The Corrosion of Character: The Personal Consequences of Work in the New Capitalism*. New York: Norton.

Serres, M. (1982) *Hermes: Literature, Science, Philosophy*. Baltimore, MD: Johns Hopkins University Press.

Serres, M. (1995a) *Genesis*. Ann Arbor, MI: University of Michigan Press.

Serres, M. (1995b) *Angels: A Modern Myth*. Paris: Flammarion.

Shapin, S. (1998) *Science Incarnate*. Chicago: University of Chicago Press.

Shapiro, E. (1995) *Fad Surfing in the Boardroom*, San Francisco: Addison-Wesley.

Shiller, R. J. (2000) *Irrational Exuberance*. Princeton, NJ: Princeton University Press.

Shneiderman, B. (2002) *Leonardo's Laptop: Human Needs and the New Computing Technologies*. Cambridge, MA: MIT Press.

Siegert, B. (1999) *Relays: Literature as an Epoch of the Postal System*. Stanford, CA: Stanford University Press.

Simon, H. (1981) *The Sciences of the Artificial*, rev. edn. Cambridge. MA: MIT Press.

Simondon, G. (1958/1989) *Du Mode d'Existence des Objets Techniques*. Paris: Aubier.

Simondon, G. (1992) The genesis of the individual. In J. Crary and S. Kwinter (eds) *Incorporations 6*. New York: Zone, 296-319.

Sipper, M. (2000) A Brief Introduction to Genetic Algorithms. At http://lslwww. epfl. ch/～moshes/ga_main. html.

Sipper, M. (2002) *Machine Nature: The Coming Age of Bio-Inspired Computing*. New York: McGraw-Hill.

Skapinker, R. (2000) Meet the new boss. *Financial Times*, 20 November: 23.

Sparacino, F. , Davenport, G. and Pentland, A. (2000) Media in performance: interactive spaces for dance, theatre, circus, and museum exhibits. *IBM Systems Journal*, 39 (3/4).

Spinosa, C. , Flores, F. and Dreyfus, H. (1997) *Disclosing New Worlds: Entrepreneurship, Democratic Action, and the Cultivation of Solidarity*. Cambridge, MA: MIT Press.

Spivak, G. C. (1993) *Outside in the Teaching Machine*. New York: Routledge.

Spufford, F. (1996) The difference engine and the difference engine. In F. Spufford and J. Uglow (eds) *Cultural Babbage : Technology, Time and Invention*. London: Faber and Faber, 266-290.

Spufford, F. and Uglow, J. (eds) (1996) *Cultural Babbage : Technology, Time and Invention*. London: Faber and Faber.

Stafford, B. M. (1992) *Body Criticism : Imagining the Unseen in Enlightenment Art and Medicine*. Cambridge, MA: MIT Press.

Stafford, B. M. (1994) *Artful Science : Enlightenment Entertainment and the Eclipse of Visual Education*. Cambridge, MA: MIT Press.

Stafford, B. M. (1996) *Good Looking : Essays on the Virtue of Images*. Cambridge, MA: MIT Press.

Stafford, B. M. and Terpak, B. (2001) *Devices of Wonder : From the World in a Box to Images on a Screen*. Los Angeles: Getty Research Institute.

Star, S. L. (1989) The structure of ill-structured solutions: boundary objects and heterogeneous distributed problem solving. In L. Gasser and N. Huhn (eds) *Distributed Artificial Intelligence*. New York: Morgan Kauffman, 37-54.

Steiner, M. and White, J. (2000) Training the ASDA way. *Sunday Times*, 16 March: B1-B2.

Stengers, I. (1997) *Power and Invention : Situating Science*. Minneapolis: University of Minnesota Press.

Sternberg, R. J. (1997) *Thinking Styles*. Cambridge: Cambridge University Press.

Stewart, N. (1976) *Contrasts in Management : A Study of Different Types of Manager*. London: McGraw-Hill.

Stewart, T. A. (1997) *Intellectual Capital : The New Wealth of Organisations*. London: Brealey.

Stiegler, B. (1998) *Technics and Time 1 : The Fault of Epimetheus*. Stanford, CA: Stanford University Press.

Stiglitz, J. E. (1994) *Whither Socialism?* Cambridge, MA: MIT Press.

Stopford, J. (1996) Managing in turbulent times. *Financial Times*, 22 March: 5-6.

Strathern, M. (1995a) Foreword. In M. Strathern (ed.) *Shifting Contexts : Transformations in Anthropological Knowledge*. London: Routledge. 1-11.

Strathern, M. (1995b) Afterword. In M. Strathern (ed.) *Shifting Contexts : Transformations in Anthropological Knowledge*. London: Routledge, 177-185.

Strathern, M. (1996) The new modernities. In J. Wassman and V. Keck (eds) *Common*

Worlds and Single Lives: Constituting Knowledge in Pacific Societies. Oxford: Berg.

Strathern, M. (1997) Cutting the network. *Journal of the Royal Anthropological Institute*, 2: 517-535.

Strathern, M. (1999) *Property, Substance and Effect*. London: Athlone.

Suchman, L. (1987) *Plans and Situated Actions: The Problem of Human-Machine Communications*. Cambridge: Cambridge University Press.

Suchman, L. (2001) Human/machine reconsidered. Department of Sociology, University of Lancaster. At http://www.comp.lancs.ac.uk/sociology/soc04015.htm.

Sunquist, M. and Sunquist, F. (2002) *Wild Cats of the World*. Chicago: University of Chicago Press.

Sutton-Smith, B. (1986) *Toys as Culture*. New York: Gardner.

Taylor, M. C. (2001) *The Moment of Complexity: Emerging Network Culture*. Chicago: University of Chicago Press.

Temple, J. (2002) The assessment: the new economy. *Oxford Review of Economic Policy*, 18(3): 241-264.

Ten Bos, R. (2000) *Fashion and Utopia in Management Thinking*. Amsterdam: Benjamins.

Tenhaaf, N. (1996) Mysteries of the bioapparatus. In M. A. Moser and D. McLeod (eds) *Immersed in Technology: Art in Virtual Environments*. Cambridge, MA: MIT Press, 51-71.

Thomas, P. J. (ed.)(1995) *The Social and Interactional Dimensions of Human-Computer Interfaces*. Cambridge: Cambridge University Press.

Thompson, J. (1991) *The Lifeblood of War: Logistics in Armed Conflict*. London: Brassey.

Thrift, N. J. (1985) Flies and germs: a geography of knowledge. In D. Gregory and J. Urry (eds) *Social Relations and Spatial Structures*. London: Macmillan.

Thrift, N. J. (1991) For a new regional geography 2. *Progress in Human Geography*, 15: 456-466.

Thrift, N. J. (1995) A hyperactive world? In R. J. Johnston, P. Taylor and M. Watts (eds) *Geographies of Global Change*. Oxford: Blackwell, 18-35.

Thrift, N. J. (1996a) *Spatial Formations*. London: Sage.

Thrift, N. J. (1996b) Shut up and dance, or, is the world economy knowable? In P. W. Daniels and W. Lever (eds) *The Global Economy in Transition*. London: Longman, 11-23.

Thrift, N. J. (1996c) New urban eras and old technological fears: reconfiguring the good-will of electronic things. *Urban Studies*, 33: 1463-1493.

Thrift, N. J. (1997a) The rise of soft capitalism. *Cultural Values*, 1: 29-57.

Thrift, N. J. (1997b) The rise of soft capitalism. In A. Herod, G. O Tuathail and S. Roberts (eds) *Unruly World: Globalisation, Governance and Geography*. London: Routledge, 25-71.

Thrift, N. J. (1999a) Virtual capitalism: some proposals. In J. Carrier and D. Miller (eds) *Virtualism: The New Political Economy*. Oxford: Berg, 161-186.

Thrift, N. J. (1999b) The place of complexity. *Theory, Culture and Society*, 16: 31-70.

Thrift, N. J. (2000a) Afterwords. *Environment and Planning D: Society and Space*, 18: 213-255.

Thrift, N. J. (2000b) Performing cultures in the new economy. *Annals of the Association of American Geographers*, 90: 674-692.

Thrift, N. J. (2000c) Still life in nearly present time: the object of nature. *Body and Society*, 6: 34-57.

Thrift, N. J. (2000d) Spaces of everyday life in the city. In G. Bridge. and S. Watson (eds) *The Urban Companion*. Oxford: Blackwell.

Thrift, N. J. (2001a) Elsewhere. In N. Cummings and M. Lewandowska (eds) *Capital*. London: Tate Modern.

Thrift, N. J. (2001b) New Performs of the Commodity. Paper Presented at the Annual Conference of the Association of American Geographers, New York, March.

Thrift, N. J. (2001c) "It's the romance, not the finance, that makes the business worth pursuing": disclosing a new market culture. *Economy and Society*, 30 (November): 412-432.

Thrift, N. J. (2002) Think and act like revolutionaries: episodes from the global triumph of management discourse. *Critical Quarterly*, 44: 19-26.

Thrift, N. J. (2003a) Bare life. In H. Thomas and J. Ahmed (eds) *Cultural Bodies*. Oxford: Blackwell.

Thrift, N. J. (2003b) Closer to the, machine? Intelligent environments, new forms of possession and the rise of the supertoy. *Cultural Geographies*, 10: 389-407.

Thrift, N. J. (2003c) Remembering the technological unconscious by foregrounding knowledges of position. *Environment and Planning D: Society and Space*, 22: 175-190.

Thrift, N. J. (2004) Investigating the field. In M. Pryke and S. J. Whatmore (eds) *Thinking Through Research*. London: Sage.

Thrift,N.J. and French,S. (2002) The automatic production of space. *Transactions of the Institute of British Geographers*,NS 27:309-335.

Thrift,N.J. and Olds,K. (1996) Refiguring the economic in economic geography. *Progress in Human Geography*.20(30):311-337.

Tomkins,R. (2000) A virtual investment. *Financial Times*,5 December:26.

Tort,P. (1989) *La Raison Classificatoire*: *Quinze* Etudes. Paris:Ambier.

Townsend,A. (2000) Life in the real-time city:mobile telephones and urban metabolism. *Journal of Urban Technology*,7:85-104.

Tuan,Yi-Fu(1984) *Dominance and Affection*: *The Making of Pets*. New Haven,CT:Yale University Press.

Turkle,S. (1991) Romantic Reactions:Paradoxical Responses to the Computer Presence. In J.J.Sheehan and M.Sosna(eds), *Boundaries of Humanity*: *Humans*, *Animals*, *Machines*. Berkeley,CA:University of California Press.

Turkle,S. (1995) *Life on the Screen*: *Identity in the Age of the Internet*. London:Weidenfeld and Nicolson.

Turner,B. and Rojek,C. (2001) *Society and Culture*. London:Sage.

Turner,F. (1997) Chaos and social science. In R.A.Eve,S.Horsfall and M.E.Lee(eds) *Chaos*, *Complexity and Sociology*: *Myths*, *Models and Theories*. Thousand Oaks, CA:Sage,xi-xxxii.

Turner,J.S. (2000) *The Extended Organism*: *The Physiology of Animal-Built Structures*. Cambridge,MA:Harvard University Press.

Ullman,E. (1997) *Close to the Machine*: *Technophilia and Its Discontents*. San Francisco:City Lights.

Ulmer,G. (1989) *Teletheory*. London:Routledge.

Urry,J. (1994) Time,leisure and social identity. *Time and Society*,3:131-150.

Urry,J. (2003) *Global Complexity*. Cambridge:Polity.

Van der Pijl,K. (1994) The cadre class and public multilateralism. In Y.Sakamoto(ed.) *Global Transformation*: *Challenges to the State System*. Tokyo:United Nations University Press,200-249.

Van de Vliet,A. (1997) The balanced scorecard. *Management Today*,September:22-23.

Vann,K. and Bowker,G. (2001) Instrumentalizing the truth of practice. *Social Epistemology*,15(3):247-262.

Varela,F. (2000) *Ethical Know-How*. Stanford,CA:Stanford University Press.

Vidler,A. (2000) *Warped Space*. Cambridge,MA:MIT Press.

Von Krogh,G. and Roos,J. (1995) *Organizational Epistemology*. Basingstoke:Macmillan.

Von Krogh,G.,Roos,J. and Kleine,D. (eds)(1998) *Knowing in Firms: Understanding Managing and Measuring Knowledge*. London:Sage.

Von Neumann,J.(1945)First Draft of a Report on the EDVAC.Contract W-670-ORD-4926,US Army Ordnance Department and University of Pennsylvania. Moore School of Electrical Engineering,University of Pennsylvania,30 June 1945.

Waddington,C. H.(1977) *Tools for Thought*. London:Allen Lane.

Wajcman,J.(1998) *Managing Like a Man*. Cambridge:Polity.

Waldrop. M. M.(1993) *Complexity*. New York:Viking.

Wall, L., Christiansen, T. and Orwent, J. (2000) *Programming Perl*. Sebastopol, CA:O'Reilly.

Walter,W.(1950)An imitation of artificial life. *Scientific American*.

Walter,W.(1953) *The Living Brain*. London:Penguin.

Ward, M. (1999) *Virtual Organisms: The Startling World of Artificial Life*. London:Pan.

Watts,D.(1999) *Small Worlds: The Dynamics of Order and Randomness*. Princeton,NJ: Princeton University Press.

Watts,D.(2003) *Six Degrees*. London:Heinemann.

Weick,K. E.(2001) *Making Sense of the Organization*. Oxford:Blackwell.

Weiser,M.,Gold,R. and Brown,J. S. (1999) The origins of ubiquitous computing research at PARC in the late 1980s. *IBM Systems Journal*,38(4).

Weiss,B. (1996) *The Making and Unmaking of the Haya Lived World*. Durham,NC: Duke University Press.

Wells,P.(1998) *Understanding Animation*. London:Routledge.

Wenger, E. (1999) *Communities of Practice: Learning, Meaning and Identity*. Cambridge:Cambridge University Press.

Wenger,E.,McDermott,R. and Snyder,P. (2002) *Cultivating Communities of Practice*. Boston:Harvard Business School Press.

Whatmore,S.(2002) *Hybrid Geographies*. London:Sage.

Wheatley,M. J. (1994) *Leadership and the New Science: Learning about Organization from an Ordinary Universe*. San Francisco:Berrett-Koehler.

Whyte,W. H.(1957) *The Organization Man*. New York:Doubleday Anchor.

Wilden,A. (1968) *The Language of the Self: The Function of Language in Psychoanalysis by Jacques Lacan*. Trans. with notes and commentary by Anthony Wilden. Baltimore:Johns Hopkins University Press.

Williams, K. (2000) From shareholder value to present-day capitalism. *Economy and Society*, 29:1-12.

Williams, K. (2001) Trajectories of inequality. *Review of International Political Economy*, 8:1-6.

Williams, R. (1978) *Marxism and Literature*. Oxford: Oxford University Press.

Williams, R. (1991) *Notes on the Underground*. Cambridge, MA: MIT Press.

Willman, J. (1999) Knowledge swap-shop. *Financial Times*, 22 *January*.

Wilson, A. G. (1994) *Modelling the City*. London: Routledge.

Winograd, T. and Flores, F. (1987) *Understanding Computers and Cognition : A New Foundation for Design*. Reading, MA: Addison-Wesley.

Winograd, T. (ed.) (1996) *Bringing Design to Software*. Reading, MA: Addison-Wesley.

Wittgenstein, L. (1978) *Remarks on the Philosophy of Mathematics*. Oxford: Oxford University Press.

Wolfe, C. (2003a) *Animal Rites : American Culture , the Discourse of Species and Posthumanism*. Chicago: Chicago University Press.

Wolfe, C. (2003b) *Zoontologies : The Question of the Animal*. Minneapolis: University of Minnesota Press.

Wood, J. (ed.) (1998) *The Virtual Embodied : Presence / Practice / Technology*. London: Routledge.

Wooldridge, A. (1995) Big is back: a survey of multinationals. *The Economist*, 24 June: 1-22.

Wooldridge, A. (1997) Trimming the fat: a survey of management consultancy. *The Economist*, 22 March.

Woolgar, S. (1991) Configuring the user: the case of usability trials. In J. Law(ed.) *A Sociology of Monsters : Essays on Power , Technology and Domination*. London: Routledge, 58-97.

Worthington, J. (ed.) (1996) *Reinventing the Work Place*. London: Butterworth Heinemann.

Wright, R. (1996) Art and science in chaos: contested readings of scientific visualisation. In G. Robertson, M. Mash, L. Tickner, J. Bird, B. Curtis and T. Putman(eds) *Future Natural : Nature , Science , Culture*. London: Routledge, 218-236.

Yates, J. (1994) Evolving information use in firms, 1850—1920: ideology and information techniques and technologies. In L. Bud-Frierman(ed.) *Information Acumen : The Understanding and Use of Knowledge in Modern Business*. London: Routledge, 26-50.

Yates, J. and Orlikowski, W. J. (1992) Genres of organisational communication. *Academy of Management Review*, 17:299-326.

Zadeh, L. A. (1994) What is BISC? At http. cs. berkeley. edu/projects/Bisc/bisc. welcome. html.

Zentall, T. and Galef, B. (ed.) (1988) *Social Learning : Psychological and Biological Perspectives*. Hillsdale, NJ: Erlbaum.

Zentall, T. (2001) Imitation in animals: evidence, function and mechanisms. *Cybernetics and Systems*, 32:53-96.

Zohar, D. (1990) *The Quantum Self*. London: Harper Collins.

Zohar, D. (1997) *Rewiring the Corporate Brain : Using the New Science to Rethink How We Structure and Lead Organizations*. San Francisco: Berret-Koehler.

索 引 *

A

I

Z

图书在版编目(CIP)数据

认识资本主义 /（英）奈格尔·思瑞夫特著；闫婧译. —北京：北京师范大学出版社，2020.4
（现代社会政治理论译丛）
ISBN 978-7-303-25490-3

Ⅰ.①认… Ⅱ.①奈…②闫… Ⅲ.①资本主义制度－研究 Ⅳ.①D033.3

中国版本图书馆 CIP 数据核字（2020）第 020326 号

北京市版权局著作权合同登记号：图字 01-2017-7691

营　销　中　心　电　话　010-58805385
北师大出版社主题出版与重大项目策划部　http://xueda.bnup.com

RENSHI ZIBEN ZHUYI
出版发行：北京师范大学出版社　www.bnupg.com
　　　　　北京市西城区新街口外大街 12-3 号
　　　　　邮政编码：100088
印　　刷：北京盛通印刷股份有限公司
经　　销：全国新华书店
开　　本：730 mm×980 mm　　1/16
印　　张：25.75
字　　数：356 千字
版　　次：2020 年 4 月第 1 版
印　　次：2020 年 4 月第 1 次印刷
定　　价：118.00 元

策划编辑：祁传华　　　　　　责任编辑：张　爽
美术编辑：王齐云　　　　　　装帧设计：李向昕
责任校对：段立超　陈　民　　责任印制：陈　涛

版权所有　侵权必究
反盗版、侵权举报电话：010-57654750
北京读者服务部电话：010-58808104
外埠邮购电话：010-57654738
本书如有印装质量问题，请与印制管理部联系调换。
印制管理部电话：010-58808284

版权声明：

English language edition published by SAGE Publications of London，Thousand oaks，New Delhi and Singapore，Nigel Thrift，2011.

版权登记号:01-2017-7691